高职高专房地产类专业实用教材

第2版

房地产估价

左　静　主编
佟世炜　参编

机械工业出版社
China Machine Press

本书依据房地产估价岗位所需的知识和技能而编写。全书共分9章，1~3章为估价理论部分，包括房地产、房地产价格、房地产估价概述；4~8章为估价方法部分，包括市场法、收益法、成本法、假设开发法及其他估价方法；第9章介绍房地产估价报告，包括写作示例。书中穿插近年来全国房地产估价师考试“真题精选”；章后附有实训题和房地产估价师考试模拟试题；书后附有房地产估价规范及房地产估价常用公式等。

本书可作为高等职业院校房地产经营与估价专业的教材，也可供房地产估价及相关专业人员参考。

图书在版编目（CIP）数据

房地产估价/左静主编．—2版．—北京：机械工业出版社，2011.1（2015.7重印）
（高职高专房地产类专业实用教材）

ISBN 978-7-111-32793-6

Ⅰ．房…　Ⅱ．左…　Ⅲ．房地产-价格-评估-高等学校：技术学校-教材　Ⅳ．F293.35

中国版本图书馆CIP数据核字（2010）第247756号

机械工业出版社（北京市西城区百万庄大街22号　邮政编码　100037）
责任编辑：杨熙越　　　　版式设计：刘永青
北京瑞德印刷有限公司印刷
2015年7月第2版第7次印刷
170mm×242mm・17.25印张
标准书号：ISBN 978-7-111-32793-6
定价：31.00元

凡购本书，如有缺页、倒页、脱页，由本社发行部调换
客服热线：（010）88379210；88361066
购书热线：（010）68326294；88379649；68995259
投稿热线：（010）88379007
读者信箱：hzjg@hzbook.com

前 言

本书在广泛吸收国内外相关优秀教材、学术研究成果的基础上，以房地产估价岗位所需的知识、技能为依据进行内容的设计和编写。自2007年首次出版以来，得到广大读者的欢迎与认可。现应机械工业出版社之邀，重新修订出版，力争在第1版基础上有一定的改进与提高。本书力争在以下方面满足读者的需求：

首先，注重实用性。在教材使用者中，有相当多的人在备考房地产估价师以便持证上岗，他们希望所学知识与房地产估价师考试有机结合，以便学有所用。为此，本书中穿插了房地产估价师考试的真题，命名为“真题精选”，每一章后附有房地产估价师考试模拟试题（其中带※号的是往年估价师考试真题），在书后附有近年来全国房地产估价师执业资格考试全真试题及参考答案，便于读者自我检测、反馈学习成果。

其次，估价公式系统化。房地产估价是专业性、技术性很强的工作，涉及大量的估价公式，常令初学者不知所措。为使估价公式系统化、条理化，本书按照章节顺序，将常用估价公式提炼出来附于书后，不仅方便读者查阅，而且对估价方法有归纳概括的作用。

最后，注重技能培养。为加强学生的专业技术实践能力，调动学生主动参与的积极性，培养分析、解决实际问题的能力，本书在重要章节后设计了实训题，供教师参考和学生选用。

下面结合本人的教学体会，就教学内容及课时安排提供以下建议，仅供参考。

章　次	内　容	理论学时	实践学时	备　注
第1章	房地产	4	2	
第2章	房地产价格	4	2	
第3章	房地产估价概述	6	2	
第4章	市场法	6	6	重点
第5章	收益法	8	8	重点、难点
第6章	成本法	6	6	重点
第7章	假设开发法	6	6	重点

（续）

章　次	内　容	理论学时	实践学时	备　注
第8章	其他估价方法	6	4	
第9章	房地产估价报告概述与报告写作示例	4	4	
合　计		50	40	

注：可以根据不同专业的要求调整各章节课时。第9章为选修内容。

本书由辽宁商贸职业学院左静和大连水产学院佟世炜共同完成。佟世炜编写了第2章和第8章，左静编写了其余各章。左静担任主编并负责全书的统稿修订工作。

本书在编写过程中参考了大量的国内外相关文献资料及同类教材，重点参考了中国房地产估价师执业资格考试辅导教材，在此谨向这些作者及编写单位表示衷心的感谢！在本书编写过程中，得到房地产估价师马国菊、张晶、马亮、杨禾奇等人的大力支持与帮助，在此一并致谢。在本书编写期间，得到工作单位领导、同事的关心与帮助，尤其是得到家人的鼎力协助，在此深表谢意。

本书可作为普通高校、高等职业技术学校、成人高等学校中的房地产经营与估价、工程管理等专业的教材，房地产企业岗位培训以及相关人员资格考试用书，也可供房地产估价及相关专业人员参考。

由于编者的学识、水平有限，疏漏与谬误之处在所难免，恳请专家、学者及广大读者批评指正。

左　静

2010年11月

目　录

第二部分　估价方法

第三部分　房地产估价报告

第二部分 房地产估价报告

第一部分
估价理论

第 1 章

房　地　产

学习目标

1. 掌握房地产状况描述。
2. 熟悉房地产的概念、特性和分类。
3. 了解房地产的基本存在形态。

技能要求

能够正确描述房地产的基本状况、区位状况、实物状况和权益状况。

1.1 房地产的含义

1.1.1 房地产的概念

房地产是指土地、建筑物及其他地上定着物，是房地产的实物、权益、区位三者的综合体。

土地是指地球陆地表面及其上下一定范围内的空间。对于房地产估价来说，土地是立体的三维空间，具体包括：①地球表面；②地球表面以上的地上空间；③地球表面以下的地下空间。作为自然产物的土地本来没有范围可言，现实生活中所谓的“宗地”，具有面积大小、形状和“四至”，这些都是人为划分的结果。

建筑物是指人工建筑而成，由建筑材料、建筑构配件和建筑设备等组成的整体物。建筑物包括房屋和构筑物两大类。其中，房屋是指有基础、墙、顶、门、窗，能够为人遮风避雨，进行生产、生活或其他活动的空间场所。构筑物是指房屋以外的建筑物，如烟囱、水塔、水井、道路、桥梁、隧道、水坝等。

其他地上定着物是指建筑物以外的土地定着物，即固定在土地或建筑物上，与其不可分离，或者分离后会破坏建筑物完整性的部分。在现实中，其他地上定着物往往被视为土地或建筑物的构成部分。

学习房地产估价不仅要了解房地产的物质实体，还要理解房地产是实物、权益和区位的综合体。

（1）房地产的实物是指房地产中看得见、摸得着的部分。房地产的实物对建筑物而言是指外观、结构、设备、装修等，对土地而言是指形状、平整程度、基础设施完备程度等。房地产的实物包括实体、质量以及功能等三个方面。两宗权益状况相同的房地产，如果在建筑结构、设备、装修、新旧程度等方面不同，其价值会有很大的差异。可见，房地产实物状况对房地产价值有很大的影响。

（2）房地产的权益是指房地产中无形的、不可触摸的部分。房地产的权益包括权利、利益和收益，其中房地产权利是基础。房地产权利目前主要有所有权、使用权、租赁权、抵押权、典权、地役权、空间利用权等。房地产权利的完整程度、权利期限对房地产价值的影响很大，可以说，房地产价格的实质就是权益价格。

（3）房地产的区位是指一宗房地产与其他物体在空间方位和距离上的关系。房地产的区位不仅包括地理位置，还包括与重要场所（如市中心、机场、车站、政府机关等）联系的便捷性，周围的环境和景观以及在城市中的地位等。对于两宗实物和权益状况相同的房地产，如果区位不同，价值会有很大的差异。区位对房地产价值具有决定性影响。

1.1.2 房地产的基本存在形态

房地产有土地、建筑物、房地等3种基本存在形态。

土地作为估价对象有两种存在形式，一种是无建筑物的土地，另一种是有建筑物的土地。对于有建筑物的土地，有时需要将建筑物剥离，只评估其中的土地价值。譬如，为确定划拨土地使用权进入市场需要补交的土地使用权出让金，就需要单独评估土地的价值。

尽管建筑物与土地不可分离，但在某些情形下可以单独评估建筑物价值，譬如评估保险价值时，就需要单独评估建筑物价值。

房地是指在实物形态上土地与建筑物合成一体，在估价时也把它们作为一个整体来看待。

1.2 房地产的特性和类型

1.2.1 房地产的特性

由于房地产自身具有特殊的属性，导致房地产价格与其他物品价格之间有许多差异。房地产的特性是以土地的特性为基础的，因此，学习房地产估价必须对房地产的特性，尤其是土地的特性有全面、深入的了解。

1. 不可移动性

由于土地是立体的三维空间，因此作为完整意义上的土地是不可移动的。建筑物由于“定着”于土地之上，通常也是不可移动的。由于房地产具有不可移动性，使得房地产的开发、利用或消费，受制于它所处的空间环境。房地产的供求状况、价格水平及走势在不同地区之间各不相同，所以，房地产市场是地区性的市场，而不是全国性的市场。另外，每宗房地产受日照、温度、湿度、交通、景观、周围环境等影响，形成独有的自然地理位置和社会经济位置，使得房地产有区位优劣之分。值得注意的是，房地产的自然地理位置虽然固定不变，但其社会经济位置却是可以改变的。

2. 独一无二性

独一无二性又称个别性，是由房地产的不可移动性派生而来的。由于房地产在位置、朝向、地形、地势、周围环境、景观等方面各不相同，即使两宗房地产的物质实体一模一样，但在实质上也是不相同的，可以说没有完全相同的两宗房地产。由于房地产的独一无二性，使得房地产之间不能彼此完全替代，房地产市场不能实现完全竞争，房地产价格千差万别并受交易者个别行为的影响。由于这一特性，房地产估价需要实地查勘。

3. 寿命长久性

由于土地利用具有永续性，只要利用合理，人类可以永久地接受土地的恩惠。建筑物一经建造完成，寿命通常可达数十年，甚至上百年，因此房地产比其他物品寿命长久。由于具有寿命长久性，房地产可以给其占用者带来持续不断的利益。我们国家由于土地使用权是有期限的，因此房地产的寿命受到土地使用权期限的制约。

4. 供给有限性

由于土地的自然供给是有限的，可以在土地上建造建筑物的数量也是有限的，而建在好地段上的建筑物更是稀少。某人在占有特定位置房地产的同时也取得独占的权利，他人要想取得相应的权利，只能支付相当的经济代价。随着人类社会的发展和人民生活水平的提高，社会对各类房地产用地的需求不断增加，土地供给有限性导致土地价格呈上涨趋势。

5. 用途多样性

一幅土地往往有多种用途，既可以用于农业生产，也可以用于工业、商业、住宅、交通运输、教育卫生等，土地在这些用途之间“此消彼长”。在市场经济中，房地产拥有者往往将房地产用于可以获得更高收益的用途。从经济角度来看，土地利用选择的一般顺序是：商业、办公、居住、工业、耕地、牧场、森林、不毛荒地。值得注意的是，土地一经投入某项用途后，欲改变其用途十分困难，因为房地产往往耗资巨大，变更用途的费用很高，往往“得不偿失”。同时，土地用途还受到城市规划、土地用途管制等制约。

6. 相互影响性

相互影响性即经济学上所讲的外部性。由于土地互相联结在一起，不能移动和分割，因此房地产的价值不仅与其本身的状况有关，还受周围房地产的用途和开发利用情况的影响。例如，在一幢住宅附近兴建一座工厂，可以导致该住宅的价值下降；而在住宅旁边兴建一个花园，则可使其价值上升。

7. 易受限制性

由于房地产具有位置固定、相互影响的特性，国家会对房地产的使用做出限制。政府对房地产的限制一般是通过4 种特权来实现的：①管制权——政府通过城市规划对土地用途、建筑高度、容积率、建筑密度和绿地率等做出规定，直接限制某些房地产的使用；②征收或征用权——政府为了社会公共利益的需要，如修公路、建学校等，可以强制、有偿地取得单位和个人的房地产所有权或使用权，如土地征用、征收和房屋拆迁便属于这种情况；③征税权——为提高财政收入，政府可以对房地产征税；④充公权——政府可以在房主死亡或消失而无继承人的情况下，无偿收回房地产。

8. 价值量大

房地产相对一般商品来说价值量大，表现之一是单位价值高，通常每一平方米价值数千元，甚至数万元；表现之二是总体价值大，房地产总价值，少则数十万元，多则上千万元甚至上亿元。

9. 难以变现性

难以变现性也称为流动性差，是指房地产难以随时、快速地转换为现金。由于房地产具有位置固定性、独一无二性，加之价值量大，使得同一宗房地产的买卖不会频繁发生，一旦需要买卖，通常要花费较长时间来寻找合适的买者。如果要快速变现，只有大幅度地降低房地产的价格。

10. 保值增值性

房地产的保值增值来自于房地产的价格上涨。引起房地产价格上涨的原因主要有以下 5 个方面：①房地产产权人对房地产进行投资改良，譬如更新设备、装饰装修、改进物业管理等；②受通货膨胀的影响，房地产和其他有形资产的重建成本不断上升，从而导致房地产增值，而且房地产增值的幅度不低于通货膨胀的幅度，即“水涨船高”；③外部经济，如政府进行道路建设，修建广场、公园，调整城市发展方向，改变城市格局等；④需求增加导致稀缺性增加，譬如经济发展和人口增加带动房地产需求增加，进而引起房地产价格上涨；⑤房地产使用管制改变，譬如将原工业用途改变为居住用途，增加容积率等。以上5种情形中，产权人对其房地产进行投资改良所引起的房地产价值上涨，是投资利润所要求的，不属于房地产的保值增值；通货膨胀引起房地产的价格上涨是房地产的保值；外部经济、需求增加、房地产使用管制改变等所导致的房地产价格上涨，是真正的自然增值。

真题精选（2007年—单选）：引起真正的房地产自然增值的原因是（　　）。

A. 装修改造　　B. 需求增加　　C. 通货膨胀　　D. 改进物业管理

（答案为B）

1.2.2 房地产的类型

房地产的类型可以按照不同的标准划分。以下分别按照房地产的用途、开发程度、是否产生收益、经营使用方式、实物形态、权益状况等划分房地产类型。

1. 按房地产用途划分

按照房地产的用途，将房地产分为以下几类：

（1）居住房地产：指供家庭或个人居住使用的房地产，包括普通住宅、高档公寓、别墅等。

（2）商业房地产：指供出售商品使用的房地产，包括商场、商铺、购物中心、超级市场、批发市场等。

（3）办公房地产：指供处理公事使用的房地产，包括写字楼、行政办公楼等。

（4）旅馆房地产：指供旅客住宿使用的房地产，包括饭店、酒店、宾馆、旅店、招待所、度假村等。

（5）餐饮房地产：指供人就餐使用的营业性房地产，包括酒楼、美食城、餐馆、快餐店等。

（6）娱乐房地产：指供人休闲娱乐使用的房地产，包括游乐场、娱乐城、康乐中心、俱乐部、夜总会、影剧院、高尔夫球场等。

（7）工业和仓储房地产：指供工业生产使用或直接为工业生产服务的房地产，包括工业厂房、仓库等。

（8）农业房地产：指供农业生产使用或直接为农业生产服务的房地产，包括农地、农场、林场、牧场、果园、种子库、拖拉机站、饲养牲畜用房等。

（9）特殊用途房地产：包括车站、机场、医院、学校、教堂、寺庙、墓地等。

（10）综合房地产：指具有上述两种以上用途的房地产。

2. 按房地产开发程度划分

按照房地产的开发程度，将房地产分为以下几类：

（1）生地：指不具有城市基础设施的土地，如荒地、农地。

（2）毛地：指具有一定城市基础设施，但尚未完成房屋拆迁补偿安置的土地。

（3）熟地：指具有较完善的城市基础设施且土地平整，能直接在其上进行房屋建设的土地。按照基础设施完备程度，可做如下划分：

1）“三通一平”的土地：指具备通路、通水、通电和场地平整的土地；

2）“五通一平”的土地：指具备了道路、供水、排水、电力、电信等基础设施条件以及场地平整的土地；

3）“七通一平”的土地：指具备了道路、供水、排水、电力、电信、燃气、热力等基础设施条件以及场地平整的土地。

（4）在建工程：是指地上建筑物已开始建设但尚未建成，不具备使用条件、尚未完成工程竣工验收的房地产。

（5）现房：指地上建筑物已建成，可直接使用的房地产。按照新旧程度，可分为新房和旧房，其中新房可分为毛坯房、粗装修房和精装修房。

（6）期货：指目前尚未建造完成而以未来建造完成后的建筑物及其占用范围内的土地为标的房地产。

3. 按是否产生收益划分

按照房地产是否产生收益，将房地产分为收益性房地产和非收益性房地产：

（1）收益性房地产：指能直接产生租赁收益或其他经济收益的房地产，包括商店、商务办公楼、公寓、旅馆、餐馆、影剧院、游乐场、加油站、厂房、农地等。

（2）非收益性房地产：指不能直接产生经济收益的房地产，如私人住宅、未开发的土地、政府办公楼、教堂、寺庙等。

收益性房地产与非收益性房地产的划分，不是看它们目前是否正在产生经济收益，而是看其是否具有产生经济收益的能力。

4. 按经营使用方式划分

根据房地产可能的经营使用方式，将房地产分为以下四类：

（1）销售型房地产；

（2）出租型房地产；

（3）营业型房地产；

（4）自用型房地产。

1.3 房地产状况描述

估价对象房地产状况的描述，可分解为基本状况、区位状况、实物状况和权益状况四大部分。为了直观简明，可先采用表格形式说明房地产状况，然后分别对其中的区位状况、实物状况和权益状况进行详细描述，通常还应附图和照片来辅助说明，见表1-1所示。

表 1-1 估价对象房地产简况表

<table>
<tr><td rowspan="12">基本状况</td><td colspan="3">名称</td><td colspan="8"></td></tr>
<tr><td colspan="3">坐落</td><td colspan="8"></td></tr>
<tr><td colspan="3" rowspan="2">四至</td><td>东至</td><td colspan="4"></td><td>南至</td><td colspan="2"></td></tr>
<tr><td>西至</td><td colspan="4"></td><td>北至</td><td colspan="2"></td></tr>
<tr><td colspan="3">规模</td><td>土地面积</td><td colspan="2"></td><td colspan="2">建筑面积</td><td></td><td>其他</td><td></td></tr>
<tr><td colspan="3" rowspan="2">用途</td><td>规划用途</td><td colspan="4"></td><td>设计用途</td><td colspan="2"></td></tr>
<tr><td>实际用途</td><td colspan="4"></td><td>预期用途</td><td colspan="2"></td></tr>
<tr><td rowspan="5">权属</td><td colspan="2">土地所有权</td><td>国有土地</td><td colspan="4"></td><td>集体土地</td><td colspan="2"></td></tr>
<tr><td rowspan="3">土地使用权</td><td rowspan="2">权利种类</td><td rowspan="2">建设用地使用权</td><td>出让</td><td></td><td>划拨</td><td></td><td>宅基地使用权</td><td colspan="2"></td></tr>
<tr><td>其他</td><td colspan="3"></td><td>土地承包经营权</td><td colspan="2"></td></tr>
<tr><td>权利人</td><td colspan="8"></td></tr>
<tr><td colspan="2">房屋所有权人</td><td colspan="8"></td></tr>
<tr><td rowspan="4">区位状况</td><td colspan="3">位置</td><td colspan="8"></td></tr>
<tr><td colspan="3">交通</td><td colspan="8"></td></tr>
<tr><td colspan="3">周围环境和景观</td><td colspan="8"></td></tr>
<tr><td colspan="3">外部配套设施</td><td colspan="8"></td></tr>
<tr><td rowspan="2">实物状况</td><td colspan="3">土地实物状况</td><td colspan="8"></td></tr>
<tr><td colspan="3">建筑物实物状况</td><td colspan="8"></td></tr>
<tr><td rowspan="2">权益状况</td><td colspan="3">土地权益状况</td><td colspan="8"></td></tr>
<tr><td colspan="3">建筑物权益状况</td><td colspan="8"></td></tr>
</table>

1.3.1 房地产基本状况描述

对房地产基本状况的描述，应简要说明以下方面：

（1）名称：说明估价对象的名字。例如，估价对象为××项目用地；××商场；××大厦；××小区××楼（座、幢）××门（单元）××号住宅。

（2）坐落：说明估价对象的具体地点。例如，估价对象位于××市××区××路××号。

（3）四至：说明估价对象的四邻。例如，估价对象东至××，南至××，西至××，北至××。

（4）规模：说明估价对象的面积。对于建筑物，一般说明建筑面积或者套内建筑面积、使用面积、营业面积、可出租面积。如果估价对象是旅馆还要说明客房数或床位数；如果是餐馆还要说明同时可容纳的用餐人数；影剧院还要说明座位数；

医院还要说明床位数；停车场还要说明车位数；仓库一般要说明体积。

（5）用途：说明估价对象的规划用途、实际用途和预期用途。

（6）权属：对于土地，主要说明是国有土地还是集体土地，土地使用权是建设用地使用权、宅基地使用权还是土地承包经营权，权利人是谁；对于建设用地使用权，还要说明是出让的还是划拨的或者其他情形。对于房屋所有权，主要说明房屋所有权人。

1.3.2 房地产区位状况描述

1. 位置描述

（1）坐落：说明估价对象具体地点，还应附上位置图。例如，估价对象位于××市××区××路××号。

（2）方位：说明估价对象在某个区域中的方向和位置。例如，估价对象位于××市中部，××路口东北角，××路西侧。

（3）距离：说明估价对象与重要场所的距离。例如，估价对象距离市中心××公里，距离火车站××公里，距离机场××公里。

（4）朝向：说明估价对象建筑物的正门或房间的窗户等正对着的方向，如“坐北朝南”。

（5）楼层：当估价对象为某幢房屋中的某一层、某一套时，说明其所在的楼层。例如，估价对象位于××大厦地上12层。

2. 交通描述

（1）道路状况：说明附近有几条道路，到达这些道路的距离，各条道路的路况，有无过路费、过桥费及收费标准。

（2）可利用的交通工具：说明附近公交线路的数量，到达公交站点的距离，公交班次的疏密等。例如，附近有××路公共汽车经过，距离公共汽车站约××米（步行约××分钟），平均每隔10分钟有一辆公共汽车通过。

（3）交通管制情况：说明是否为步行街、单行道；是否有某些车辆被限制通行，限制通行的时间、限制行车速度等情况。

（4）停车方便程度和收费标准：说明有无停车场、车位数量、到停车场的距离等。

3. 周围环境和景观描述

（1）自然环境：说明环境是否优美、整洁，有无空气污染、水污染等。对于住宅，需要说明周边有无高压输电线路、无线电发射塔、垃圾站、公共厕所等。

（2）人文环境：说明估价对象所在地区的声誉、居民特征、治安状况、相邻房地产的利用状况等。

（3）景观：例如有无水景、山景。

4. 外部配套设施描述

（1）外部基础设施：说明道路、供水、排水、供电、供气、供热、通信等的完备程度。

（2）外部公共服务设施：说明周边教育、医疗卫生、文化、体育、商业服务、金融、邮电、社区服务、市政公用和行政管理等设施的完备程度。

1.3.3 房地产实物状况描述

对房地产实物状况的描述，一般分为土地实物状况和建筑物实物状况两大部分。

1. 土地实物状况描述

（1）土地面积：通常以平方米（m^2）为单位，面积较大的多以公顷（hm^2）为单位。

（2）土地形状：通常用文字并附图来说明。土地均是封闭多边形，其文字上的描述如“形状规则”、“长方形”等。

（3）地形：说明是平地还是坡地等。

（4）地势：说明该宗土地与相邻土地及道路的高低关系、自然排水状况、被洪水淹没的可能性等。

（5）土壤：说明土壤是否受过污染，是否为垃圾填埋场、是否为化工厂原址等。

（6）地基（地质）：说明地基的承载力和稳定性，地下水位和水质，有无不良地质现象如崩塌、滑坡、泥石流等。

（7）土地条件：说明土地的开发程度，包括基础设施完备程度和场地平整程度，即通常所说的是“三通一平”、“五通一平”、“七通一平”及其具体内容等。

（8）其他：如临街商业用地要说明其临街宽度、临街深度和宽深比。农用地要说明其排水和灌溉等。

2. 建筑物实物状况描述

（1）建筑规模：根据建筑物的使用性质说明其面积、体积等。面积类别有多种，如房屋建筑面积、套内建筑面积、使用面积、居住面积、营业面积、可出租面积等，其中建筑面积和套内建筑面积公式如下：

房屋建筑面积 = 套内建筑面积 + 分摊的共有建筑面积

套内建筑面积 = 套内房屋使用面积 + 套内墙体面积 + 套内阳台建筑面积

此外，仓库要说明其体积，旅馆要说明客房数或床位数，餐馆要说明可容纳用餐人数或餐桌数，停车场要说明车位数，影剧院要说明座位数，医院要说明床位数，等等。

（2）层数和高度：说明建筑物的总层数和总高度。建筑物通常根据层数或总高度来划分：①住宅按照层数划分：1～3层为低层住宅，4～6层为多层住宅，7～9层为中高层住宅，10层以上（含10层）为高层住宅；②公共建筑及综合性建筑按照建筑总高度划分：总高度超过24米的为高层；③不论何种建筑物，建筑总高度超过100米的均称为超高层建筑。

（3）外观：指说明外立面风格等，应附外观照片来说明。

（4）建筑结构：指建筑物中由承重构件（基础、墙体、柱、梁、楼板、屋架等）组成的体系，一般分为：①钢结构；②钢筋混凝土结构；③砖混结构；④砖木结构；⑤简易结构。

（5）设施设备：说明给水、排水、采暖、通风与空调、燃气、电梯、电气等设施设备的配置情况及性能。

（6）装饰装修：说明是毛坯房还是装修房。如果有装饰装修，还要说明墙面、顶棚、地面、门窗等部位的装饰装修程度，所用材料及工程质量等。

（7）防水、保温、隔热、隔声、通风、采光、日照。

（8）层高和室内净高：层高是指上下两层楼面之间的垂直距离。室内净高是指地面至上部楼板底面之间的垂直距离。

（9）空间布局：说明空间分区以及各个空间的交通流线是否合理，并附房产平面图、户型图等来说明。

（10）年龄和设计使用年限：对于建筑物年龄，最好说明开工日期、竣工日期或建成年月。设计使用年限是指设计规定的建筑物的结构或构件，在正常情况下无需大修就可以按预定目的使用的时间。

（11）维护情况及完损程度：说明基础的稳固程度和沉降情况，地面、墙面、门窗的破损情况等。

（12）其他：说明可间接反映建筑物实物状况的有关情况，如建设单位等。对于在建工程或期房，还要说明其工程进度、预计竣工日期等；对于商业用房特别是临街铺面房，还要说明面宽、进深和宽深比。

1.3.4 房地产权益状况描述

1. 土地权益状况描述

（1）土地所有权：说明是国有土地还是集体土地。对于集体土地，说明土地所有权由谁行使，如“估价对象土地为农民集体所有，由××村民委员会代表集体行使所有权”。

（2）土地使用权：说明是建设用地使用权还是宅基地使用权，或者是土地承包经营权，权利人是谁。对于建设用地使用权，说明是通过出让方式还是划拨方式取得。对于出让的建设用地使用权，说明土地使用期限及其起止日期、剩余期限、可否续期。

（3）土地使用管制：说明城市规划对土地用途、容积率、建筑高度和建筑密度等的规定。

容积率是指一定地块内总建筑面积与建筑用地面积的比值，是反映和衡量地块开发强度的一项重要指标。用公式表示即为：

$$容积率 = \frac{总建筑面积}{建筑用地面积}$$

建筑密度又称建筑覆盖率，指一定地块内所有建筑物的基底总面积占建筑用地面积的比率。用公式表示即为：

$$建筑密度 = \frac{建筑基底总面积}{建筑用地面积} \times 100\%$$

在一定地块内，如果各层建筑面积均相同，那么，总建筑面积 = 土地总面积 × 建筑密度 × 建筑层数，则有：容积率 = 建筑密度 × 建筑层数。

例如某建筑用地总面积为 1 000 平方米，其上建筑物的基底面积为 500 平方米，总建筑面积为 3 500 平方米，则可知该地的容积率为 3 500 ÷ 1 000 = 3.5，建筑密度为 500 ÷ 1 000 = 50%；如果各层的建筑面积相同，则该建筑物的层数为 3 500 ÷ 500 = 7 层。

描述土地使用管制时要说明是农用地、建设用地还是未利用地。对于房地产开发用地，主要说明城市规划设计条件，包括：①用途；②容积率；③建筑高度；④建筑密度；⑤绿地率；⑥建筑后退红线距离；⑦建筑间距；⑧交通出入口方位；⑨停车泊位；⑩建筑体量、体型、色彩；⑪地面标高；⑫其他要求。

（4）目前使用情况：说明土地利用现状，如土地上是否有房屋、林木等定着物；说明有无出租或占用情形。对于已出租的，说明承租人、租赁期限、租金水平等。

（5）其他权利设立情况：说明是否设立了抵押权、地役权等。

（6）其他特殊情况：说明：①是否达到了规定的转让条件；②是否属于不得抵押或者不得作为出资的财产；③有无拖欠建设工程价款；④是否被列入征收、征用范围；⑤是否被依法查封、采取财产保全措施等限制；⑥土地取得手续是否齐全；⑦土地所有权或土地使用权的归属是否有争议；⑧是否为临时用地；⑨是否为违法占地。

真题精选（2007 年一单选）：某套住宅总价为 30 万元，套内建筑面积为 125 平方米，套内墙体面积为 20 平方米，分摊的共有建筑面积为 25 平方米。则该住宅每平方米建筑面积的价格为（ ）元。

A. 1 765　　B. 2 000

C. 2 069　　D. 2 400

（答案为 B）

2. 建筑物权益状况描述

对建筑物权益状况的描述，主要说明以下方面的情况：

（1）房屋所有权：说明房屋所有权人，房屋所有权是单独所有、共有还是区分所有。

（2）出租或占用情况：说明有无出租、占用的情形。对于已出租的，说明承租人、租赁期限、租金水平等。

（3）其他权利设立情况：说明是否设立了抵押权、地役权等。

（4）其他特殊情况：说明①是否达到了规定的转让条件；②是否属于不得抵押或者不得出资的财产；③有无拖欠建设工程价款；④是否已被列入征收、征用范围；⑤是否被依法查封、采取财产保全措施等限制；⑥房屋建设等手续是否齐全；⑦房屋所有权是否明确；⑧是否为临时建筑；⑨是否为违法、违章建筑。

（5）其他：例如物业管理情况，包括物业服务企业、物业服务费标准、管理规范等。

本章小结

本章主要对房地产的含义、房地产的特性和分类、房地产的状况描述进行了具体介绍。房地产是指土地、建筑物及其他地上定着物，是房地产的实物、权益、区位三者的综合体。房地产有土地、建筑物、房地等3种基本存在形态。房地产的特性包括不可移动性、独一无二性、寿命长久性、供给有限性、用途多样性、相互影响性、易受限制性、价值量大、难以变现性、保值增值性等。房地产状况描述包括基本状况描述、区位状况描述、实物状况描述、权益状况描述。了解房地产状况描述是学习房地产估价报告的基础。

实 训 题

选择某一宗房地产，描述其房地产状况。

房地产估价师考试模拟试题

一、单项选择题

1. 房地产是指土地、建筑物及其他地上定着物，它是（　　）三者的综合体。

A. 房屋、利益、场所　　B. 实物、权益、区位

C. 土地、建筑物、权益　　D. 土地、建筑物、功能

2. 建筑容积率是指一定地块内建筑物的总建筑面积与（　　）的比值。

A. 建筑物用地面积　　B. 建筑物基底面积

C. 该块土地总面积　　D. 建筑物的总容积

3. (　　) 也称建筑覆盖率，通常是指一定地块内所有建筑物的基底总面积与建筑用地面积的比率。

A. 建筑容积率　B. 建筑面积率　C. 建筑拥挤度　D. 建筑密度

4. 如果某一地块上每幢建筑物上下各层的建筑面积均相同，则必然会有：建筑容积率 = 建筑密度 × (　　)。

A. 土地总面积　B. 建筑总面积

C. 建筑总层数　D. 建筑基底总面积

5. 某商务写字楼目前尚未出租，因而并未产生经济效益，此栋商务楼属于(　　)。

A. 收益性房地产　B. 非收益性房地产

C. 综合性房地产　D. 保值增值性房地产

6. 下列不属于房地产区位因素的是 (　　)。

A. 交通　B. 用途　C. 环境　D. 楼层

7. 随着社会对各类房地产用地需求的增加，在土地供给有限情况下，导致土地价格呈总体 (　　) 的趋势。

A. 上涨　B. 下降　C. 平稳　D. 不变

8. 按房地产用途划分，写字楼是 (　　)

A. 居住房地产　B. 商业房地产　C. 办公房地产　D. 旅馆房地产

9. 房屋建筑面积 = 套内建筑面积 + (　　)

A. 使用面积　B. 居住面积

C. 分摊的共有建筑面积　D. 可出租面积

※10. 某宗土地面积为 2 000 平方米，城市规划规定的限制指标为：容积率 3，建筑密度 30%。在单位建筑面积所获得的利润相同的条件下，下列建设方案中最可行的是 (　　)。

A. 建筑物地面一层建筑面积为 800 平方米，总建筑面积为 5 000 平方米

B. 建筑物地面一层建筑面积为 1 400 平方米，总建筑面积为 5 000 平方米

C. 建筑物地面一层建筑面积为 600 平方米，总建筑面积为 5 500 平方米

D. 建筑物地面一层建筑面积为 600 平方米，总建筑面积为 2 500 平方米

二、多项选择题

1. 房地产可以视为 (　　) 的结合。

A. 实物　B. 价值　C. 权益

D. 效用　E. 区位

2. 归纳起来，房地产有如下几种形态：(　　)。

A. 土地　B. 权益　C. 区位

D. 建筑物　　E. 房地合成体

3. 房地产按其开发程度来划分，可以分为以下几类：(　　)。

A. 生地　　B. 毛地　　C. 熟地

D. 在建工程　　E. 现房

4. 房地产是指：(　　)。

A. 土地　　B. 建筑物　　C. 地上定着物

D. 电梯　　E. 中央空调

5. 对土地利用的限制，可以归纳为下列几方面：(　　)。

A. 土地所有权限制　　B. 土地使用管制

C. 房地产相邻关系的限制　　D. 土地权利设置及其行使的限制

E. 土地征用的限制

6. 以下哪些说法是正确的（　　）

A. 两宗实物状况相同的房地产，如果权益不同，其价值可能有很大不同

B. 两宗权利状况相同的房地产，如果实物状况不同，其价值可能有很大不同

C. 两宗实物和权利状况相同的房地产，其价值相同

D. 房地产的实物和权益在价值决定中都很重要

7. 房地产由于具备下列哪些条件，才真正需要估价（　　）

A. 独一无二性　　B. 数量有限性　　C. 价值高大性　　D. 保值增值性

※8. 房地产的独一无二特性导致了（　　）。

A. 难以出现相同房地产的大量供给

B. 房地产市场不能实现完全竞争

C. 房地产交易难以采取样品交易的方式

D. 房地产价格千差万别并容易受交易者个别因素的影响

E. 房地产价值量大

※9. 房地产具有保值增值特性，真正的房地产自然增值是由于（　　）引起的。

A. 装饰装修改造　　B. 通货膨胀

C. 需求增加导致稀缺性增加　　D. 改进物业管理

E. 周围环境改善

10. 政府对房地产的管制权是通过城市规划对（　　）做出规定以直接限制某些房地产的使用。

A. 土地用途　　B. 建筑高度　　C. 容积率

D. 建筑密度　　E. 绿地率

三、判断题

1. 房地产可指土地，也可指建筑物，还可指土地与建筑物的合成体，即它可能为

土地，也可能为建筑物，还可能为土地与建筑物的合成体。(　　)

2. 房地产按经营使用方式来划分，可以分为出售型房地产、出租型房地产、自用型房地产、营业型房地产、收益型房地产、非收益型房地产等。(　　)
3. 房地产的独一无二性，派生出了其不可移动性，可以说没有两宗房地产是完全相同的。(　　)
4. “七通一平”的土地具备了道路、供水、排水、电力、电信、燃气、热力等基础设施条件以及场地平整。(　　)
5. 房地产的特性主要取决于土地的特性，是以土地的特性为基础的。(　　)
6. 房地产区位状况包括“朝向”与“楼层”(　　)。
7. “在建工程”与“期房”是两种不同形态的房地产。(　　)
8. 对房地产基本状况的描述，应说明名称、坐落、四至、规模、用途、权属等。(　　)
9. 房地产的物质实体好，价格就一定高。(　　)
10. 房地产的自然地理位置是固定不变的，但其社会经济位置却有可能改变。(　　)

四、计算题

1. 某块土地总面积为100平方米，其上建筑物的基底面积为60平方米，建筑物的总建筑面积为400平方米，则容积率和建筑密度各为多少？

2. 某块土地总面积为200平方米，地上建筑物各层建筑面积相同，建筑密度为60%，建筑容积率为6，计算该建筑物共有多少层？总建筑面积为多少？

3. 某套住宅的套内建筑面积为145平方米，套内使用面积为132平方米，应分摊的公共部分建筑面积为9平方米，按套内建筑面积计算的价格为3 500元每平方米，该套住宅按建筑面积计算的价格是多少？

第2章

房地产价格

学习目标

1. 掌握影响房地产价格的自身因素和主要的外部因素。

2. 熟悉房地产价格的形成条件、特征，房地产供求与价格的关系，房地产价格和价值的不同种类。

技能要求

能够正确分析影响房地产价格的主要因素。

2.1 房地产价格概述

2.1.1 房地产价格的含义和形成条件

房地产价格是和平地获取他人房地产所必须付出的代价，是房地产的效用、相对稀缺性及其市场供需关系相互作用的结果。房地产价格通常以货币形式表示，但也可以实物、无形资产和其他经济利益等非货币形式来偿付。

房地产价格的形成需要具备如下条件：

（1）有用性：一种物品有用，是指它能够满足人们的某种需要，经济学上称为有使用价值。由于房地产有用，人们就会产生占有的要求或欲望，愿意花钱去购买或租赁，因而产生房地产价格。

（2）稀缺性：一种物品之所以有价格，除其有用之外，还必须是稀缺的，必须付出代价才能得到。房地产显然是一种稀缺物品，因而具备价格的形成条件。

（3）有效需求：人们对一种物品有需求，意味着不仅愿意而且有能力购买。只有需要而无支付能力，或者虽然有支付能力但不需要，都不能使购买行为发生，不能使价格成为现实。可见，有支付能力的需要才是需求。

在现实中，不同房地产的价格之所以有高有低，同一宗房地产的价格会有变动，也是由于这三者的程度不同及其变化所引起的。

2.1.2 房地产价格的特征

房地产价格与一般商品价格的区别表现在以下方面：

(1) 房地产价格受区位影响明显。不同区域、不同地段之间房地产价格差异较大。

(2) 房地产价格实质上是房地产权益的价格。由于房地产是不动产，交易过程中转移的对象并不是房地产实物本身，而是房地产的相关权力和利益。因此，房地产的价格是权益价格。

(3) 房地产价格包括买卖价格和租赁价格。同一宗房地产可以有买卖和租赁两种经营方式，因而其价格形式就有买卖价格和租赁价格，租赁价格即是房地产的使用代价——“租金”。

(4) 房地产价格形成过程通常较长。房地产的个性差异较大，相互之间不容易比较，房地产价格形成过程较长，往往是在长期综合考虑后形成的特定价格。

(5) 房地产价格容易受交易者个别因素的影响。房地产由于具有独一无二、价值量大的特性，一宗房地产通常只有少数的买者和卖者，价格容易受交易者个别因素的影响，如双方的偏好、讨价还价能力等，形成个别价格。

2.1.3 房地产供求与均衡价格

价格是市场运行的核心，房地产价格是房地产市场中的重要分析指标，与房地产市场中的供给与需求有密切关系。因此，认识房地产的供给、需求及其与房地产价格之间的关系，对于房地产估价来说是十分重要的。

1. 房地产需求及主要影响因素

房地产需求是指消费者在特定时期，在每一个价格水平下，对某种房地产愿意并且能够购买或租赁的数量。房地产的市场需求是一定市场上全部消费者需求房地产数量的总和。影响房地产需求量的因素主要有：①该种房地产的价格水平；②消费者的收入水平；③消费者的偏好；④相关物品的价格水平；⑤消费者对未来的预期。

影响房地产需求的因素很多，其中影响最大的因素是房地产价格。假设其他因素在一定时期内保持不变，房地产需求量会随着房地产价格的变化而变化，当房地产价格下降时，需求量就会增加；当房地产价格上升时，需求量就会下降。如图 2-1a 所示，曲线 D 是房地产需求曲线，纵轴 P 代表房地产的价格，横轴 Q 代表房地产的需求量。如果考虑影响需求量的其他因素，则需求量不再是沿着需求曲线上下移动，而是整个需求曲线发生位移，如图 2-1b。

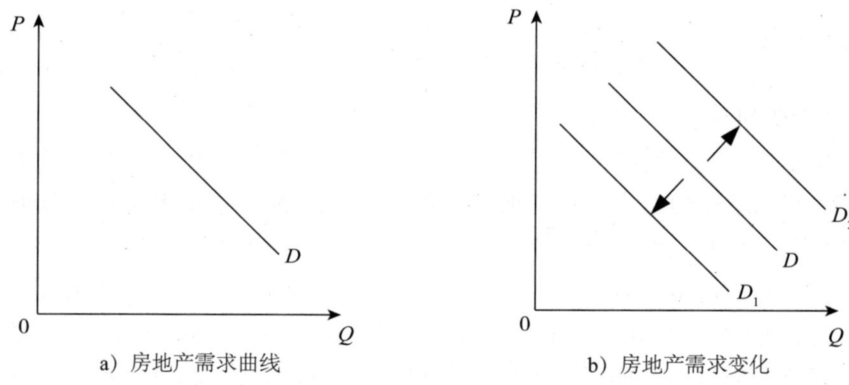

图 2-1　房地产需求示意图

2. 房地产供给及主要影响因素

房地产供给是指房地产供给者（开发商或拥有者）在某一特定时期，某一价格水平下，对某种房地产提供出售或出租的数量。房地产的市场供给是一定市场上全部房地产供给者提供房地产数量的总和。某种房地产的供给量是由许多因素决定的，经常起作用的因素主要有：①该种房地产的价格水平；②该种房地产的开发成本；③该种房地产的开发技术水平；④房地产开发商对未来的预期。

与房地产需求类似，房地产供给量也受到一系列因素的影响，其中影响最大的因素是房地产价格。假设其他因素在一定时期内保持不变，房地产供给量会随着房地产价格的变化而变化。当价格下降时，开发企业愿意向市场提供的房地产数量就会减少；当价格上升时，开发企业愿意向市场提供的房地产数量就会增加。如图 2-2a 所示，曲线 S 是房地产供给曲线。如果考虑影响供给量的其他因素，则供给量不再是沿着供给曲线上下移动，而是整个供给曲线发生位移，如图 2-2b。

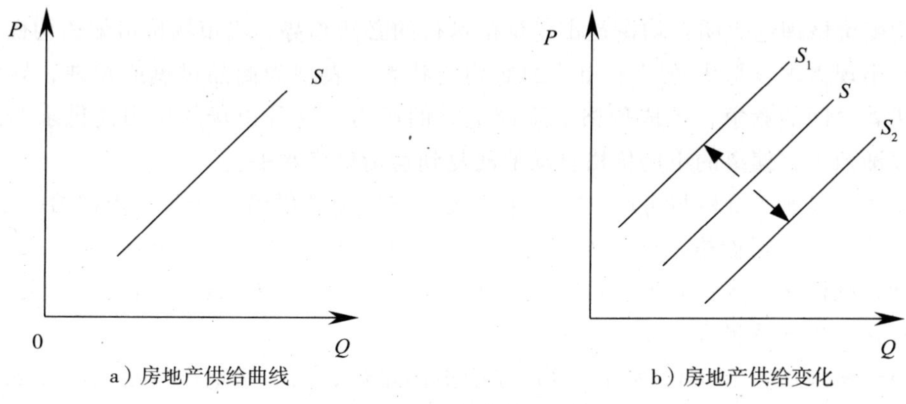

图 2-2　房地产供给示意图

在现实中，某种房地产在某一时间的潜在供给量为：

$$潜在供给量 = 存量 - 拆毁量 - \begin{matrix}转换为其他种类\\房地产的数量\end{matrix} + \begin{matrix}其他种类房地产转换\\为该种房地产的数量\end{matrix} + 新开发量$$

3. 房地产均衡价格

在其他条件不变的情况下，需求曲线的每一个点都是消费者愿意而且能够接受的房地产价格与数量的组合，供给曲线上的每一个点都是供给者愿意而且能够提供的房地产数量与价格的组合。由于市场交易是双方一致同意的自愿交易，所以房地产市场交易价格和数量，必须是供求双方都愿意而且能够接受的价格和数量。

图 2-3 是把房地产需求曲线和房地产供给曲线结合在一起形成的。E 点是需求曲线与供给曲线的交点，它同时处于需求曲线与供给曲线上。因此，E 点是供求均衡点，其对应的价格和数量是消费者和供给者都愿意接受的价格和数量的组合。其中，E 点所对应的价格 P_E 被称为均衡价格，所对应的数量 Q_E 被称为均衡数量。可见，房地产均衡价格是市场需求曲线与市场供给曲线相交时的价格，也就是市场需求量与市场供给量相等时的价格。

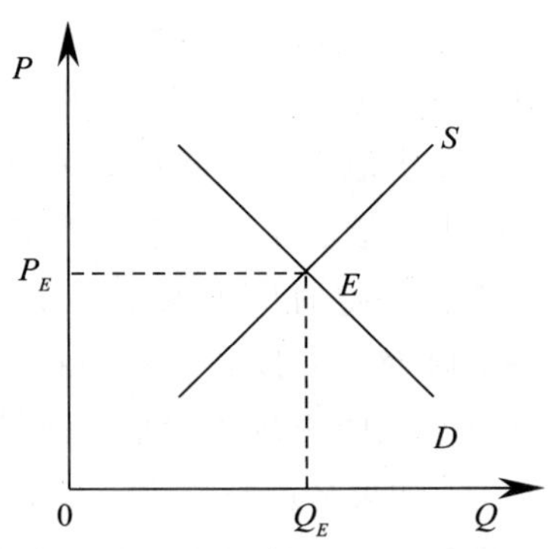

图 2-3 房地产均衡价格的形成

均衡价格理论表明：均衡是市场价格运行的必然趋势，当市场价格偏离均衡价格时，会出现需求量与供给量不相等的非均衡状态。表现为商品过剩或短缺，导致卖者或买者之间的竞争，形成价格下降或上升的压力，这种市场的压力使供求非均衡状态逐渐消失，偏离的市场价格自动地回复到均衡价格水平。

总之，房地产价格与房地产需求正相关，与房地产供给负相关。当供给一定时，如果需求增加，则价格上涨；如果需求减少，则价格下降。当需求一定时，如果供给增加，则价格下降；如果供给减少，则价格上涨。如果需求和供给同时发生变化，均衡价格和均衡数量也会发生变化。

由于房地产具有不可移动性及用途变更困难性，某一房地产价格水平高低，主要取决于本地区同类房地产的供求状况，这是房地产的价格与其供求关系的特殊性。

真题精选（2005 年—多选）：房地产的供给量是由许多因素决定的，除了随机因素，经常起作用的因素主要有（　　）

A. 该种房地产的价格水平　　B. 消费者的预期

C. 该种房地产的开发成本　　D. 该种房地产的开发技术水平

D. 房地产开发商对未来的预期

（答案为 ACDE）

2.2　房地产价格和价值的种类

房地产价格和价值的种类繁多，名称也不一致。为了有助于比较和理解，下面将相关的价格或价值进行分组介绍。

2.2.1　价值、使用价值和交换价值

在经济学里，广义的价值分为使用价值和交换价值。

（1）使用价值：指物品具有能够满足人们某种需要的效用，如住宅可以居住，粮食可以食用；

（2）交换价值：指一种商品同另一种商品相交换的比例关系，通常表现为一定数量的货币。

在房地产估价中所讲的价值，指交换价值。交换价值是以使用价值为基础的，也就是在对房地产的质量、功能以及产权状况等使用价值进行“鉴定”的基础上才能评估房地产的交换价值。

2.2.2　成交价格、市场价格、理论价格和评估价值

（1）成交价格：指房地产交易时，买者支付、卖者收取的价格，包括货币、商品或其他有价物。成交价格是已经完成交易事实的价格，也是个别价格，通常随着交易者的情况不同而不同。成交价格可分为正常成交价格和非正常成交价格。正常成交价格是指交易双方在公开市场条件下，信息畅通、平等自愿、诚实无欺、无利害关系下进行交易所形成的价格；反之，则为非正常成交价格。

（2）市场价格：指某种房地产在市场环境中的平均水平的价格，也是一般价格，是大量成交价格的抽象结果。

（3）理论价格：在经济学理论中被称为价值或自然价格，是在真实需求与真实供给相等条件下所形成的价格。在正常市场中，市场价格围绕着理论价格上下波动，不会偏离太远。但在非正常市场中，市场价格可能会较大幅度地偏离理论价格。

一般而言，成交价格围绕着市场价格上下波动，而市场价格又围绕着理论价格上下波动。房地产估价是评估房地产的市场价格。

（4）评估价值：也称为评估价格、估计价值，简称为评估值、评估价，是指估价师通过估价活动得出的估价对象的价值。评估价值可以根据估价方法的不同而有不同的称呼，如采用市场法测算得出的结果称为“比准价格”，采用成本法测算得出的结果称为“积算价格”，采用收益法测算得出的结果称为“收益价格”。评估价值虽然不是事实价格，但与成交价格却有密切的关系，房地产交易当事人往往需要专业的估价机构为其提供价格参考依据，有时评估价格就是成交价格。值得注意的是，由于估价师的专业知识、经验、职业道德等情况不同，不同的估价师对同一宗房地产得出的评估结果往往不同，但这种差异不应太大，应在合理的误差范围内。从理论上讲，一个良好的评估价值 = 正常成交价格 = 市场价格。

2.2.3 市场价值和非市场价值

1. 市场价值

市场价值是多数估价项目需要评估的价值类型，需满足下列条件：①市场交易是买卖双方自愿进行的；②交易双方出于利己动机，追求各自最大利益；③交易双方是理性而谨慎的，并且了解交易对象、知晓市场行情；④交易时间充裕，交易对象在市场上有合理的展示时间。

2. 非市场价值

在实际估价中，有时评估的房地产价值不符合市场价值形成中的一个或多个条件，这种价值均为非市场价值。非市场价值主要有快速变现价值、谨慎价值、在用价值、残余价值和投资价值。

（1）快速变现价值：不符合市场价值形成中“交易时间充裕”的条件。由于房地产是长期考虑形成的价格，如果在较短时间内快速变现，则最可能的价格就较低。快速变现价值通常低于市场价值。

（2）谨慎价值：是房地产存在不确定因素的情况下，遵循谨慎原则评估出的价值。如为防范房地产信贷风险，评估的房地产抵押价值即为谨慎价值。谨慎价值通常低于市场价值。

（3）在用价值：是房地产现状利用下的价值。现状利用包括目前的用途、规模、集约度和档次等，不一定是最高最佳利用。在用价值一般低于或等于市场价值。

（4）残余价值：是房地产在非继续利用条件下的价值。例如，针对某种特定用途进行了特殊装饰装修的房地产，当不再作为该种用途经营而出售时，则原装饰装修会减少该房地产的价值。残余价值一般低于市场价值。

（5）投资价值：是某个特定的投资者基于个人的需要或意愿，对该房地产所评估出的价值。投资价值是对特定的投资者而言的，是建立在主观的、个人因素基础上的价值。投资价值因投资者的不同而不同。

2.2.4　买卖价格、租赁价格、抵押价值、保险价值、课税价值和征收价值

这是一组按照房地产产权人的经济行为来划分的价值类型。

（1）买卖价格：也称销售价格，是指房地产权利人将其合法的房地产转移给其他人时所收取的报酬。

（2）租赁价格：通常称为租金，是房地产权利人将其房地产出租给他人使用而收取的报酬。

（3）抵押价值：是以抵押方式将房地产作为债权担保时的价值，也是为获得抵押贷款而评估的房地产价值。抵押贷款额度 = 抵押价值 × 贷款成数。

（4）保险价值：是将房地产投保时，为确定保险金额提供参考依据而评估的价值。评估保险价值时，估价对象的范围应视所投保的险种而定。

（5）课税价值：也称为计税价值，是为税务机关核定计税依据提供参考而评估的房地产价值或租金。具体的课税价值多少，要视税收政策而定。

（6）征收价值：是为国家征收房地产确定补偿金额提供参考而评估的被征收房地产的价值。

2.2.5　所有权价格、使用权价格和其他权益价格

这是一组按照房地产权利种类划分的价格。

（1）所有权价格：指房屋所有权价格、土地所有权价格、房屋所有权与土地使用权的价格。

（2）使用权价格：主要是指土地使用权价格。包括出让土地使用权价格、转让土地使用权价格、划拨土地使用权价格等。

（3）其他权益价格：泛指房地产所有权、土地使用权以外的各种房地产权利的价格，如地役权价格、抵押权价格、租赁权价格、典权价格等。

2.2.6　实际价格和名义价格

（1）名义价格：是能直接观察到的、表面的价格。在不同的付款方式下，名义价格是在成交日期讲明，但不是在成交日期一次性付清的价格。

（2）实际价格：一般不能直接观察到，要在名义价格的基础上进行计算才能得到。在不同的付款方式下，实际价格是在成交日期一次性付清的价格，或者折现到成交日期一次性付清的价格。

例如，一套建筑面积 100 平方米、单价 3 000 元每平方米、总价 30 万元的住房，

在买卖中的付款方式可能有下列几种：

（1）在成交日期一次性付清；

（2）以抵押贷款方式支付，如首期支付房价的30%，余款向银行申请抵押贷款，贷款期限15年，贷款年利率8%，按月等额偿还贷款本息；

（3）从成交日期起分期支付，如分三期支付，第一期于成交日期支付10万元，第二期于半年内支付10万元，第三期于一年内支付10万元。买方按照银行贷款利率向卖方支付利息；

（4）如果在成交日期一次性付清，则给予一定的折扣，如优惠5%；

（5）从成交日期起分期支付，如分三期支付，第一期于成交日期支付10万元，第二期于半年内支付10万元，第三期于一年内支付10万元；

（6）约定在成交日期后一年一次性付清。

在上述各种情况中，名义价格是一致的，均为单价3 000元每平方米，总价30万元。第1～3种付款方式实际价格与名义价格相同，第4～6种付款方式实际价格与名义价格不同：

在第4种情况下，实际单价为$3\,000\times(1-5\%)=2\,850$（元/平方米），实际总价为28.5万元；

在第5种情况下，假定年折现率为5%，则实际总价为：

$$10+\frac{10}{(1+5\%)^{0.5}}+\frac{10}{(1+5\%)}=29.28$$（万元），实际单价为2 928元每平方米。

在第6种情况下，假定年折现率为5%，则实际总价为$\frac{30}{(1+5\%)}=28.57$（万元），实际单价为2 857元每平方米。

2.2.7 现房价格和期房价格

这是一组按照房地产存在时间划分的价格类型。

（1）现房价格：是以建造完成建筑物的现状房地产为交易标的的价格。

（2）期房价格：是以将来建造完成建筑物的未来状况房地产为交易标的的价格。

在同等品质下，期房价格低于现房价格。以可出租的公寓来看，买现房可以随即出租，能够取得租金收入；而买期房却不能取得租金收入，而且存在风险，如未能按期建成，或者房屋的品质较差。期房价格与现房价格的关系是：

期房价格＝现房价格－预计从期房到现房期间现房出租的净收益折现值－风险补偿

【例2-1】某套商品住宅期房的面积为90平方米，尚需10个月才能入住。类似商品住宅现房的市场价格为4 500元每平方米，每月末的租赁净收益为每套2 500元。估计年折现率为10%，风险补偿为现房价格的2%。请计算该期房目前的市场价格。

【解】：该期房目前的市场价格 V（单价）计算如下：

$$V = 4500 - \frac{2500}{10\%/12} \times \left[1 - \frac{1}{(1+10\%/12)^{10}}\right] /90 - 4\,500 \times 2\%$$

$$= 4\,144.54 \text{（元/平方米）}$$

2.2.8 土地价格、建筑物价格和房地价格

这是一组按照房地产的存在形态来划分的价格。

（1）土地价格：仅指土地的价格而不包含其上建筑物的价格。可将土地价格分为生地价格、毛地价格和熟地价格。生地价格是指未开发的农地、荒地的价格；毛地价格一般指城市中需拆迁的土地的价格；熟地价格是指经过开发和拆迁后可供直接建设使用的土地的价格。

（2）建筑物价格：仅指建筑物的价格而不包含其占用土地的价格。

（3）房地价格：指建筑物及其占用土地的价格，即通常所说的房价。

$$\text{房地价格} = \text{土地价格} + \text{建筑物价格}$$

2.2.9 总价格、单位价格、楼面地价

这是一组按照房地产价格的表示单位划分的价格。

（1）总价格：简称总价，是指房地产整体的价格。总价格所涵盖的房地产范围很广，既可以是一宗土地的总价格，也可以是一宗建筑物的总价格，或是一宗房地的总价格，也可以是一个区域全部房地产的价格。房地产的总价格一般不能反映房地产价格水平的高低。

（2）单位价格：简称单价，是指分摊到单位面积的房地产价格。土地单价是指单位土地面积的土地价格，建筑物单价是指单位建筑面积的建筑物价格，房地单价是指单位建筑面积的房地价格。房地产单位价格一般可以反映房地产价格水平的高低。

（3）楼面地价：又称为单位建筑面积地价，是均摊到单位建筑面积上的土地价格。楼面地价与土地总价的关系为：

$$\text{楼面地价} = \frac{\text{土地总价}}{\text{总建筑面积}}$$

由于总建筑面积 = 容积率 × 土地总面积，所以，楼面地价与土地单价、容积率的关系为：

$$\text{楼面地价} = \frac{\text{土地单价}}{\text{容积率}}$$

在现实生活中，认识楼面地价的作用十分重要。例如有 A、B 两块土地，A 土地的单价是 600 元每平方米，B 土地的单价是 500 元每平方米，如果两块土地的其他条件完全相同，显然，B 土地价格比 A 土地价格低，明智的买者会优先购买 B 土地；但

如果A、B两块土地的容积率不同，A土地的容积率为6，B土地的容积率为4，除此之外的其他条件都相同，这时仅靠土地单价难以判断两块土地的价格高低，需要用楼面地价来做比较。通过计算得知A土地的楼面地价 = 600 ÷ 6 = 100（元/平方米），B土地的楼面地价 = 500 ÷ 4 = 125（元/平方米），懂得楼面地价意义的买者通常会购买A土地而不会购买B土地。

真题精选（2006年—单选）：某宗土地上有一幢8层高、各层建筑面积相同的住宅楼，建筑密度为50%。假设该住宅楼的总价为2 000万元，平均单价为5 000元每平方米，楼面地价为1 200元每平方米，则该宗土地的总价为（　　）万元。

A. 96　　B. 192　　C. 240　　D. 480

（答案为D）

2.2.10 基准地价、标定地价和房屋重置价格

这是一组按照《城市房地产管理法》规定应当定期确定并公布的房地产价格，都是评估价值。

（1）基准地价：也称为城镇基准地价，是指在城镇规划区范围内，对现状利用条件下不同级别或不同均质地域的土地，按照商业、居住、工业等用途，分别评估确定的某一估价期日上法定最高年期土地使用权区域平均价格。

（2）标定地价：是政府根据管理需要，评估某一宗地在正常土地市场条件下于某一估价期日的土地使用权价格，它是该类土地在该区域的标准指导价格。

（3）房屋重置价格：是不同区域、不同用途、不同建筑结构、不同档次或等级的房屋，在某一基准日期开发建设所发生的必要支出及应当获得的利润。求取估价对象房屋价值时，可以通过对房屋重置价格进行比较、调整来求取。

2.2.11 市场调节价、政府指导价和政府定价

这是一组政府对房地产价格实施管制或干预的价格。

（1）市场调节价：指由经营者自主制定，通过市场竞争形成的价格。

（2）政府指导价：指由政府价格主管部门或者其他有关部门，按照定价权限和范围规定基准价及其浮动幅度，指导经营者制定的价格。

（3）政府定价：指由政府价格主管部门或者其他有关部门，按照定价权限和范围制定的价格。

2.2.12 协议价格、招标价格、挂牌价格和拍卖价格

这是一组按出让方式进行划分的房地产价格。

（1）协议价格：指采用协议方式而形成的房地产价格。协议方式是由交易双方

通过协商而成交的一种交易方式。

（2）招标价格：指采用招标方式而形成的房地产价格。招标方式是指在指定期限内，由符合条件的单位或个人以投标的形式，竞投某一标的，而招标者则根据投标价格及其他条件，综合考虑后确定一个合适的投标者的交易方式。

（3）挂牌价格：指采用挂牌出让方式而形成的房地产价格。所谓挂牌出让国有土地使用权，是指出让人发布挂牌公告，接受竞买人的报价申请并更新挂牌价格，根据挂牌期限截止时的出价结果确定土地使用者的行为。

（4）拍卖价格：指采用拍卖方式而形成的房地产价格。所谓拍卖方式是指在指定时间公开场合，在政府及有关部门的参与下，在拍卖主持人的主持下，竞投者手举统一编号的牌子应价，最终由出价最高者得的一种交易方式。

在上述四种交易方式所形成的价格中，拍卖价格最高，招标价格和挂牌价格次之，协议价格最低。

2.2.13　起价、标价、成交价和均价

（1）起价：指所销售商品房的最低价。这个价格通常是楼层、朝向、户型最差的商品房价格，甚至是虚设的价格。

（2）标价：是商品房出售者在其“价目表”上标注出售的价格，即卖方的要价。

（3）均价：是所销售商品房的平均价格，有标价的平均价格和成交价的平均价格，后者可以反映所销售商品房的总体水平。

2.2.14　补地价

补地价是指建设用地使用权人，因改变国有建设用地使用权出让合同约定的土地使用条件，应向国家缴纳的土地使用权出让金、租金、土地收益等。简而言之，补地价是用地者应向国家补交的地价。需要补地价的情形可分为以下 3 类：①改变土地用途、容积率等规划条件；②延长土地使用期限；③转让、出租、抵押以划拨方式取得建设用地使用权的房地产。

对于改变土地用途、容积率等规划条件的，补地价的数额等于批准变更时新旧规划条件下的土地市场价格之差额，基本公式为：

补地价 = 新规划条件下的地价 − 旧规划条件下的地价

补地价（单价）= 新楼面地价 × 新容积率 − 旧楼面地价 × 旧容积率

【例 2-2】某宗面积为 3 000 平方米的工业用地，容积率为 0.8，相应的楼面地价为 700 元每平方米。现按城市规划拟变更为商业用地，容积率为 5.0，相应的楼面地价为 960 元每平方米。试计算应补地价的数额。

【解】应补地价的数额计算如下：

补地价（单价）$=960\times5.0-700\times0.8$

$$=4\ 240\ (\text{元/平方米})$$

$$\text{补地价（总价）}=4\ 240\times 3\ 000$$

$$=1\ 272\ (\text{万元})$$

如果提高容积率但楼面地价不变，则补地价为：

$$\text{补地价（单价）}=\text{楼面地价}\times(\text{新容积率}-\text{旧容积率})$$

$$\text{补地价（总价）}=\text{补地价（单价）}\times\text{土地总面积}$$

【例 2-3】某宗土地总面积 1 000 平方米，容积率为 3，相应的土地单价为 450 元每平方米，现允许将容积率提高到 5，楼面地价不变。请计算应补地价的数额。

【解】应补地价的数额计算如下：

$$\text{补地价（单价）}=\frac{450}{3}\times(5-3)=300\ (\text{元/平方米})$$

$$\text{补地价（总价）}=300\times 1\ 000=30\ (\text{万元})$$

真题精选（2007 年—单选）：某房地产开发用地，其土地面积为 10 000 平方米，土地使用条件与规划限制所规定的容积率为 1.2，楼面地价为 1 500 元每平方米。后经规划调整，容积率提高到 1.6，楼面地价不变，则该房地产开发用地因容积率提高需补地价（　　）万元。

A. 375　　B. 450　　C. 500　　D. 600

（答案为 D）

2.3 房地产价格的影响因素

房地产价格是由供给和需求决定的，影响房地产价格的因素，不是作用于供给或需求的一方，就是作用于双方来实现。本节所要探讨的是哪些因素影响房地产的供给与需求，进而影响房地产价格。房地产价格的影响因素分为房地产自身因素和房地产外部因素两大部分。

2.3.1 房地产自身因素

所谓房地产自身因素，是指构成房地产的区位因素、实物因素和权益因素。自身因素直接关系到房地产价格高低。

1. 区位因素

区位是指一宗房地产与其他物质实体在空间方位和距离上的关系。房地产的区位不同，价格会有很大的差异。尤其是城市土地，其价格的高低几乎为区位优劣所左右。

在一般情况下，如果房地产处于经济活动的中心、要道的通口，或者所处地段行人较多、交通流量较大、环境较好、基础设施和公共服务设施较完备，此处房地产的价格一般较高；反之，价格一般较低。具体讲，居住房地产的区位优劣，主要看其交通、周围环境和景观、公共服务设施完备程度等；商业房地产的区位优劣，主要看其繁华程度、临街状况、交通等；办公房地产的区位优劣，主要看其商务氛围、交通等；工业房地产的区位优劣，通常考虑是否有利于原料和产品的运输，易于取得动力和便于废料处理等。

房地产的区位不仅包含自然地理位置，还包含社会经济位置。房地产的自然地理位置虽然固定不变，但其社会经济位置却会发生变化，这种变化可能是由于城市规划的修改、交通改道及其他方面的建设所引起的。当房地产的区位由差变为优时，其价值会上升；反之，其价值会下降。

房地产区位因素可分为位置、交通、周围环境和景观、外部配套设施等方面。

（1）位置。位置因素包括房地产所处的方位、距离、朝向、楼层。

1）方位：分析一宗房地产的方位，首先考察该宗房地产在某个较大区域中的位置，是位于城市的上风、上游地区还是下风、下游地区；其次考察该宗房地产在某个较小区域中的位置，是位于十字路口的哪个角、位于街道的哪一侧等。同一街道的商业房地产，位于向阳面与背阳面不同，价格会有所差异。

2）距离：房地产与重要场所的距离对其价格有较大影响。如与市中心、车站、政府机关、居住地等处的距离越近，房地产的价值越高；反之，则低。

3）朝向：住宅的朝向主要影响到采光。一般认为“南方为上，东方次之，西又次之，北不良”，因此，住宅最好是坐北朝南。

4）楼层：楼层影响到采光、景观、空气洁净、噪声、室内温度、便捷、安全等。住宅楼层的优劣通常是按照总楼层数和有无电梯来区分：没有电梯的传统多层住宅以中间楼层最优，顶层较劣；有电梯的中高层住宅，以空气中悬浮层之上的楼层最优，三层以下较劣。对于商业用房而言，楼层更是重要因素，不同楼层之间价值差异很大。一般地说，地上一层的价格或租金最高，其他楼层则较低。

（2）交通。交通因素对房地产价格的影响，可分为道路状况、交通工具、交通管制情况、停车方便程度和收费标准等。如开辟新的交通线路，会使相关房地产升值；交通管制也许会降低某类房地产的价值，但对于另一些房地产来讲，则可能会提高价值。

（3）周围环境和景观，主要指大气环境、水文环境、听觉环境、视觉环境、卫生环境和人文环境等。

1）大气环境：房地产所处地区的空气中是否有难闻气味、有害物质和粉尘等，对房地产价格有很大影响。

2）水文环境：地下水、沟渠、河流、江湖、海洋等的污染程度，对其附近的房地产价格有很大影响。

3）听觉环境：对于住宅、旅馆、办公、学校、科研等类房地产来说，噪声大小对房地产价格有较大影响。

4）视觉环境：房地产周围安放的东西是否杂乱，设计是否美观，建筑物之间是否协调，公园、绿化等景观是否赏心悦目，都会对房地产价格有影响。

5）卫生环境：清洁卫生状况，包括垃圾堆放等，对房地产价格也有影响。

6）人文环境：房地产所在地区的声誉、居民素质、治安状况等均影响房地产价格。

此外，房地产所在地区的绿地率、容积率、建筑密度、建筑间距等对房地产价格也有影响。

（4）外部配套设施。对于已建成的房屋特别是住宅，外部公共服务设施完备，如周边有高质量的中小学、医院、购物中心等，房地产的价格就高；反之，则低。

真题精选（2007 年—多选）：工业房地产的区位影响因素主要考虑（　　）。

A. 临街状况　　B. 动力是否易于取得　　C. 废料处理是否方便

D. 接近大自然　　E. 产品原料的获取方便程度

（答案为 BCE）

2. 实物因素

（1）土地的实物因素。实物因素包括土地的面积、形状、地势、地形、土壤、地基、土地条件等。

1）面积：两块位置相当的土地，如果面积相差较大，它们的单位价格会有差异。一般而言，土地面积过于狭小则不利于使用，单位价格较低。土地面积大小的合适度因地区、消费习惯不同而有所不同。

2）形状：土地形状是否规则，对地价也有影响。形状不规则的土地不能有效利用，其价格一般要低于形状规则的土地。

3）地势：在其他条件相同时，地势高的房地产价格高于地势低的房地产价格，因为地势低不仅易潮湿、积雨水，而且会影响建筑物的气势和可视性。

4）地形：地面的平坦程度等会影响房地产的开发建设成本、利用价值及景观，从而影响其价格。土地平坦价格则高；反之，则低。

5）土壤：如果土壤受到污染，则需要一定的处理费用，增加房地产的开发成本和消费成本，因而会降低地价或房价。

6）地基：指地基的承载力、稳定性、地下水位等。对于建设用地来说，地质坚实，承载力较大，有利于建筑使用，地价高；反之，地价低。

7）土地条件：一宗土地周围基础设施的完备程度和场地平整程度，对其价格的影响显而易见：完熟度高的地价高于完熟度低的地价。基础设施完熟程度依次为

“三通一平”、“五通一平”和“七通一平”。

（2）建筑物实物因素。建筑物实物因素包括建筑规模、外观、建筑结构、设施设备、装饰装修、层高、空间布局、防水保温、维修养护及完损程度等。

1）建筑规模：建筑物的面积、体积、开间等规模因素，影响到建筑物的形象、使用性，对房地产价格有所影响。规模过小或过大，都会降低其价值。

2）外观：建筑物外观包括建筑式样、风格、色调、可视性等，对房地产价格有影响。凡是建筑物外观新颖、优美，可给人以舒适的感觉，则价格高；外观单调、呆板甚至令人压抑，则价格低。

3）建筑结构：由于不同结构建筑物的造价不同，稳固性和耐久性也不同，因此，不同结构建筑物的价值会有所不同，特别是在地震多发地区更是如此。

4）设施设备：建筑物的设施设备是否齐全、完好，例如是否有电梯、中央空调、集中供热、宽带等，对其价值有很大影响。一般而言，设施设备齐全、完好建筑物价值高；反之，价值低。

5）装饰装修：对同类房地产而言，装修精度越高，价格越高。当然，只有适合人们需要的装饰装修，才会提高房地产价值。

6）层高和室内净高：层高或净高要有合适度，过低则使人感觉压抑，从而降低其价值；过高则增加建造成本、增加能源消耗，从而也会降低建筑物的价值。

7）空间布局：一般而言，房地产平面布置合理、交通联系方便、有利于使用的，价值高；反之，价值低。尤其是住宅，平面设计中功能分区是否合理、使用是否方便是决定其价格高低的重要因素之一。

8）建筑物防水、保温、隔热、隔声、通风、采光、日照等方面是否良好，对房地产价格有一定影响。

9）维修养护情况及完损程度：建筑物维修养护情况好、完好度高的，价值高；反之，价值低。

3. 权益因素

一宗房地产所拥有的权益及其所受的限制，对其价值有重大影响。房地产权益因素包括房地产的权利状况、使用管制和相邻关系。

（1）权利状况，包括所有权、使用权、地役权、抵押权、租赁权等，这些权利是否完整、清晰，对房地产价值有一定影响。如土地设置了地役权，则供役地在给他人方便时，可能会降低该地的价值。

（2）使用管制，包括政府对农用地转为建设用地的管制、城市规划对土地用途、容积率、建筑高度、建筑密度、绿地率等的限制。使用管制对房地产价格尤其是土地价格有很大的影响。

（3）相邻关系，不仅要求房地产权利人应为相邻权利人提供必要的便利，如排水、通行等便利，而且不得损害相邻房地产和相邻权利人的权利，如不得妨碍相邻建筑物的通风、采光，不得危及相邻房地产的安全等。房地产相邻关系对价格有一定的影响。

2.3.2 房地产外部因素

房地产外部因素可分为人口因素、制度政策因素、经济因素、社会因素、国际因素、心理因素和其他因素等方面。

1. 人口因素

人口是决定住宅、商业等房地产需求量的一个基础因素，人口数量、家庭人口规模、人口素质等状况对房地产价格有很大的影响。

（1）人口数量：房地产价格与人口数量的关系非常密切。在某一地区，当人口数量增加时，对房地产的需求就会增加，房地产价格就会上涨；反之，房地产价格会下降。

（2）家庭人口规模：随着家庭人口规模小型化，家庭数量增多，所需的住宅总量将增加，住宅价格有上涨的趋势。

（3）人口素质：人们的文化教育水平、生活质量和文明程度，可以引起房地产价格的变化。如果一个地区居民的素质低、构成复杂、社会秩序欠佳，人们多不愿意在此居住，则该地区的房地产价格必然低落。

2. 制度政策因素

（1）房地产制度政策：房地产制度政策特别是所有制、使用制、交易管理制度及价格政策对房地产价格的影响是很大的。就所有制而言，我国目前房地产所有制是房屋可以私人所有，可以买卖；土地所有权属于国家或农民集体所有，不能买卖，仅能通过征收的方式由农民集体所有变为国家所有。因此，目前没有土地所有权价格，现实中的所谓“地价”是指土地使用权价格。另外，国有土地使用权是有期限的，期限的长短限制了地价的高低。

（2）税收制度政策：对房地产税收采取新开征、暂停征收、恢复征收、取消征收、提高或降低税率等，会对房地产价格有一定影响。

（3）金融制度政策：金融政策主要指房地产信贷政策。如果严格控制房地产开发贷款，会减少未来的房地产供应量，使房地产价格上涨；如果采取上调贷款利率、提高最低购房首付款比例等措施，会减少房地产需求，从而降低房地产价格。

（4）相关特殊政策：如设立沿海开放城市、设立开发区，实行特殊的优惠政策等，会吸引投资、加快经济发展，导致对房地产的需求增加，从而会提高这些地区的房地产价格。

（5）相关规划和计划，包括国民经济和社会发展规划、城乡规划、土地利用规划和计划、住房相关规划和计划等。这些规划和计划的编制、调整和修订，对房地产价格有较大的影响。

3. 经济因素

影响房地产价格的经济因素，主要有经济发展、居民收入、利率、汇率和物价等。

（1）经济发展：经济发展状况，影响到就业、居民收入等，对房地产价格有一定的影响。反映经济发展的一个重要指标是国内生产总值（GDP），GDP 增长说明社会总需求增加，预示着投资活跃、生产发展，会带动对厂房、写字楼、商店、住宅等的需求增加，由此会引起房地产价格上涨，尤其是地价的上涨。

（2）居民收入：居民收入水平及其增长状况，对房地产特别是对住宅的价格有很大影响。通常，居民收入的增加意味着居民生活水平提高，从而增加对房地产的需求，导致房地产价格上涨。

（3）利率：利率的升降对房地产价格有一定影响。综合来看，房地产价格与利率负相关：利率上升，房地产价格下降；利率下降，房地产价格上涨。

（4）汇率：在国际房地产投资中，汇率波动会影响房地产的投资收益。当预期某国的货币会升值时，就会吸引国外资金购买该国房地产，从而导致其房地产价格上涨；相反，导致其房地产价格下降。

（5）物价：通常情况下，房地产价格随着物价的变动而变动，尤其是与建筑有关的“房地产投入要素”，如钢材、水泥等价格上涨，会增加房地产的开发建设成本，从而引起房地产价格上涨。从较长时期来看，房地产价格的上涨率高于一般物价的上涨率。

4. 社会因素

影响房地产价格的社会因素，主要有政治安定状况、社会治安状况、城市化和房地产投机等。

（1）政治安定状况：政治不安定则意味着社会可能动荡，这会影响人们投资、置业的信心，从而造成房地产价格低落。

（2）社会治安状况：社会治安状况不好意味着人们的生命财产缺乏保障，因此造成该地区房地产价格低落。

（3）城市化：城市化意味着人口不断向城镇地区集中，造成对城镇房地产的需求不断增加，从而带动城镇房地产价格上涨。

（4）房地产投机：房地产投机对房地产价格的影响可能出现三种情况：一是引起房地产价格上涨，二是引起房地产价格下跌，三是维持、稳定房地产价格。至于房地产投机具体会导致怎样的结果，要看当时的多种条件，包括投机者的素质和心理等。

5. 国际因素

国际因素主要有世界经济状况、国际竞争状况、政治对立状况和军事冲突状况等。

（1）世界经济状况：如果世界经济发展良好，一般有利于房地产价格上涨。特别是周边国家和地区的经济状况，对房地产价格有很大影响。

（2）国际竞争：主要是指国家之间为吸引外来投资而展开的竞争。当这种竞争激烈时，为吸引投资者通常会采取低地价政策，从而使房地产价格低落；但如果在其他方面采取优惠政策，吸引大量外来投资者进入，则导致房地产价格上涨。

（3）政治对立状况：国家之间发生政治对立，难免出现经济封锁、冻结贷款、终止往来等，这些情况导致房地产价格下跌；

（4）军事冲突状况：一旦发生军事冲突，则该地区的房地产价格会陡然下落，受到战争威胁或者影响的地区，房地产价格也有所下降。

6. 心理因素

影响房地产价格的心理因素主要有购买或出售时的心态、个人的欣赏趣味（偏好）、时尚风气、跟风或从众心理、接近名家住宅的心理、讲究风水或吉祥号码等等。

真题精选（2007 年—判断）：一般来说，国内生产总值的增长会形成较多供给，引起房地产价格下降。（　　）

（答案为 ×）

本章小结

本章主要对房地产价格的含义和形成条件、房地产价格的特征、房地产价格和价值的种类、房地产价格影响因素等内容进行了具体介绍。房地产价格是和平地获得他人房地产所必须付出的代价。房地产价格形成条件是有用、稀缺及有效需求。房地产价格种类中包括市场价值、实际价格、楼面地价、房地产单价及补地价等；影响房地产价格的自身因素包括区位、实物和权益状况等因素；外部因素包括人口因素、制度政策因素、经济因素、社会因素等方面。

实 训 题

调查、了解学校或自家附近房地产的价格，并分析其主要影响因素。

房地产估价师考试模拟试题

一、单项选择题

1. 拍卖价格、招标价格和协议价格三者之间的关系在正常情况下为（　　）。

A. 拍卖价格 > 招标价格 > 协议价格　　B. 拍卖价格 < 招标价格 < 协议价格
C. 三种价格应该都一样　　D. 三种价格大小都无任何规律

2. 补地价（单价） = 新楼面地价 ×（　　） - 旧楼面地价 × 旧容积率
A. 新容积率　　B. 土地总面积率　　C. 旧容积率　　D. 建筑密度

3. 现有甲、乙、丙三块土地可供选择，土地单价分别是：甲为 1 000 元每平方米，乙为 800 元每平方米，丙为 500 元每平方米，而其容积率分别为 6、4、2，如上述三块土地的其他条件均相同，则正常情况下应该选择（　　）。
A. 甲　　B. 乙　　C. 丙　　D. 任意一块

4. 房地产的（　　）是指市场供给量与市场需求量相等时的价格，也就是房地产的市场供给曲线与市场需求曲线相交时的价格。
A. 供给价格　　B. 需求价格　　C. 市场价格　　D. 均衡价格

5. 总的来讲，房地产的价格与房地产的供给和需求，分别是（　　）。
A. 正相关和正相关　　B. 正相关和负相关
C. 负相关和负相关　　D. 负相关和正相关

6. 在下列非市场价值中，（　　）因投资者的不同而不同。
A. 快速变现价值　B. 谨慎价值　　C. 在用价值
D. 投资价值　　E. 残余价值

※7. 在影响房地产价格的各种因素中，“城市化”属于（　　）。
A. 社会因素　　B. 环境因素　　C. 人口因素　　D. 行政因素

8. 影响房地产价格的因素众多。同一个影响房地产价格变动的因素，对不同类型房地产，其影响的方向（　　）。
A. 一定相同　　B. 一定不同　　C. 可能不同　　D. 完全无关

9. 楼面地价与土地总价、总建筑面积三者之间的关系为（　　）。
A. 楼面地价 = 土地总价 × 总建筑面积
B. 楼面地价 = 土地总价 ÷ 总建筑面积
C. 楼面地价 = 总建筑面积 × 土地总价
D. 楼面地价 = 总建筑面积 ÷ 土地总价

10. 房地产开发成本增加，（　　）房地产价格。
A. 必定提高　　B. 必定降低　　C. 不一定提高　　D. 不一定降低

二、多项选择题

1. 楼面地价应该是：（　　）二者之比值。
A. 建筑容积率与土地单价　　B. 总建筑面积与土地总价
C. 土地单价与建筑容积率　　D. 土地总价与总建筑面积
E. 土地单价与建筑覆盖率

2. 居住用途的房地产位置优劣主要看（　　）。

A. 临街状态　　B. 周围环境状态　　C. 交通是否方便　D. 安宁程度

※3. 影响房地产价格的区位因素有（　　）等。

A. 建筑规模　　B. 临路状况　　C. 楼层　　D. 建筑容积率

E. 繁华程度

4. 房地产价格的特征主要有下列几个方面：（　　）。

A. 房地产价格是在长期考虑下形成的

B. 房地产价格是在市场上形成的

C. 房地产价格的实质是房地产权益的价格

D. 房地产价格通常是个别形成的

E. 房地产价格受区位影响很大

5. 房地产之所以会有价格，需要具备以下几个条件：（　　）。

A. 有效供给　　B. 有效需求　　C. 有用性　　D. 稀缺性

E. 经济性

6. 下面关于行政因素的说法正确的是（　　）。

A. 征收持有房地产税，会造成房地产价格低落

B. 实行交通管制会降低房地产价格

C. 规定土地用途，就某一土地而言，有可能会降低地价

D. 征收土地交易税或增值税会抬高房地产价格

7. 影响房地产价格的心理因素一般包括：（　　）等。

A. 买方或卖方的心态　　B. 时尚风气

C. 个人的欣赏趣味与偏好　　D. 接近名家住宅的心理

E. 讲究风水或吉祥号码

8. 对某种房地产的需求量是由许多因素决定的，其中主要的因素有：（　　）等。

A. 消费者的收入水平　　B. 消费者对未来的预期

C. 该种房地产的价格水平　　D. 相关房地产的价格水平

E. 消费者的偏好

※9. 房地产的供给量是由许多因素决定的，除了随机因素，经常起作用的因素主要有（　　）。

A. 该种房地产的价格水平　　B. 消费者的预期

C. 该种房地产的开发成本　　D. 该种房地产的开发技术水平

E. 房地产开发商对未来的预期

※10. 某宗房地产是采用抵押贷款方式购买的，购买总价为 50 万元，首付款为房价的 30%，余款在未来 10 年内以抵押贷款方式按月等额支付。银行贷款年利率为 5.58%。则下列说法中正确的有（　　）。

A. 该房地产的实际价格等于名义价格
B. 该房地产的名义价格为 50 万元
C. 该房地产的实际价格高于 50 万元
D. 该房地产的实际价格为 50 万元
E. 该房地产不存在名义价格

三、判断题

1. 房地产价格与利率负相关，利率下降，房地产价格会上升；利率上升，房地产价格会下降。(　　)
2. 因为房地产投机对房地产市场有不利的影响，所以它只会导致房价上涨。(　　)
3. 理论价格并不是现实价格，评估价格才是现实价格。(　　)
4. 在一定的时期内，对于开发周期相对比较短的房地产，其供给弹性一般相对较高。(　　)
5. 房地产的价格政策，从抽象来看，可以分为两大类：一类是高价格政策，一类是低价格政策。(　　)
6. 同一地段的期房价格有时可能比现房价格还要高。(　　)
7. 当人们预期到某种房地产的价格会在下一时期上升时，就会增加对该种房地产的现期需求。(　　)
8. 房地产价格与风向的关系在城市中比较突出，在上风地区房地产价格一般比较低，在下风地区房地产价格一般比较高。(　　)
9. 在现实估价中，所需要评估的房地产价值并不一定是公开的市场价值。(　　)
10. 在影响房地产价格的因素中，房地产投机不属于经济因素。(　　)

四、计算题

1. 某宗地面积为 5 000 平方米，现状容积率为 0.8，土地市场价值为 4 000 元每平方米，拟进行改造。批准的规划容积率为 5.0，楼面地价为 1 500 元每平方米，计算理论上应补交地价款多少？

2. 某房地产现房价格为 4 000 元每平方米，预计从期房达到现房的两年时间内现房出租的租金收入为每年 300 元每平方米（年末收取），出租运营费用为每年 50 元每平方米。假设折现率为 5%，风险补偿为 200 元每平方米，试计算该房地产的期房价格。

第3章

房地产估价概述

学习目标

1. 掌握房地产估价的本质，房地产估价师的职业道德，房地产估价的原则。

2. 熟悉房地产估价的概念，房地产估价的要素，房地产估价的必要性，房地产估价的程序。

3. 了解房地产估价的作用和房地产估价行业发展状况。

技能要求

能够根据估价项目签订估价委托合同。

3.1 房地产估价与行业发展

3.1.1 房地产估价的概念

房地产估价又称房地产价值评估，是指房地产估价师和房地产估价机构接受他人委托，为了特定目的，遵循公认的原则，按照严谨的程序，依据有关法律法规和标准，在合理假设下，运用科学的方法，对特定房地产在特定时间的特定价值进行分析、测算和判断，并提供相关专业意见的活动。

房地产估价是一种专业行为，需要专门知识和经验，估价结果是否合理与当事人切身利益直接相关。就专业估价而言，房地产估价具有以下特征：①由专业人员和专业机构完成；②提供专业意见；③具有公信力；④实行有偿服务；⑤承担法律责任。

3.1.2 房地产估价的要素

（1）估价当事人：是指与估价活动有直接关系的单位和个人，包括房地产估价师、房地产估价机构和委托人。

1）房地产估价师：指具有房地产估价专业知识和经验，取得房地产估价师执业资格证书，并按照《注册房地产估价师管理办法》注册，取得房地产估价师注册证书，从事房地产估价活动的专业人员。房地产估价师应当具有扎实的理论知识、丰富的实践经验和良好的职业道德。

2）房地产估价机构：指具备足够数量的房地产估价师等条件，依法设立并取得房地产估价机构资质，从事房地产估价活动的专业服务机构。房地产估价机构应当在其资质等级许可的业务范围内从事估价活动，依法从事的估价活动不受行政区域和行业的限制。房地产估价报告应由房地产估价机构出具。

3）估价委托人：指直接向估价机构提出估价需求，与估价机构订立估价委托合同的单位或个人。委托人有义务向估价机构提供估价所必需的资料，并对所提供资料的真实性、合法性和完整性负责；有义务协助估价师搜集资料、实地查看；不得干预估价行为和估价结果。

（2）估价目的：指估价委托人对估价报告的预期用途。通俗地说，估价目的是委托人欲将估价报告做什么用，是为了满足何种需要。例如，是为房地产买卖方确定有关价格提供参考依据，还是为商业银行等债权人确定房地产抵押价值提供参考依据，或者是为确定拆迁补偿金额提供参考依据等。

任何估价项目都有估价目的，它来源于委托人的真实估价需要。一个估价项目通常只有一个估价目的。不同的估价目的将影响估价结果，因为估价目的不同，估价对象的范围、估价时点、价值类型、估价依据、估价方法以及估价应考虑的因素都可能不同。估价目的还限制了估价报告的用途，针对某种估价目的得出的估价结果，不能用于与其不相符的其他用途。

（3）估价对象：指一个估价项目中需要评估其价值的房地产。房地产估价对象有土地、房屋、构筑物、在建工程、以房地产为主的整体资产、整体资产中的房地产等。

（4）估价时点：也称为价值时点，指一个估价项目中需要评估的价值所对应的时间。由于同一房地产在不同的时间会有不同的价值，所以必须指明估价对象在特定时间的价值，这个特定时间就是估价时点，一般用公历年、月、日表示。估价时点应当根据估价目的来确定。

（5）价值类型：指需要评估的某种特定价值。价值类型主要有市场价值、快速变现价值、谨慎价值、在用价值、残余价值和投资价值等。价值类型应当由估价目的来确定。

（6）估价依据：指估价所依据的法律、法规、标准以及与估价对象有关的情况和资料。

（7）估价假设：指估价师对估价的前提条件做出的某种假定。估价假设的作用一方面是规避估价风险，保护估价师和估价机构；另一方面是告知、提醒并保护估价报告的使用者。

（8）估价原则：指在房地产估价的实践中，总结和提炼出的法则或标准。它可以使房地产估价师达成估价上的共识，对同一估价对象在同一估价目的、同一估价时点下取得近似的估价结果。

（9）估价程序：指估价过程中的各项具体工作，按照其内在联系性所排列出的先后次序。通过估价程序可以了解一个估价项目运作的全过程以及各项工作之间的相互关系。

（10）估价方法：房地产估价方法包括市场法、收益法、成本法等三大基本估价方法还包括假设开发法、长期趋势法、路线价法、基准地价修正法等其他估价方法。每种估价方法都有其适用的估价对象和条件，可以同时运用，相互补充。

（11）估价结果：指估价师分析、测算和判断出的估价对象价值及提供的相关专业意见。

3.1.3 房地产估价的本质

了解房地产估价的本质，有助于我们进一步理解房地产估价的含义。房地产估价的本质可以概括为：房地产估价是评估房地产的价值而不是价格；房地产估价是模拟市场定价而不是替代市场定价；房地产估价是提供价值意见而不是作价格保证；房地产估价会有误差，但误差应在合理的范围内；房地产估价是科学与艺术的统一。

3.1.4 房地产估价的必要性

1. 房地产估价有理论上的必要性

并不是所有的资产都需要专业的估价，只有同时具备“独一无二”和“价值量大”两个特性的资产才需要专业估价。房地产不仅具有不可移动性、独一无二性和价值高大等特性，而且房地产市场是典型的“不完全市场”，难以形成一般人容易识别的适当价格，需要估价师进行“替代”市场的估价工作，因此房地产估价是必要的。房地产估价有助于将房地产价格导向正常化，促进房地产公平交易，建立合理的房地产市场秩序。

2. 房地产估价有现实需求

需要房地产估价的情形主要体现在以下方面：

（1）国有建设用地使用权出让。国有建设用地使用权出让有招标、拍卖、挂牌和协议等方式。无论哪种出让方式，都需要对拟出让地块进行估价，为出让人确定各种出让底价提供参考依据，或者为受让人确定出价提供参考依据。

（2）房地产转让和租赁。由于房地产价值量大，如果转让价格和租金偏离正常市场价格，都会使某一方遭受较大损失。为此，交易当事人往往需要房地产估价为其确定转让价格、租金等提供参考依据。

（3）房地产抵押贷款。房地产抵押是指债务人或者第三人不转移房地产的占有，将该房地产作为债权的担保，当债务人不履行到期债务时，债权人有权依法将该房地产拍卖或变卖，用所得价款优先受偿。为了知道房地产的抵押价值，债权人需要房地产估价，为其确定抵押贷款额度提供价值参考。

（4）房地产征收、征用补偿。尽管征收、征用是为了公共利益的需要，具有一定的强制性，但必须依法给予合理的补偿，维护被征收人的合法权益。而确定征收、征用的补偿金额，就需要房地产估价提供参考依据。

（5）房地产分割。作为家庭财产的实物形态，房地产一般不宜实物分割，而是适宜采取折价或拍卖、变卖的方式，将所得价款进行分割，这就需要房地产估价机构对房屋进行估价。

（6）房地产损害赔偿。发生房地产损害的类型很多，如建筑物妨碍相邻建筑物通风、采光的；使他人房地产受到污染的；因工程质量缺陷造成房地产价值损失的等等。各种类型的房地产损害均需要房地产估价为其确定赔偿或补偿金额提供参考依据。

（7）房地产争议调处和司法鉴定。在房地产强制拍卖、变卖、抵债、征收、损害赔偿等活动中，经常发生有关当事人对房地产价格、补偿金额等有异议的情况，这就需要权威、公正的房地产估价，为当事人调解、仲裁等提供相关的参考依据。

（8）房地产税收。有关房地产的税种很多，如房地产税、土地增值税、契税等，这些税收的计税依据通常是房地产价值或租金，因此需要房地产估价提供相关服务。

（9）房地产保险。房地产保险对房地产估价的需要，一是在投保时需要评估保险价值，为确定保险金额提供参考依据；二是在保险事故发生后需要评估所遭受的损失，为确定赔偿金额提供参考依据。

（10）房地产行政管理。房地产行政管理不仅包括房地产的实物管理而且包括房地产的价值管理，需要了解房地产的价值量及其增值或贬值的情况，这就需要房地产估价为其提供服务。

（11）企业有关的经济行为，如合并、分立、改制、上市、对外投资、资产重组、产权转让、租赁、清算等，往往需要对企业整体资产或者其中的房地产进行估价，为有关决策提供参考依据。

3.1.5　房地产估价师的职业道德

房地产估价师的职业道德是指房地产估价师在从事房地产估价时应遵循的道德规范和行为规范。它要求房地产估价师以良好的思想、态度、作风和行为去从事房地产估价工作，清楚在房地产估价活动中应当做什么，不应当做什么。

房地产估价师的职业道德包括职业品德、职业情感和职业行为习惯三个方面，可概括为以下几方面：

（1）诚实与正直：应当诚实正直，公正执业，不做任何虚假的估价。

（2）利益冲突与回避：应当保持估价的独立性，主动回避与估价委托人或者与估价对象有利益关系的估价业务。

（3）专业胜任能力：不应承接超出自己专业能力的估价业务，对不能胜任的业务，应当主动聘请有能力的估价师或者有关专家提供专业帮助。

（4）勤勉尽责：应当勤勉尽责地做好估价中每个环节的工作，包括对估价委托人提供的有关情况和资料进行必要的关注，对估价对象进行全面、细致的实地查看。

（5）保守秘密：应当保守国家秘密、商业秘密，不得泄露个人隐私，妥善保管估价委托人提供的资料。

（6）公平竞争：估价师之间应当相互尊重，不得以贬损其他估价师或者估价机构等方式进行不正当竞争。

（7）社会责任：不得以估价者的身份在非自己估价的估价报告上签名或者盖章，不得将估价师注册证书借给他人使用或者允许他人使用自己的名义。

（8）学习提高：应当不断地学习、更新、增长自己的估价专业知识，丰富估价经验，提高专业胜任能力。

房地产估价师的职业道德要有专业能力作为基础，估价专业能力不胜任是对社会公众的欺诈，是不道德的行为。

3.1.6 中国房地产估价行业发展状况

中国房地产估价活动历史悠久、源远流长，早在千年以前就有关于房地产价值评估思想的萌芽。由于历史原因，在20世纪50年代至70年代期间，房地产估价活动基本消失。直到1978年以后，随着城镇国有土地有偿使用和房屋商品化的推进，中国房地产估价活动开始复兴。自从1993年首批房地产估价师被认定以来，中国房地产估价行业快速发展，逐步建立起了政府监管、行业自律和社会监督的监管体制。房地产估价在解决房地产市场失灵，维护房地产市场秩序，防范金融风险，保护房地产相关权利人的合法权益，促进社会和谐等方面发挥着积极作用。

（1）以法律形式确立了房地产估价的地位。《城市房地产管理法》第三十三条规定“国家实行房地产价格评估制度”，第五十八条规定“国家实行房地产价格评估人员资格认证制度”。这两条规定赋予了房地产估价的法律地位，使房地产估价成为国家法定制度。

（2）建立房地产估价师执业资格制度。1993年，借鉴美国等市场经济发达国家和地区的经验，人事部、建设部共同设立了房地产估价师执业资格制度，经严格考核，认定了首批140名房地产估价师。1994年，认定了第二批206名房地产估价师。

从 1995 年开始，房地产估价师执业资格实行全国统一考试制度。2002 年之后每年举行一次考试。2004 年 8 月，中国内地房地产估价师与中国香港测量师完成了首批资格互认，促进了中国内地与中国香港房地产估价行业共同发展。

（3）设定房地产估价师资格和房地产估价机构资质为行政许可项目。“房地产估价师执业资格注册”和“房地产估价机构资质核准”是国务院决定予以保留并设定的行政许可项目。只有注册的房地产估价师和房地产估价机构才能够从事估价活动，只有房地产估价机构出具、有注册房地产估价师签字的房地产估价报告才具有法律效力。

（4）成立房地产估价行业自律组织。1994 年 8 月 15 日成立了“中国房地产估价师学会”这一全国性的房地产估价行业自律组织，2004 年 7 月 12 日更名为“中国房地产估价师与房地产经纪人学会”（简称为中房学）。中房学由从事房地产估价和经纪活动的专业人士、机构及有关单位组成，依法对房地产估价和经纪行业进行自律管理。北京、上海等地先后成立了地方性的房地产估价行业自律组织。房地产估价行业自律组织在维护行业合法权益、加强行业自律管理、促进行业健康发展等方面发挥了重要作用。

（5）发布房地产估价的部门规章和规范性文件。自 1998 年以来，建设部发布了一系列规范性文件，如《房地产估价师注册管理办法》、《关于房地产价格评估机构资格等级管理的若干规定》、《关于建立房地产企业及执（从）业人员信用档案系统的通知》等，对房地产估价活动的市场准入、行为规范、市场监管等作了明确规定，推动了房地产估价行业规范、健康发展。

（6）制定房地产估价国家标准和相关指导意见。为规范房地产估价行为，统一房地产估价程序和方法，使房地产估价结果客观、公正、合理，1999 年 2 月 12 日建设部会同国家质量技术监督局发布了国家标准《房地产估价规范》（GB/T50291—1999）。以此为基础，建设部会同有关主管部门出台了若干估价指导意见，如《城市房屋拆迁估价指导意见》、《房地产抵押估价指导意见》等。

（7）形成了较完善的房地产估价理论方法体系。借鉴发达国家以及中国台湾地区和中国香港房地产估价的成果，结合中国内地房地产估价的实际情况，丰富和发展了中国内地的房地产估价理论和方法，形成了既与国际接轨又适用于中国国情的房地产估价理论方法体系。

（8）深化和拓展了房地产估价业务。随着社会经济发展，为满足社会需要，房地产估价业务在房地产价值评估的基础上得以深化和拓展，如提供市场调研、投资项目可行性研究、开发项目策划等相关房地产专业服务。

（9）形成了公平竞争的房地产估价市场。2000 年根据国务院的要求，建设部大力推进房地产估价机构与政府部门脱钩，使其改制成为由注册房地产估价师出资设立的有限责任公司或合伙企业。脱钩改制打破了行业垄断和地区市场分割的局面，形成了公平竞争的房地产估价市场。

（10）积极开展国际交流合作。“中房学”同国际测量师联合会、世界估价组织协会、国际估价标准委员会、美国估价学会、英国皇家特许测量师学会以及中国香港测量师学会等估价组织建立了紧密联系，经常往来，合作开展了多项活动。

真题精选 （2007年—判断）：某注册房地产估价师拟购买A市C区的一套多层住房，该估价师根据自己对该套住房实物、权益、区位等的勘查、分析，运用适当方法对该套住房进行了估价，并最终以接近于该估价值的价格成交。该估价师对该住房的估价是专业房地产估价。（ ）

（答案为 ×）

3.2 房地产估价原则

房地产估价是一项错综复杂的经济活动，具有很强的技术性和专业性。为了保证估价结果的客观、公正，人们在房地产估价的反复实践和理论探索中，逐渐认识了房地产价格形成和波动的客观规律，总结出了一些简明扼要的估价法则或标准，即房地产估价原则。每一位从事房地产价格评估的专业人员要学习这些原则，并以此作为价格评估的指南。

房地产估价原则可分为基本原则、技术性原则和特殊原则。基本原则是指独立、客观、公正的原则；技术性原则包括合法原则、最高最佳利用原则、替代原则和估价时点原则；特殊原则是指谨慎原则，是技术性原则的特殊情况。

3.2.1 独立、客观、公正原则

独立、客观、公正原则要求估价机构和估价师站在中立的立场上评估出对各方当事人来说都是公平合理的价值。这是房地产估价的基本原则，也是房地产估价的最高行为准则。具体而言，“独立”要求估价师不受任何单位和个人的干扰，凭借专业估价知识、经验和应有的职业道德进行估价；“客观”要求估价师不夹杂个人的情感、好恶和偏见，实事求是地进行估价；“公正”要求估价师不偏袒任何一方当事人，坚持原则，公平正直地进行估价。

房地产估价之所以要遵循独立、客观、公正原则，是因为评估出的价值如果不公平合理，必然损害某一方的利益，也有损于估价师、估价机构以至整个估价行业的社会声誉和公信力。例如，以房地产抵押贷款为目的的估价，如果评估价值比客观合理价值高，则借款人受益，而贷款人的风险增加，甚至影响金融安全。

为了保障估价机构和估价师能够独立、客观、公正地估价，一是要求估价机构不依附于他人、具有独立的法人地位；二是要求估价机构和估价师与委托人没有利害

关系，与估价对象没有利益关系；三是要求估价机构和估价师不受外部因素的干扰，不屈从于外部压力。

除此之外，为评估出公平合理的价值，估价人员还必须具有良好的职业道德，了解房地产供求状况和影响房地产价格的各种因素，遵循科学严谨的估价程序，不断丰富估价经验，提高估价水平。

3.2.2　合法原则

前面我们讲过，房地产价值是实物、权益与区位的综合体，对两宗实物和区位都相同的房地产而言，如果权益不同，价值可能有很大的差异。而房地产的权益必须是经国家认定、受法律保护的合法权益。因此，合法原则要求房地产估价应以估价对象的合法权益为前提。合法权益具体包括合法产权、合法使用、合法处分等方面。

（1）以合法产权为前提：要求在判别估价对象合法产权时，以房地产权属证书、权属档案的记载或者其他合法证件为依据。依法判定估价对象是哪种权益状况的房地产，就应将其作为那种权益状况的房地产来估价。例如：集体土地不能当做国有土地来估价；划拨的建设用地使用权不能当做出让的建设用地使用权来估价；共有的房地产不能当做单独所有的房地产来估价等等。因此，从理论上讲，任何权益状况的房地产都可以成为估价对象，只是要做到评估价值与依法判定的权益状况相匹配。

（2）以合法使用为前提：要求在判定估价对象使用权利时，应以城市规划、土地用途管制等为依据，按照规定的土地用途、建筑高度、容积率、建筑密度等进行估价。例如，如果城市规划规定了该宗土地的容积率不超过 5，估价时应以不超过 5 的容积率为前提进行估价，否则，超出的容积率不仅没有法律保障而且违法，即使评估出较高的价值也得不到社会的承认。

（3）以合法处分为前提：要求判定估价对象的合法处分方式时，应以法律、法规、政策或合同等允许的处分方式为依据。处分方式包括买卖、租赁、抵押、出资、抵债、赠与等。例如，法律、法规规定不得抵押的房地产，就不能成为以抵押贷款为估价目的的估价对象，或者说这类房地产没有抵押价值。

合法原则还要求评估出的价值应符合国家的价格政策。评估政府定价或政府指导价的房地产，应当遵守相应的政府定价和政府指导价。如房改出售房的价格，要符合政府有关该价格测算的要求；新建经济适用住房的价格，要符合国家规定的价格构成和对利润率的限定；农地征用和城市房屋拆迁补偿估价，要符合政府有关农地征用和城市房屋拆迁补偿的法律、行政法规。

合法原则还要求房地产估价应当采用国家有关估价技术标准；估价机构应当具有房地产估价资质；估价人员应当是注册房地产估价师等。

3.2.3 最高最佳利用原则

现实经济活动中，由于竞争和优选的关系，每个房地产拥有者都试图发挥房地产的最大潜力，取得最大的经济利益。房地产最高最佳利用是指法律上许可、技术上可能、经济上可行，经过充分合理的论证，使估价对象价值达到最大化的利用。房地产估价遵循最高最佳利用原则要求估价结果是估价对象在合法、可能、最高最佳利用状态下能够获得最大收益的价值。

房地产最高最佳利用包括最佳的用途、最佳的规模、最佳的集约度和最佳的档次。如果估价对象未做某种利用，则应选择城市规划允许的最大收益用途。例如估价对象既可用做商业用途，也可用作居住用途，而商业用途能够取得最大收益，则估价时应以商业用途为假设前提；如果估价对象已做了某种利用，则应判断该种利用状态是否为最高最佳利用，如果不是，应假设一种最高最佳利用状态，并将其作为估价前提在估价报告中予以说明。以下是几种可以选取的假设前提。

（1）保持现状前提：认为对现有房地产保持现状、继续利用最为有利时，应以保持现状、继续利用为前提进行估价。条件是：现状房地产的价值大于新建房地产的价值减去全部费用之后的余额。

（2）装修改造前提：认为对现有房地产进行装修改造但不转换用途最为有利时，应以装修改造但不转换用途为前提进行估价。条件是：预计装修改造后房地产价值的增加额大于装修改造费用。

（3）转换用途前提：认为转换现有房地产的用途最为有利时，应以转换用途为前提进行估价。条件是：预计转换用途所带来的房地产价值的增加额大于转换用途所需的费用。

（4）重新开发前提：认为对现有房地产进行重新开发利用最为有利时，应以重新开发利用为前提进行估价。

（5）上述情形的某种组合：最常见的是转换用途与装修改造的组合。

3.2.4 替代原则

替代原则要求房地产估价结果能够替代类似房地产在同等条件下的正常价格。

所谓类似房地产是指与估价对象在实物、权益、区位状况等方面相似的房地产。具体而言，类似房地产是与估价对象处于同一供求范围内，并在用途、规模、档次、建筑结构、权利性质等方面与估价对象相同或相当的房地产。所谓同一供求范围，又称同一供求圈，是指与估价对象具有一定替代关系，价格相互影响的其他房地产所处的区域范围。

根据经济学原理，同一种商品在同一个市场上具有相同的市场价格。一般而言，任何经济主体在市场上的行为，都要以最小的代价取得最大的效益。因此，如果市场上有两个以上效用相同的商品存在，理性的买者会选择价格最低的；相反，如果市场上有两个以上价格相同的类似商品存在，则理性的买者会选择效用最大的。为了使产品能够销售出去，卖者之间会展开价格竞争，导致效用相同的商品形成相同的市场价格。

房地产价格的形成也符合这一规律，由于房地产的独一无二性，完全相同的房地产几乎没有，但在同一个市场上存在效用相近的房地产，其价格应当是接近的。在现实房地产交易中，理性的买卖双方，都会将其拟买或拟卖的房地产与类似房地产进行比较，而买者不会接受过高的价格，卖者也不会接受过低的价格，导致同一市场上的类似房地产，价格相互牵掣，相互接近。

利用替代原理，我们可以利用与估价对象效用相近的房地产的已知价格推算出估价对象的未知价格；我们可以把估价结果放到市场中去衡量，当估价结果没有不合理地偏离类似房地产在同等条件下的正常价格时，估价结果就是客观合理的。替代原理在市场法、收益法、成本法、假设开发法等估价方法中都会用到。

3.2.5 估价时点原则

估价时点原则要求房地产估价结果应是估价对象在某个特定时间的价值。

由于房地产市场是不断变化的，房地产价值也应随之变化。另外，房地产本身也随着时间的推移而发生改变，如建筑物变得陈旧过时，周围环境发生改变等。因此，在不同的时间，同一宗房地产往往会有不同的价值。如果没有了对应的时间，价值也就失去了意义。这就要求，房地产估价结果具有很强的时间性，每一个价值都要对应着一个特定的时间，这个特定时间就是估价时点。估价时点必须依据估价目的来确定，一般用公历的年、月、日来表示。

确立估价时点原则的意义在于：估价时点是评估房地产价值的时间界限，因为政府有关房地产的法律、法规、税收政策、估价标准的发布、变更、实施日期等，均有可能影响估价对象的价值。因此，在估价时是采用发布、变更、实施日期之前还是之后的，就应根据估价时点来确定。另外，运用市场法评估房地产价值时，选用的可比实例的成交日期通常与估价时点不同，需要把可比实例的成交价格调整到估价时点上。

在实际估价中，既可以将估价作业期内的某个日期确定为估价时点，也可以将估价人员实地查勘估价对象期间的某个日期定为估价时点，还可以将过去或未来的某个日期定为估价时点。在具体的房地产估价项目中，估价时点是现在还是过去或者未来，是由估价目的决定的，并且所对应的估价对象状况和房地产市场状况也会有所不同。不论何种估价目的，评估估价对象价值所依据的市场状况始终是估价时点上的状况，但估价对象状况不一定是估价时点上的状况。

各种情形举例说明如下：

（1）估价时点为过去的情形。此情形大多出现在房地产纠纷案件中，特别是对估价结果有异议而引起的复核或鉴定估价。例如，某宗房地产被人民法院强制拍卖后，被执行人认为人民法院委托的估价机构的估价结果过低，引发对该估价结果的争论。衡量该估价结果是否过低，应将房地产市场状况、估价对象状况还原到原来的估价时点，否则就无法检验结果是否合理。

（2）估价时点为现在，估价对象为历史状况下的情形。此情形大多出现在房地产损害赔偿和保险理赔案件中。例如，投保火灾险的建筑物被火烧毁后，评估其损失价值或损失程度时，通常是估计将损毁后的状况恢复到损毁前的状况所需的必要费用。

（3）估价时点为现在，估价对象为现时状况下的情形。估价时点和估价对象状况均为现在的情形是估价中数量最多、最常见的。

（4）估价时点为现在，估价对象为未来状况下的情形。此情形大多出现在期房价值评估中。例如在城市房屋拆迁补偿时，采取房屋产权调换的补偿方式，而且所调换的房屋为期房，评估该调换期房的市场价格就属于这种情况。

（5）估价时点为未来的情形。此情形多出现在房地产市场预测、为房地产投资分析提供价值参考依据的情况下，特别是预测房地产在未来开发完成后的价值。在假设开发法中，预测估价对象开发完成后的价值就属于这种情况。

具体如表 3-1 所示。

表 3-1 估价时点、估价对象状况、房地产市场状况的关系表

估价时点	估价对象状况	房地产市场状况
过去（回顾性估价）	过去	过去
现在	过去	现在
	现在	
	未来	
未来（预测性估价）	未来	未来

3.2.6 谨慎原则

谨慎原则是在评估房地产抵押价值时应当遵循的一项原则。谨慎原则要求在有不确定因素的情况下做出估价判断时，应当保持必要的谨慎，充分估计抵押房地产在抵押权实现时可能受到的限制、未来可能发生的风险和损失，不高估假定未设立法定优先受偿权下的价值，不低估房地产估价师知悉的法定优先受偿款。

谨慎原则用于存在不确定因素的情况下。因为面临不确定因素时，对该因素估计态度不同，可以导致抵押价值的不同：比如采取乐观的估计可能导致抵押价值偏高，悲观（保守）的估计可能导致抵押价值偏低，而居中的估计可能导致抵押价值中等，遵循谨慎原则时就应当采取保守值估计。例如，运用收益法评估收益性房地产的抵押价值，当估计未来的收益时，遵循谨慎原则应采用较低的收益估计值；而一般的房地产价值评估应采用中等的收益估计值。

《房地产抵押估价指导意见》针对不同的估价方法，提出了遵循谨慎原则的要求：

（1）在运用市场法估价时，不应选取成交价格明显高于市场价格的交易实例作为可比实例，并应对可比实例进行必要的实地查看。

（2）在运用收益法估价时，不应高估收入或低估运营费用，选取的报酬率或资本化率不应偏低。

（3）在运用成本法估价时，不应高估土地取得成本、开发成本、有关税费和利润，不应低估折旧。

（4）在运用假设开发法估价时，不应高估未来开发完成后的价值，不应低估后续开发建设的必要支出及应得利润。

真题精选（2007 年—单选）：某宗房地产规划用途为商业，现状为超市，年净收益为 18 万元，预计改为服装店后的年净收益为 20 万元，除此无其他更好的用途，则根据（　　）应按服装店用途进行估价。

A. 合法原则　　B. 最高最佳使用原则　　C. 估价时点原则　　D. 替代原则

（答案为 B）

3.3　房地产估价程序

房地产估价是一项复杂、专业技术性强的活动，应当制定一套科学严谨的工作程序。按照科学严谨的估价程序开展估价工作，不仅可以避免重复和浪费，使估价工作具有计划性，提高估价工作的效率，并且使估价工作规范化、精细化，防止出现疏漏，保证估价工作的质量。

房地产估价程序是指房地产估价过程中的各项具体工作，按照其内在联系性所排列出的先后次序。房地产估价的一般程序是：①获取估价业务；②受理估价委托；③拟定估价作业方案；④搜集估价所需资料；⑤实地查勘估价对象；⑥分析估价对象价值；⑦测算估价对象价值；⑧判断估价对象价值；⑨撰写估价报告；⑩内部审核估价报告；⑪交付估价报告；⑫估价资料归档。

3.3.1　获取估价业务

1. 房地产估价业务的来源

（1）被动接受估价业务：即坐等估价需求者找上门来寻求估价服务。如政府为征收房地产税，委托估价机构对课税对象房地产进行估价；法院为处理涉案的房地产，如拍卖、抵债、定罪量刑等，委托估价机构对房地产进行估价；城市房屋拆迁的拆迁人委托估价机构对被拆迁房屋进行估价。

（2）主动争取估价业务：即估价人员走出门去力争为他人提供估价服务。在估价机构多、竞争激烈的情况下，这是估价业务的最主要来源。

2. 房地产估价机构和估价师不应承接的估价业务

（1）有利害关系或利益冲突的业务：估价机构和估价师与估价相关当事人有利害关系，或与估价对象有利益关系，可能影响估价师独立、客观、公正地进行估价，估价结果也会招致怀疑，缺乏公信力。在这种情况下，估价机构不应承接相应的估价业务。

（2）超出了自己的业务范围的业务：如果估价业务超越了本估价机构资质等级许可的业务范围，则不应承接该项估价业务。

（3）自己的专业能力难以胜任的业务：如果估价机构或者估价师感到受本身专业知识和经验所限难以评估出客观合理的价值，就不应承接相应的估价业务。

3.3.2 受理估价委托

接受估价业务后，估价机构应与委托人协议沟通，就估价的基本事项及收费标准、收费依据、付费方式、出具估价报告的日期等加以明确，然后与委托人签订书面委托合同，并确定负责该项目的估价人员。具体如下：

1. 明确估价基本事项

受理估价委托后，应明确估价的基本事项，包括估价目的、估价对象、估价时点和价值类型，其中估价目的引发并决定其他的估价事项。

（1）明确估价目的。任何估价项目都有估价目的，因为委托人不会无故委托估价。估价目的通常由委托人提出，通过双方商议确定。当委托人不能提出明确的估价目的时，估价师可以通过询问委托人欲将估价报告作何用途、提供给谁来了解估价目的。

（2）明确估价对象。估价对象是估价师根据估价目的，依据合法原则，征求委托人同意后确定的，包括：①明确估价对象的实物状况，估价对象是土地，建筑物，还是土地与建筑物的合成体，估价对象的范围多大等。②明确估价对象的权益状况，要弄清是评估其实际权益状况下的价值还是评估其设定权益状况下的价值。③明确估价对象的区位状况，弄清估价对象所处的具体位置、交通、环境、配套设施等。如果估价对象是住宅小区内的一套住房，区位状况还应包括楼层和朝向。

（3）明确估价时点。估价时点应根据估价目的来确定，多数是对当前的价值进行评估，一般以实地查勘之日为估价时点，但有些情况下估价时点是未来或过去。

（4）明确价值类型。房地产的价值类型是由估价目的决定的。大多数估价的价值类型是市场价值，但在某些情况下，需要评估的可能是投资价值、谨慎价值、清算价值、快速变现价值或在用价值。

2. 签订估价委托合同

在明确了有关事项之后，估价机构与委托人应当签订书面委托合同。房地产估价委托合同是估价机构和委托人就估价事宜所做的约定，包括建立委托关系、明确双方的权利和义务、载明估价的基本事项等内容。房地产估价委托合同示例如下：

估价委托合同

××评字【　　　】号

甲方（委托评估方）：________________

住所：________________

乙方（受托评估方）：________________

住所：________________

一、评估范围

根据甲方的委托，本项目评估对象和评估范围为：________________

二、评估目的

甲方设定本次评估目的为：________________

三、评估内容（价值类型）

本次委托评估内容为：________________

四、评估基准日

甲方设定本次评估基准日是：________年________月________日。

五、甲乙双方的责任

（一）甲方的责任

1. 甲方保证估价对象安全完整，对所提供资料的真实性、合法性、完整性负责。

2. 甲方及时为乙方的评估工作提供其所要求的评估明细表、数据资料和其他有关资料并加盖公章，确保向乙方提供相关资料的复印件与原件一致，且确保在实地查看现场时所指示的评估对象实物与甲方提供相关资料指向的实物一致。

3. 甲方应积极配合评估工作，对乙方派出的有关工作人员提供必要的工作条件。

4. 甲方按本合同的规定及时足额支付评估费用。

5. 未经乙方同意，评估报告的内容不得被摘抄、引用或披露于公开媒体，法律、法规规定以及相关当事方另有约定的除外。

（二）乙方的责任

1. 乙方应按照国家有关法律法规和估价技术标准、规范进行评估，出具评估报告，保证评估报告的客观、公正、公平。

2. 乙方在评估过程中，应自觉维护甲方及相关当事人各方的正当利益。

3. 在评估过程中，乙方应与甲方充分交换意见，对甲方提出的真实、客观、合理的意见应当予以充分考虑。

4. 乙方对执行业务过程中知悉的甲方商业秘密严加保密。除非国家执业准则另有规定或经甲方同意，乙方不得将其知悉的商业秘密和甲方提供的资料对外泄露。

5. 未经甲方书面许可，乙方及参与项目的注册房地产估价师不得将评估报告的内容向甲方以外的单位或个人提供或者公开，法律、法规另有规定的除外。

六、评估报告使用者

评估报告使用者为______________和国家法律、法规规定的评估报告使用者。

评估报告仅供______________使用，法律、法规另有规定的除外。乙方及参与项目的估价师对甲方和其他国家法律、法规规定的评估报告使用者不当使用评估报告所造成的后果不承担责任。

七、评估报告提交期限和方式

评估报告的提交期限为：在甲方提交评估资料后________个工作日内出具评估报告初稿；经甲方和乙方沟通确认后，乙方在________个工作日内出具正式的评估报告。

乙方向甲方出具的评估报告正本一式________份。

八、评估服务费总额、支付时间和方式

经友好协商，本次评估服务费总额为人民币________。甲乙双方在本评估合同签订之日起，甲方向乙方预付人民币________。其余费用人民币________，________在乙方提交评估报告时一并付清。

九、合同的有效期

本委托合同书一式两份，各方各执一份，同具法律效力。本合同自签署之日起生效，并在本合同事项全部完成日之前有效。

十、约定事项的变更

由于出现不可抗力的情况，影响评估工作如期完成，或需提前出具评估报告，各方可要求变更约定事项，但应及时通知各方，并由各方协商解决。

十一、违约责任和争议解决

1. 在本委托合同执行过程中如因委托方的变更或延误，本委托合同的履行将顺延；如甲单方终止本委托合同，甲方应支付受托方已付出的相应费用，但不得高于本项目收费总额。

2. 乙方如无特殊原因和正当理由，不得迟于本合同规定的时间交付估价报告书，每逾期一日未交付估价报告书应赔偿甲方估价服务费____________‰；甲方如不按本合同规定的时间向乙方提交前述有关文件、图纸、凭证等资料，乙方可按耽误时间顺延估价报告书的交付时间。

3. 甲方接到乙方提交的估价报告书次日起____________日内，如果对估价结果有异议，且有正当理由，可向乙方提出复估或重估，乙方应在接到甲方申请复估或重估书次日起____________日内完成委托，将房地产的复估或重估报告书交付甲方。甲方逾期不提出者，估价报告书生效。

4. 当合同履行过程中产生争议时，各方应当友好协商；协商不成，任何一方可将争议提交仲裁委员会申请仲裁。

十二、其他事项

1. 当评估程序所受的限制对评估结论构成重大影响时，乙方可以中止履行合同；相关限制无法解除时，乙方可以解除合同。

2. 提供必要的资料并保证所提供资料的真实性、合法性、完整性，恰当使用评估报告是甲方和相关当事人的责任。

3. 其他有关事项：

甲方（签章）：	乙方（签章）：
地址：	地址：
法定代表人：	法定代表人：
授权签约代表：	授权签约代表：
电话：	电话：
年　　月　　日	年　　月　　日
	合同签订地点：

3.3.3　制定估价作业方案

制定估价作业方案主要包括以下内容：

（1）确定拟采用的估价技术路线，初步选择估价方法。估价技术路线是指导整个估价过程的技术思路，是估价人员对估价对象房地产的价格形成过程的认识，确定估价技术路线，就是确定房地产价格形成过程。初步选择估价方法的目的，是为了在搜集资料和实地查勘时有的放矢，避免无效劳动。对于同一估价对象，宜选用两种以上（含两种）的估价方法进行估价。

（2）明确估价资料及其来源渠道。搜集实例资料的条件，主要取决于拟采用的估价方法。对于市场法而言，应搜集交易实例资料，如成交价格、交易情况、交易时间、房地产状况等；对于成本法而言，应搜集开发建设成本实例资料；对于收益法而言，应搜集收益实例资料，如租金水平、出租率或空置率、运营费用等方面的资料；选用假设开发法估价，则需要搜集开发完成后的市场价格、开发成本费用等方面的资料。

（3）人力安排。根据估价目的、估价对象、估价时点、估价报告出具日期，确定投入多少人力。有时还需要聘请其他领域的专家协助，如建筑师、设备工程师、造价工程师、会计师等。

（4）估价作业步骤和进度安排。主要是对作业内容、人员、进度、经费等做出具体安排，以便控制进度、协调合作。通常附以流程图、进度表等。

3.3.4 搜集估价所需资料

估价所需的资料主要包括以下4类：①反映估价对象状况的资料；②估价对象及类似房地产在交易、收益、开发建设成本等方面的资料；③对估价对象所在地区的房地产价格有影响的资料；④对房地产价格有普遍影响的资料。

搜集资料的渠道有：①委托人提供；②实地查勘获得；③询问知情人士；④查阅估价机构的资料库；⑤到政府有关部门查阅；⑥查阅有关报刊或登陆有关网站等。

3.3.5 实地查看估价对象

实地查勘是估价人员亲自去估价对象现场进行调查核实，获取实证材料，形成直观、具体的印象。任何估价项目，估价师都应对估价对象进行实地查看。为了避免遗漏，在实地查看前应制作表格——《估价对象实地查看记录》，该表格应包括查看的对象、内容、结果、人员和日期。

3.3.6 分析估价对象价值的影响因素

通过实地查看估价对象，调查、了解估价对象及当地房地产市场状况之后，应当描述、分析影响估价对象价值的因素，包括估价对象的自身因素和外部因素、有利因素和不利因素、估价对象的历史背景、周围环境、景观以及类似房地产的供应量、需求量、市场价格及未来走势。

3.3.7 测算估价对象的价值

在初步选择了估价方法的基础上，根据搜集资料的数量和质量，正式确定估价方法，运用此估价方法测算出估价对象的价值。

3.3.8 判断估价对象的最终估价结果

用不同估价方法测算出的结果可能不同。对这些结果需要进行比较、分析，求出一个综合结果。在此基础上，估价人员还应考虑一些不可量化的价格影响因素，同时可听取有关人士的意见，对该结果进行适当的调整，作为最终的估价结果。如果有调整，应在估价报告中阐述调整的理由。

3.3.9 撰写估价报告

估价人员在确定了最终估价结果后，应当撰写估价报告。估价报告是估价机构履行估价委托合同、记述估价过程、反映估价成果的文件，是给予委托人关于估价对象价值的正式答复，也是关于估价对象价值的研究报告。估价报告可分为表格式报告和叙述式报告。估价报告应全面、公正、客观、准确地记述估价过程和结论。

3.3.10　内部审核估价报告

对估价报告进行内部审核是防范估价风险的最后一道防线。为保证估价报告的质量，估价机构应当建立估价报告内部审核制度，由资深估价人员按照估价报告的要求，对撰写出的估价报告进行全面审核，并确认估价结果的合理性。只有经审核合格的估价报告，才能够出具给委托人。

3.3.11　交付估价报告

估价报告经审核合格之后，由相关负责人签名，以估价机构的名义出具，并由负责该估价项目的估价人员交付给委托人。在交付估价报告时应当由委托人签收。

3.3.12　估价资料归档

估价报告向委托人出具后，估价人员和估价机构应对该估价项目的资料进行整理、分类、归档。估价档案保存期应不少于 10 年。保存期届满而估价服务尚未结束的，估价档案应当保存到估价服务行为结束为止。估价资料归档有助于估价人员提高估价水平，也有助于解决日后可能发生的估价纠纷，还有助于行政主管部门和行业组织对估价机构进行资质审查和考核。

真题精选（2006 年—单选）：某房地产估价机构向委托人甲出具了估价报告，估价作业期为 2005 年 5 月 20 日至 5 月 30 日，估价报告应用有效期为 1 年。2006 年 5 月 20 日，甲利用该估价报告向银行申请办理了 16 年的抵押贷款，则该估价报告的存档期应不少于（　　）年。

A. 15　　B. 16　　C. 17　　D. 20

（答案为 B）

本章小结

本章介绍房地产估价的概念、估价要素、估价师职业道德、估价行业的发展现状以及房地产估价的原则和程序。房地产估价的要素包括估价目的、估价对象、估价时点、价值类型等；房地产估价师的职业道德包括职业品德、职业情感和职业行为习惯三个方面。房地产估价原则包括基本原则、技术性原则和特殊原则。

实训题

模拟签订房地产估价委托合同书。

房地产估价师考试模拟试题

一、单项选择题

1. 房地产估价中，遵循独立、客观、公正原则的核心是估价机构和估价人员应当站在（　　）的立场上，评估出一个对各方当事人来说都是公平合理的价值。
   A. 委托人　　B. 估价报告预期使用者
   C. 管理部门　　D. 中立
2. 一宗估价对象房地产的估价结果的期望用途被称为（　　）。
   A. 估价原则　　B. 估价依据　　C. 估价方法　　D. 估价目的
3. 所谓（　　）是指与估价对象处在同一供求范围内，并且在用途、规模、档次、建筑结构等方面与估价对象相同或相近的房地产。
   A. 收益性房地产　　B. 非收益性房地产　C. 类似房地产　　D. 特殊房地产
4. 如果附近有若干相近效用的房地产有成交价格，则可以依据（　　），由这些相近效用的房地产的成交价格推算出估价对象房地产的价格。
   A. 合法原则　　B. 替代原则
   C. 公平原则　　D. 最高最佳使用原则
5. （　　）是房地产估价人员在进行房地产价格评估时的时间界限。
   A. 估价作业日期　　B. 估价时点　　C. 估价目的　　D. 估价程序

※6. 防范估价风险的最后一道防线是（　　）。
   A. 撰写估价报告　　B. 审核估价报告　　C. 出具估价报告　　D. 估价资料归档

※7. 下列关于房地产估价本质的表述中，错误的是（　　）。
   A. 房地产估价是模拟市场定价而不是替代市场定价
   B. 房地产估价是提供价值意见而不是作价格保证
   C. 房地产估价会有误差而且不能有误差范围限制
   D. 房地产估价是评估房地产的价值而不是价格

※8. 房地产估价从某种意义上讲是（　　）房地产的价值。
   A. 发明　　B. 发现　　C. 创造　　D. 稳定

※9. 不同的房地产估价师对同一估价对象在同一估价目的、同一估价时点下的评估价值通常不完全相同，这主要是因为（　　）。
   A. 掌握的有关信息不同　　B. 作出的估价师声明不同
   C. 估价对象状况不同　　D. 委托人不同

※10. 回顾性房地产估价，其估价对象状况和房地产市场状况常见的关系是（　　）。
   A. 估价对象状况为过去，房地产市场状况为现在

B. 估价对象状况为现在，房地产市场状况为现在
C. 估价对象状况为过去，房地产市场状况为过去
D. 估价对象状况为现在，房地产市场状况为过去

二、多项选择题

1. 房地产的最高最佳使用状态应该包括下列几个方面：(　　)。
A. 最佳区位　B. 最佳规模　C. 最佳高度
D. 最佳用途　E. 最佳集约度

2. 所谓类似房地产是指与估价对象房地产处在同一供求范围内，并且该两宗房地产在（　　）等方面均为相同或相近似的房地产。
A. 容积率　B. 规模　C. 档次
D. 用途　E. 建筑结构

3. 房地产估价的委托人与估价机构，双方应当签订书面委托估价合同。委托估价合同是委托人和估价机构之间就估价事宜的相互约定。委托估价合同的主要作用为：(　　)
A. 成立受法律保护的委托与受托关系　B. 明确合同双方的权利和义务
C. 保证房地产估价报告的质量　D. 确保房地产估价结果的正确性
E. 载明估价的基本事项

4. 在具体的房地产估价作业中应当遵循的估价原则主要有下列几项：(　　)。
A. 独立、客观、公正原则　B. 合法原则
C. 替代原则　D. 估价时点原则
E. 最高最佳使用原则

5. 最高最佳使用原则要求房地产估价应以估价对象的最高最佳使用状态为前提。最高最佳使用是指（　　），经过充分合理的论证，能使估价对象的价值达到最大化的一种最可能的使用。
A. 法律上许可　B. 技术上可能　C. 经济上可行
D. 社会上认可　E. 质量上合格

6. 搜集房地产估价所需资料的渠道，要有：(　　) 几个方面。
A. 由委托人提供　B. 估价项目来源和接洽情况记录
C. 实地查勘记录　D. 向委托人出具的估价报告
E. 估价报告定稿之前的修改意见

7. 倘若估价对象房地产已经作了某种用途状况的使用，则在估价时应根据最高最佳使用原则对估价前提做下列之一的判断和选择，并应在估价报告中予以必要的说明。这些相关的前提有（　　）等。
A. 转换用途前提　B. 重新利用前提　C. 保持现状前提

D. 装修改造前提　　E. 客户更换前提

8. 对房地产估价报告总的要求是（　　）。

A. 全面性　　B. 公正性　　C. 客观性

D. 准确性　　E. 概括性

※9. 下列关于明确房地产估价时点的表述中，正确的有（　　）。

A. 对当前的价值进行评估，一般以实地查勘估价对象期间或估价作业期内的某个日期为估价时点

B. 城市房屋拆迁估价，估价时点一般为房屋拆迁许可证颁发之日

C. 分期实施的房屋拆迁，应以房屋拆迁公告之日为估价时点

D. 房地产估价人员可以假定估价时点

※10. 房地产估价中，估价方法的选择，是由（　　）综合决定的。

A. 估价对象的房地产类型　　B. 估价方法适用的对象和条件

C. 估价人员的技术水平　　D. 委托人的特殊要求

E. 所收集到的资料的数量和质量

三、判断题

1. 房地产估价是模拟市场定价而不是替代市场定价。（　　）
2. 房地产估价的合法原则，就是要求房地产价格评估机构及房地产估价人员必须具备合法的评估资格，否则不得进行房地产估价活动。（　　）
3. 所谓估价时点，是指房地产估价人员在进行房地产估价活动时的作业时间。（　　）
4. 房地产估价师对于超出自己专业胜任能力的工作部分，应当主动聘请具有专业胜任能力的估价师或者有关专家提供专业帮助。（　　）
5. 房地产估价的委托人必须是房地的所有者或使用者。（　　）
6. 估价作业期，是指受理估价委托至出具估价报告的日期。（　　）
7. 对于房地产的估价，总的要求是独立、客观、公正，这应该作为房地产估价的最高原则来看待。（　　）
8. 明确估价时点，是要明确所要估价的房地产价值是指将来哪个具体时间上的价值。（　　）
9. 估价机构应当建立估价报告内部审核制度，由资深估价人员按照合格估价报告的要求，对估价报告进行全面审核，并确定估价结果的合理性。（　　）
10. 所谓替代原则，就是要求房地产估价结果不得不合理偏离与估价对象房地产的类似房地产在同等条件下的正常价格。（　　）

第二部分 估价方法

第4章

市　场　法

学习目标

1. 掌握市场法适用的对象和条件，搜集交易实例和选取可比实例的要求，交易情况修正方法，市场状况调整方法，房地产状况调整的内容、思路与方法。

2. 熟悉市场法的含义，市场法的估价步骤，比较基准的内容，求取最终比准价格的方法。

技能要求

1. 学会搜集房地产交易实例。

2. 能够运用市场法对估价对象进行估价。

4.1　市场法的基本原理

4.1.1　市场法的含义

市场法又称市场比较法，是将估价对象与在估价时点近期发生过交易的类似房地产进行比较，对这些类似房地产的成交价格做适当的处理来求取估价对象价值的方法。其本质是以房地产的市场交易价格为导向求取估价对象的价值。

市场法是一种最直接、最有说服力的估价方法，其估价结果最容易被理解和接受。经过市场法测算得出的价格称为“比准价格”。

市场法的理论依据是替代原理，即估价对象的未知价格可以通过类似房地产的已知成交价格来求取。

4.1.2　市场法适用的对象和条件

市场法适用的对象是具有交易性的房地产，如房地产开发用地、普通商品住宅、高档公寓、别墅、写字楼、商场、标准工业厂房等。很少发生交易的房地产，如学校、古建筑、纪念馆、寺庙等，则不宜采用市场法估价。

市场法适用的条件是在同一供求范围内、在估价时点的近期，存在着较多类似房地产的交易。此外，还需要估价人员掌握扎实的估价理论知识，具有丰富的估价经验，对当地房地产市场行情、交易习惯等有较深入的了解，这样才能正确地运用市场法。

4.1.3 市场法的估价步骤

运用市场法估价一般分为以下步骤：①搜集交易实例；②选取可比实例；③建立比较基准；④比较因素的修正与调整；⑤求取比准价格。

4.2 搜集交易实例

运用市场法估价，首先必须拥有大量真实、可靠的市场交易实例，只有这样，才能通过比较、修正与调整，评估出估价对象客观合理的价格或价值。因此，搜集交易实例，是运用市场法的前提条件。

4.2.1 搜集交易实例的途径

搜集交易实例及相关参考资料的途径主要如下：

（1）走访房地产交易当事人或其四邻，了解其房地产成交价格及有关交易情况；

（2）访问房地产经纪人、律师、注册会计师等，了解成交价格及有关交易情况；

（3）查阅政府有关部门的房地产价格资料，如成交价格资料、交易登记资料、土地使用权的出让资料、基准地价、标定地价和房屋重置价格资料等；

（4）向专业房地产信息机构购买房地产价格资料；

（5）同行之间相互提供；

（6）查阅报刊、网络等有关房地产出售、出租的广告、信息等资料；

（7）参加房地产交易展示会，了解房地产市场价格行情，索取有关资料，搜集有关信息。

4.2.2 搜集交易实例的要求

搜集交易实例时，应注意了解以下内容：（1）交易双方的基本情况和交易目的；（2）交易实例房地产的状况，如坐落、用途、土地状况、建筑物状况、周围环境、景观等；（3）成交日期；（4）成交价格；（5）付款方式；（6）交易情况，包括交易税费的负担方式、交易目的、交易方式、有无特殊交易情况，如隐瞒价格、急买急卖、人为哄抬价格及是否为亲友间的交易等。

为避免遗漏重要事项，搜集实例之前最好制作“交易实例调查表”（见表4-1），搜集实例时按表填写。对于交易实例的每项内容，都应查证核实，确保真实可靠。

为保证有足够的交易实例可供选用，应当建立房地产交易实例库，将交易实例制作成卡片或存入计算机中，实行分类保存，便于查找和调用。

表4-1 房地产交易实例调查表

<table>
<tr><td rowspan="6">房地产基本状况</td><td>名称</td><td colspan="4"></td></tr>
<tr><td>坐落</td><td colspan="4"></td></tr>
<tr><td>四至</td><td colspan="4"></td></tr>
<tr><td>规模</td><td colspan="4"></td></tr>
<tr><td>用途</td><td colspan="4"></td></tr>
<tr><td>权属</td><td colspan="4"></td></tr>
<tr><td rowspan="5">交易基本情况</td><td>卖方</td><td colspan="4"></td></tr>
<tr><td>买方</td><td colspan="4"></td></tr>
<tr><td>成交日期</td><td colspan="4"></td></tr>
<tr><td>成交价格</td><td>总价</td><td></td><td>单价</td><td></td></tr>
<tr><td>付款方式</td><td colspan="4"></td></tr>
<tr><td colspan="2">交易情况说明</td><td colspan="4"></td></tr>
<tr><td rowspan="3">房地产状况说明</td><td>区位状况说明</td><td colspan="4"></td></tr>
<tr><td>实物状况说明</td><td colspan="4"></td></tr>
<tr><td>权益状况说明</td><td colspan="4"></td></tr>
<tr><td colspan="2">位置示意图</td><td colspan="2">外观图片</td><td colspan="2">其他图片</td></tr>
</table>

调查人员： 调查日期： 年 月 日

4.3 选取可比实例

4.3.1 选取可比实例的必要性

在市场法中，用来比较的类似房地产是否恰当，直接影响估价对象价格的准确性，因此，估价时应选取适合估价对象的、符合一定要求的交易实例作为参照物。这些符合一定要求、可以作为参照比较的交易实例简称为可比实例。

4.3.2 选取可比实例的要求

选取可比实例的数量要求在3至10个之间，即：3≤可比实例的数量≤10。下面介绍选取的可比实例的质量要满足的要求。

1. 可比实例与估价对象应是“类似房地产”

所谓“类似房地产”应满足下列条件：

（1）处于同一供求范围内。具体来说，可比实例与估价对象应处于同一地区，或者处于具有同一供求范围的类似地区。如果估价对象是某个住宅小区内的一套普通商品住房，则选取的可比实例最好也是同一住宅小区内的交易实例；如果同一住宅小区内没有合适的交易实例，则应选取类似小区内的交易实例。

（2）用途相同。房地产大类用途一般分为：①居住房地产；②商业房地产；③办公房地产；④旅馆房地产；⑤工业房地产；⑥农业房地产等。小类用途是在大类基础上再细分，例如居住房地产可细分为普通住宅、高档公寓、豪华别墅等。可比实例与估价对象必须保证在大类用途上相同，若能做到小类用途相同则更好。

（3）规模相当。例如估价对象为一宗土地，则选取的可比实例的土地面积应与该宗土地的面积相差不多，既不能过大也不能过小。选取的可比实例规模一般应在估价对象规模的0.5~2范围内，即

$$0.5 \leqslant \frac{\text{可比实例规模}}{\text{估价对象规模}} \leqslant 2$$

（4）建筑结构相同。这里的建筑结构相同主要指大类建筑结构相同。大类建筑结构一般分为：①钢结构；②钢筋混凝土结构；③砖混结构；④砖木结构；⑤简易结构。小类是在大类建筑结构的基础上再细分，如砖木结构分为砖木一等、砖木二等。如果能做到小类建筑结构也相同则更好。

（5）档次相当。这里的档次主要指装饰装修、设备（如电梯、空调、智能化）、环境等方面的齐全程度和优劣程度。如果估价对象是高档住宅，选取的可比实例也应是高档住宅。

（6）权利性质相同。只有交易实例的权利性质与估价对象的权利性质相同才能作为可比实例。例如：估价对象是出让土地使用权的房地产，则应选取出让土地使用权的房地产交易实例，而不应选取划拨土地使用权的房地产交易实例。

（7）存在形态相同。在选取可比实例时，估价对象为房地的，应选取类似的房地交易实例；估价对象为土地的，应选取类似的土地交易实例；估价对象为建筑物的，应选取类似的建筑物交易实例。如果估价对象为单独的土地或单独的建筑物，但缺少相应的交易实例，却有类似的房地产交易实例时，可将此房地产交易实例的成交价格予以分解，提取出与估价对象同类型的土地或建筑物的价格，将提取出的部分作为可比实例。

2. 可比实例的成交日期应与估价时点接近

这里要求的“接近”应视房地产市场状况而定。一般认为，交易实例的成交日

期与估价时点相隔一年以上的不宜采用，因为这种情况下难以进行市场状况调整，即使调整也可能出现较大的偏差。

3. 可比实例的交易类型应与估价目的吻合

房地产交易类型主要有买卖和租赁两大类。其中根据交易方式，又可分为协议、招标、拍卖、挂牌等交易类型；估价目的包括国有土地使用权价格评估、房地产买卖价格评估、房屋租赁价格评估、房地产抵押价值评估、房屋拆迁补偿估价、保险估价、课税估价等。如果为房地产买卖进行价格评估，则应选取相应的买卖交易实例为可比实例；如果为房地产租赁价格评估，则应选取相应的租赁交易实例为可比实例。如果为抵押、抵债、房屋拆迁补偿等目的的估价，通常也选取买卖交易实例。

4. 可比实例的成交价格应是正常市场价格或能够修正为正常市场价格

选取可比实例时，应当首选正常价格的交易实例。所谓正常价格，是指在公开的房地产市场上，交易双方均充分了解市场信息，以平等自愿方式达成的价格。如果市场上正常交易实例较少，不得不选择非正常产交易实例时，也应选取交易情况明了，而且可以修正为正常价格的交易实例作为可比实例。

真题精选 **(2005 年—单选)**：在市场法选择可比实例的过程中，可比实例的规模应与估价对象的规模相当，选取的可比实例规模一般应在估价对象规模的(　　)范围之内。

A. 0.5～2.0　　B. 1.5～2.0　　C. 0.5～1.5　　D. 1.0～1.5

(答案为 A)

4.4　建立比较基准

选取了可比实例之后，应先对各个成交价格进行换算处理，使其在形式上相同，相互具有可比性，为下一步比较因素的修正与调整建立基础，这个过程称为建立比较基准。建立比较基准包括统一房地产范围、统一付款方式、统一价格单位等内容。

4.4.1　统一房地产范围

在实际估价中房地产范围不同的情况主要有以下几种：

(1) 带有债权债务的房地产。例如，估价对象是不带债权债务的房地产，而选取的交易实例设立了抵押权，或者拖欠建设工程价款等，在这种情况下，一般是统一到不带债权债务的房地产范围。可利用以下公式进行换算处理：

$$房地产价格 = 带有债权债务的房地产价格 - 债权 + 债务$$

如果估价对象是有债权债务的，在求出了不带债权债务的房地产价值后，再加上债权减去债务，就可得到估价对象的价值。

（2）含有非房地产成分的房地产。例如，估价对象是“纯粹”的房地产，选取的交易实例是有附赠家具、家用电器等的房地产。在这种情况下，一般是统一到“纯粹”的房地产范围。可利用以下公式进行换算处理：

房地产价格 = 含有非房地产成分的房地产价格 - 非房地产成分的价格

如果是估价对象含有非房地产成分的，在求出了房地产价值后，再加上非房地产成分的价值，就可得到估价对象的价值

（3）实物范围不同的房地产。例如，估价对象为土地，选取的交易实例是房地产交易实例；估价对象是不带车位的公寓，选取的交易实例是带车位的公寓；在这种情况下，一般是统一到估价对象的房地产范围。

4.4.2 统一付款方式

由于房地产的价值量大，有时需要采用分期付款的方式支付成交价格，这便产生名义价格和实际价格。为了便于比较，通常以一次付清的实际价格为基准。如果可比实例的成交价格是分期付款的名义价格，则需要将其折算为一次付清的实际价格。

【例4-1】某宗房地产的交易总价款为40万元，其中首期付款20%，余款于半年后支付。假设月利率为0.5%，则将其折算为在成交日期一次付清的价格为：

$$40\times20\% + \frac{40\times(1-20\%)}{(1+0.5\%)^6} = 39.06\ (\text{万元})$$

4.4.3 统一价格单位

（1）统一价格的表示单位。为了使可比实例与估价对象之间具有可比性，价格应统一采用单价形式，如单位建筑面积价格、单位体积价格等。

（2）统一币种和货币单位。如果可比实例与估价对象的价格之间存在币种差异，需要换算为同一币种，通常以人民币表示。按照使用习惯，通常采用“元”为货币单位。

（3）统一面积内涵和单位。如果房地产价格的面积内涵不同，有的按建筑面积计价，有的按套内建筑面积计价，有的按使用面积计价，应统一为相同的面积内涵，通常换算为建筑面积；如果可比实例与估价对象的面积单位不同，如平方米、公顷、亩、平方英尺、坪等，应统一为相同的面积单位，通常换算为平方米。换算关系如下：

1 公顷 = 10 000 平方米 = 15 亩

1 亩 = 666.67 平方米

1 平方英尺 = 0.092 903 04 平方米

1 坪 = 3.305 79 平方米

【例4-2】搜集到A、B两宗交易实例，A交易实例的建筑面积为200平方米，成交总价80万元人民币，分3期付款，首期付16万元人民币，第二期于半年后付32

万元人民币，余款32万元人民币于1年后付清。B交易实例的使用面积2 500平方英尺，成交总价15万美元，于成交时一次付清。如果选取此两宗交易实例为可比实例，请建立价格比较基准。

【解】建立价格比较基准，通常将可比实例的价格统一到“一次性付款、元人民币/平方米建筑面积”的形式。下面分别对A、B实例进行价格换算。

1. 对A实例进行价格换算

（1）将分期付款总额转换为一次性付款总额。假设当时人民币的年利率为8%，则：

$$\begin{aligned}A\text{总价} &= 16 + \frac{32}{(1+8\%)^{0.5}} + \frac{32}{(1+8\%)} \\ &= 76.42\ (\text{万元})\end{aligned}$$

（2）将总价变为单价：

$$\begin{aligned}A\text{单价} &= \frac{764\ 200}{200} \\ &= 3\ 821\ (\text{元/平方米建筑面积})\end{aligned}$$

2. 对B实例进行价格换算

通过调查得知该类房地产的使用面积占建筑面积的75%；B实例成交时的市场汇率为1美元等于8.3元人民币，则

（1）将美元总价换算成人民币总价：

$$\begin{aligned}B\text{总价} &= 15 \times 8.3 \\ &= 124.5\ (\text{万元})\end{aligned}$$

（2）将面积换算成平方米、建筑面积：

$$\begin{aligned}B\text{面积} &= \frac{2\ 500 \times 0.092\ 903\ 04}{0.75} \\ &= 309.68\ (\text{平方米建筑面积})\end{aligned}$$

（3）换算成单价：

$$\begin{aligned}B\text{单价} &= \frac{1\ 245\ 000}{309.68} \\ &= 4\ 020.28\ (\text{元/平方米建筑面积})\end{aligned}$$

真题精选 **(2006年—单选)**：某宗房地产交易的成交价格为30万元人民币，其中首期支付30%，余款在一年后一次性付清。该房地产公摊面积为建筑面积的10%，套内建筑面积为100平方米，假定折现率为6%，则该房地产按照建筑面积计算的实际单价为（　　）元每平方米。

A. 2 593　　B. 2 619　　C. 2 727　　D. 2 862

（答案为A）

4.5 比较因素的修正与调整

由于市场法是将可比实例与估价对象进行比较、分析进而预测估价对象房地产的市场价值，因此，比较分析技术是估价的基础。比较分析的关键在于分析、测评影响房地产价值的主要因素，包括交易情况、市场状况和房地产状况等方面。

4.5.1 交易情况修正

1. 交易情况修正的含义

由于要求评估的估价对象的价格是客观合理价格，所以，如果可比实例的成交价格不是正常价格，则应将其修正为正常价格，通常把这种修正称为交易情况修正。经过交易情况修正后，就将可比实例非正常价格，转换为正常价格。

2. 非正常价格形成的原因

由于房地产本身的特性，房地产的成交价格往往受一些特殊因素的影响，使其偏离正常的市场价格。这些特殊因素主要如下：

（1）交易双方有利害关系。家人、亲友之间、公司与员工之间的房地产交易，成交价格通常低于正常市场价格。

（2）急于出售或急于购买。前者的成交价格往往偏低，而后者的成交价格往往偏高。

（3）交易当事人对市场行情缺乏了解。如果买方不了解交易对象或市场行情，盲目购买，成交价格往往偏高；如果卖方不了解交易对象或市场，盲目出售，成交价格往往偏低。

（4）交易当事人有特别动机或偏好。如当事人对所买卖的房地产有特别的爱好、感情或动机，这种情况下的成交价格往往是偏高的。

（5）交易方式特殊。如拍卖、招标、哄抬或抛售等。房地产正常成交价格的形成方式，应是买卖双方经过充分讨价还价的协议方式，而拍卖、招标、哄抬或抛售等方式容易受非理性因素的影响使价格失常。

（6）相邻房地产合并交易。面积、规模过小的房地产如果与相邻房地产合并后，则效用通常会增加，所以，相邻房地产合并交易的成交价格往往高于正常市场价格。

（7）交易受到债权债务关系的影响。例如，设立了抵押权、典权或有拖欠工程款的房地产交易价格通常低于正常价格。

（8）交易税费非正常负担。在房地产交易中往往需要缴纳一些税费，正常情况下，卖方应缴纳营业税、土地增值税、个人所得税等；买方应缴纳契税、补交土地使用权出让金等；有的税费则需要买卖双方各自缴纳一部分，如印花税、交易手续费等。正常成交价格是指在买卖双方缴纳各自税费下的价格。但在实际的房地产交易中，有时会出现一方负担双方税费的情形，即交易税费非常负担，此时的成交价格往往偏离正常市场价格。

3. 修正方法

交易情况修正的方法通常采用百分率法，一般公式为：

可比实例的成交价格 × 交易情况修正系数 = 可比实例正常市场价格

公式中，交易情况修正系数应以正常价格为基准来确定。假设可比实例的成交价格比其正常市场价格高、低的百分率为 $\pm S\%$（高时为 $+S\%$；低时为 $-S\%$），则：

$$\text{可比实例的成交价格} \times \frac{1}{1 \pm S\%} = \text{可比实例正常市场价格}$$

或者

$$\text{可比实例的成交价格} \times \frac{100}{100 \pm S} = \text{可比实例正常市场价格}$$

上式中，$\frac{1}{1+S\%}$或$\frac{100}{100 \pm S}$是交易情况修正系数。

如果可比实例的成交价格为1 100元每平方米，比其正常价格高10%，则正常价格应为1 100 ÷（1 + 10%）= 1 000（元/平方米）

对于交易税费非正常负担的修正，需要调查、了解交易税费的负担情况，然后调整为交易双方各自负担本应负担税费下的价格。请掌握下列公式：

正常成交价格 − 应由卖方负担的税费 = 卖方实际得到的价格

正常成交价格 + 应由买方负担的税费 = 买方实际付出的价格

【例4-3】一宗房地产的正常成交价格为3 000元每平方米，卖方应缴纳的税费为正常成交价格的7%，买方应缴纳的税费为正常成交价格的5%，则：

卖方实际得到的价格 = 3 000 − 3 000 × 7%

= 2 790（元/平方米）

买方实际付出的价格 = 3 000 + 3 000 × 5%

= 3 150（元/平方米）

【例4-4】某宗房地产交易，买卖双方在合同中写明，买方付给卖方2 790元每平方米，买卖中涉及的税费均由买方负担。据悉，该地区房地产买卖中应由卖方缴纳的税费为正常成交价格的7%，应由买方缴纳的税费为正常成交价格的5%。请计算该宗房地产交易的正常成交价格。

【解】：设正常成交价格为 V，则：

V − 应由卖方负担的税费 = 卖方实际得到的价格

应由卖方负担的税费为正常成交价格的7%，所以：

$V - 7\% V$ = 卖方实际得到的价格

$$V=\frac{2\ 790}{1-7\%}$$
$$=3\ 000\ (元/平方米)$$

若在上题中，其他条件不变，只是买方付给卖方3 150元每平方米，买卖中涉及的税费均由卖方负担，则该宗房地产的正常成交价格为：

$$正常成交价格=\frac{买方实际付出的价格}{1+应由买方缴纳的税费比率}$$
$$=\frac{3\ 150}{1+5\%}$$
$$=3\ 000\ (元/平方米)$$

真题精选 (2007年—单选)：甲、乙两宗相邻土地，价格均为50万元，若将该两宗土地合并为一宗土地，合并后的市场价格为150万元。在这种情况下，如果乙宗地的拥有者购买甲宗地，则甲宗地的拥有者合理的索价范围是（　　）万元。

A. 0～50　　B. 50～75　　C. 50～100　　D. 100～150

（答案为C）

4.5.2 市场状况调整

1. 市场状况调整的含义

我们知道，要求评估的估价对象的价格是估价时点的价格，而可比实例的成交价格是在成交日期房地产市场状况下形成的价格，时间点不同，房地产市场状况可能发生了变化，价格就有可能发生变化。因此，只有将可比实例在其成交日期时的价格调整为在估价时点的价格，才能将其作为估价对象的价格参考。这种调整称为市场状况调整，也称为交易日期调整。经过市场状况调整后，就将可比实例在其成交日期时的价格转换为在估价时点的价格。

2. 市场状况调整的方法

市场状况调整通常采用百分率法，一般公式为：

可比实例在成交日期的价格×市场状况调整系数=可比实例在估价时点的价格

公式中，市场状况调整系数应以成交日期时的价格为基准来确定。假设从成交日期到估价时点，可比实例价格涨跌的百分率为 $\pm T\%$（上涨为 $+T\%$；下跌为 $-T\%$），则：

$$可比实例在成交日期的价格\times(1\pm T\%)=可比实例在估价时点的价格$$

或者

$$可比实例在成交日期的价格\times\frac{100\pm T}{100}=可比实例在估价时点的价格$$

上式中，$(1 \pm T\%)$ 或$\frac{100 \pm T}{100}$是市场状况调整系数。

市场状况调整的具体方法，主要有价格指数法和价格变动率法，如图 4-1 所示。

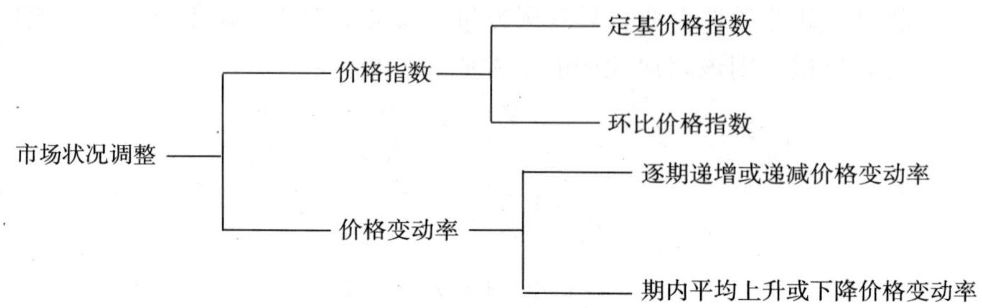

图 4-1 市场状况调整的方法

（1）价格指数法。价格指数有定基价格指数和环比价格指数，二者的主要区别在于选择基期的不同：定基价格指数以某个固定时期作为基期，而环比价格指数以上一个时期为基期。定基价格指数和环比价格指数的编制原理见表 4-2。

表 4-2 价格指数编制原理

时间	价格	定基价格指数	环比价格指数
1	p_1	p_1/p_1	p_1/p_0
2	p_2	p_2/p_1	p_2/p_1
⋮	⋮	⋮	⋮
$n-1$	p_{n-1}	p_{n-1}/p_1	p_{n-1}/p_{n-2}
n	p_n	p_n/p_1	p_n/p_{n-1}

1）采用定基价格指数进行市场状况调整的公式为：

$$\text{可比实例在其成交日期的价格} \times \frac{\text{估价时点的价格指数}}{\text{成交日期的价格指数}} = \text{可比实例在估价时点的价格}$$

【例 4-5】某地区某类房地产 2009 年 4 月 1 日至 10 月 1 日的价格指数分别为 79.6，74.7，76.7，85.0，89.2，92.5，98.1（以 2008 年 1 月为 100）。某宗房地产在 2009 年 6 月 1 日的价格为 3 800 元每平方米，对其市场状况进行调整，调整到 2009 年 10 月 1 日的价格为：

$$3\,800 \times \frac{98.1}{76.7} = 4\,860.23 \text{（元/平方米）}$$

2）采用环比价格指数进行市场状况调整的公式为：

可比实例在其成交日期的价格 × 成交日期的下一时期的价格指数 × 再下一时期的价格指数 × … × 估价时点的价格指数 = 可比实例在估价时点的价格

【例 4-6】某地区某类房地产 2009 年 4 月 1 日至 10 月 1 日的价格指数分别为 99.6，94.7，96.7，105.0，109.2，112.5，118.1（均以上个月为 100）。某宗房地产在 2009 年 6 月 1 日的价格为 3 000 元/平方米，对其进行市场状况调整，调整到

2009年10月1日的价格为：

$$3\,000\times\frac{105.0}{100}\times\frac{109.2}{100}\times\frac{112.5}{100}\times\frac{118.1}{100}=4\,570.20\ (\text{元/平方米})$$

（2）价格变动率法。房地产价格变动率有两种，一种是逐期递增或递减的价格变动率，另一种是期内平均上升或下降的价格变动率。

1）采用逐期递增或递减的价格变动率进行市场状况调整的公式为：

$$\text{可比实例在其成交日期的价格}\times(1\pm\text{价格变动率})^{\text{期数}}=\text{可比实例在估价时点的价格}$$

【例4-7】评估某宗房地产2009年9月1日的价格，选取了下列可比实例：成交价格3 000元/平方米，成交日期2009年3月1日。据调查获知，该类房地产价格在2009年3月1日至2009年9月1日期间平均每月比上月上涨1.5%。对该可比实例进行市场状况调整，调整到2009年9月1日的价格为：

$$3\,000\times(1+1.5\%)^{6}=3\,280.33\ (\text{元/平方米})$$

2）采用期内平均上升或下降的价格变动率进行市场状况调整的公式为：

$$\text{可比实例在其成交日期的价格}\times(1\pm\text{价格变动率}\times\text{期数})=\text{可比实例在估价时点的价格}$$

【例4-8】评估某宗房地产2009年9月1日的价格，选取了下列可比实例：成交价格3 000元每平方米，成交日期2009年3月1日。据调查获知，该类房地产价格自2009年1月1日以来平均每月上涨1.5%。对该可比实例进行市场状况调整，调整到2009年9月1日的价格为：

$$3\,000\times(1+1.5\%\times6)=3\,270\ (\text{元/平方米})$$

【例4-9】某个可比实例房地产2009年1月30日的价格为1 000美元每平方米，自2009年1月1日以来，该类房地产以人民币为基准的价格变动，平均每月比上月上涨0.2%。假设人民币与美元的市场汇率2009年1月30日为1美元=6.839 196 8元人民币，2009年9月30日为1美元=6.829 0元人民币。对该可比实例进行市场状况调整，调整到2009年9月30日的价格为：

$$1\,000\times6.839\,196\,8\times(1+0.2\%)^{8}=6\,949.39\ (\text{元人民币/平方米})$$

【例4-10】某宗可比实例房地产2009年1月30日的价格为1 000美元/平方米，该类房地产以美元为基准的价格变动，平均每月比上月下降0.5%。假设人民币与美元的市场汇率2009年1月30日为1美元=6.839 196 8元人民币，2009年9月30日为1美元=6.829 0元人民币。将该可比实例的价格调整到2009年9月30日的价格为：

$$1\,000\times(1-0.5\%)^{8}\times6.829\,0=6\,560.57\ (\text{元人民币/平方米})$$

由于不同地区、不同用途或不同类型的房地产，其价格变动的方向和程度并不相同，所以，针对具体的可比实例，对其价格进行市场状况调整，最好选用可比实例所在地区的同类房地产的价格指数或价格变动率。

真题精选（2007年—单选）：为评估某房地产2007年9月1日的市场价格，选取的可比实例的交易日期为2007年3月1日，合同交易价格为4 000元每平方米，约定建筑面积为95平方米，合同约定面积误差在6%以内不增加付款，实际产权登记面积为100平方米。自2007年1月1日起至2007年9月1日，当地该类房地产价格平均每月比上月上涨0.3%，则就上述情况对该可比实例成交价格进行处理后的单价为（　　）元每平方米。

A. 3 868.92　　B. 4 000.00　　C. 4 072.54　　D. 4 286.89

（答案为C）

4.5.3 房地产状况调整

1. 房地产状况调整的含义

房地产自身的状况影响着房地产价格的高低，而可比实例房地产的状况与估价对象房地产的状况往往存在差异。为消除房地产状况的差异对价格的影响，需要进行房地产状况调整。房地产状况调整是将可比实例在其房地产状况下的价格，调整为在估价对象房地产状况下的价格。经过房地产状况调整，将可比实例房地产价格转变成在估价对象房地产状况下的价格。

2. 房地产状况调整的内容

房地产状况调整包括区位状况调整、权益状况调整和实物状况调整。

（1）区位状况调整是将可比实例在其区位状况下的价格，调整为在估价对象区位状况下的价格。区位状况调整的主要内容包括位置（或坐落）、交通、环境、配套设施等。其中，环境包括自然环境、人工环境、社会环境、景观等。配套设施包括基础设施和公共服务设施。对于住宅来说，公共服务设施主要指教育、医疗卫生、文化体育、商业服务、金融、邮电等公共设施的完备程度。对于某一套住房而言，楼层、朝向也是重要的区位因素。

（2）权益状况调整是将可比实例在其权益状况下的价格，调整为在估价对象权益状况下的价格。权益状况调整的主要内容包括土地使用年限、城市规划限制条件（如容积率）等影响房地产价格的因素。

（3）实物状况调整是将可比实例在其实物状况下的价格，调整为在估价对象实物状况下的价格。实物状况调整的内容，对于土地来说，主要包括面积大小、形状、基础设施完备程度、土地平整程度、地势、地质、水文状况等因素；对于建筑物来说，主要包括完损程度、建筑规模、建筑结构、设备、装修、平面布置、工程质量等因素。

3. 房地产状况调整的思路

房地产状况调整的总思路是：以估价对象状况为基准，将可比实例状况与估价对象状况进行直接比较；或者设定一种“标准房地产”，以该标准房地产状况为基准，将可比实例状况与估价对象状况进行间接比较。如果可比实例状况优于估价对象状况，则对可比实例的成交价格进行减价调整；反之，如果可比实例状况劣于估价对象状况，则对可比实例的成交价格进行加价调整。

4. 房地产状况调整的方法

房地产状况调整的方法通常采用百分率法，公式为：

$$\text{可比实例在其自身状况下的价格} \times \text{房地产状况调整系数} = \text{可比实例在估价对象房地产状况下的价格}$$

公式中，房地产状况调整系数应以估价对象的房地产状况为基准来确定。假设可比实例在其房地产状况下的价格比在估价对象房地产状况下的价格高、低的百分率为 $\pm R\%$（高时为 $+R\%$；低时为 $-R\%$），则公式为：

$$\text{可比实例在其自身状况下的价格} \times \frac{1}{1 \pm R\%} = \text{可比实例在估价对象房地产状况下的价格}$$

或者

$$\text{可比实例在其自身状况下的价格} \times \frac{100}{100 \pm R} = \text{可比实例在估价对象房地产状况下的价格}$$

上式中，$\frac{1}{1 \pm R\%}$ 或 $\frac{100}{100 \pm R}$ 是房地产状况调整系数。

房地产状况调整的方法具体有直接法和间接法。

（1）直接法是采用评分的办法，以估价对象状况为基准（通常定为100分），将可比实例与它逐项进行比较、打分，然后将所得的分数转化为调整价格的比率。采用直接法进行房地产状况调整的表达式为：

$$\text{可比实例在其自身状况下的价格} \times \frac{100}{(\quad)} = \text{可比实例在估价对象房地产状况下的价格}$$

上式括号内应填写的数字，为可比实例房地产状况相对于估价对象房地产状况所得的分数。

（2）间接法是以一个设想的“标准房地产状况”为基准（通常定为100分），对照此基准将估价对象状况与可比实例状况逐项打分，然后将所得的分数转化为调整价格的比率。采用间接法进行房地产状况调整的表达式为：

$$\text{可比实例在其自身状况下的价格} \times \frac{100}{(\quad)} \times \frac{(\quad)}{100} = \text{可比实例在估价对象房地产状况下的价格}$$

上式中，$\frac{100}{(\quad)}$ 为标准化调整系数，分母括号内的数字，为可比实例相对于标准房地产的得分；$\frac{(\quad)}{100}$ 为房地产状况调整系数，分子括号内的数字，为估价对象相对于标准房地产的得分。

直接法与间接法的区别如表4-3所示。

表 4-3　房地产状况比较表

房地产状况		因素 1	因素 2	因素 3	…	因素 n	综合
权重		f_1	f_2	f_3	…	f_n	1
间接法	标准状况	100	100	100	…	100	100
	估价对象						
直接法	估价对象	100	100	100	…	100	100
可比实例 A							
可比实例 B							
可比实例 C							

真题精选（2006 年—单选）：在市场法中，对房地产状况进行间接比较调整，其中可比实例的房地产状况优于标准房地产状况，得 102 分；估价对象的房地产状况劣于标准房地产状况，得 97 分，则房地产状况修正系数为（　　）。

A. 0.95　　B. 0.99　　C. 1.01　　D. 1.05

（答案为 A）

4.6　求取比准价格

4.6.1　求取单个可比实例比准价格的方法

由前面的内容我们知道，市场法估价需要进行交易情况、市场状况、房地产状况三方面的修正和调整。经过交易情况修正，把可比实例非正常的成交价格修正为正常市场价格；经过市场状况调整，把可比实例在其成交日期的价格调整为在估价时点的价格；经过房地产状况调整，把可比实例在其自身状况下的价格调整为在估价对象房地产状况下的价格。经过这三大方面的修正和调整之后，就把可比实例的成交价格转换成了估价对象的比准价格。

1. 综合系数求取比准价格

求取单个比准价格时，可以将交易情况修正系数、市场状况调整系数、房地产状况调整系数连乘得到一个综合系数，再乘以可比实例的成交价格，便得到某个可比实例的比准价格。公式为：

$$\text{比准价格}=\begin{matrix}\text{可比实例}\\\text{成交价格}\end{matrix}\times\begin{matrix}\text{交易情况}\\\text{修正系数}\end{matrix}\times\begin{matrix}\text{市场状况}\\\text{调整系数}\end{matrix}\times\begin{matrix}\text{房地产状况}\\\text{调整系数}\end{matrix}$$

2. 直接法和间接法

由于房地产状况调整分为直接比较调整和间接比较调整，所以综合修正和调整的计算公式，也分为直接比较和间接比较的公式。

（1）直接比较的公式为：

$$\text{比准价格}=\text{可比实例成交价格}\times\text{交易情况修正系数}\times\text{市场状况调整系数}\times\text{房地产状况调整系数}$$

$$=\text{可比实例成交价格}\times\frac{100}{(\quad)}\times\frac{(\quad)}{100}\times\frac{100}{(\quad)}$$

$$=\text{可比实例成交价格}\times\frac{\text{正常市场价格}}{\text{实际成交价格}}\times\frac{\text{估价时点价格}}{\text{成交日期价格}}\times\frac{\text{对象状况价格}}{\text{实例状况价格}}$$

上式中，交易情况修正系数的分子为100，表示以正常价格为基准；市场状况调整系数的分母为100，表示以成交日期时的价格为基准；房地产状况调整系数的分子为100，表示以估价对象的房地产状况为基准。

（2）间接比较的公式为：

$$\text{比准价格}=\text{可比实例成交价格}\times\text{交易情况修正系数}\times\text{市场状况调整系数}\times\text{标准化调整系数}\times\text{房地产状况调整系数}$$

$$=\text{可比实例成交价格}\times\frac{100}{(\quad)}\times\frac{(\quad)}{100}\times\frac{100}{(\quad)}\times\frac{(\quad)}{100}$$

$$=\text{可比实例成交价格}\times\frac{\text{正常市场价格}}{\text{实际成交价格}}\times\frac{\text{估价时点价格}}{\text{成交日期价格}}\times\frac{\text{标准状况价格}}{\text{实例状况价格}}\times\frac{\text{对象状况价格}}{\text{标准状况价格}}$$

上式中，标准化调整系数的分子为100，表示以标准房地产的状况为基准，分母是可比实例房地产相对于标准房地产所得的分数；房地产状况调整系数的分母为100，表示以标准房地产的状况为基准，分子是估价对象房地产相对于标准房地产所得的分数。

4.6.2 求取最终比准价格的方法

每个可比实例的成交价格经过上述各项修正、调整之后，得出相应的比准价格，最后将这些比准价格综合处理成一个最终的比准价格，作为市场法的最终测算结果。综合处理的方法有下列4种：

1. 求取平均数

求取平均数可以取简单算术平均数和加权算术平均数。例如，有三个可比实例的比准价格分别为4 200元每平方米、4 600元每平方米、5 300元每平方米，如果采用简单算术平均数得出的价格为（4 200 + 4 600 + 5 300）÷ 3 = 4 700（元每平方米）；如果赋予三个价格的权数分别为0.5，0.3，0.2，则采用加权算术平均数得出的价格为4 200 × 0.5 + 4 600 × 0.3 + 5 300 × 0.2 = 4 540（元每平方米）。

2. 求取中位数

求取中位数是把修正、调整出的各个价格按照高、低顺序排列，当项数为奇数时，位于中间位置的价格为中位数；当项数为偶数时，位于中间位置的两个价格的简单算术平均数为中位数。例如一组价格为2 600，2 650，2 800，2 860，3 950，则其中位数为 2 800；一组价格为 2 200，2 300，2 400，2 600，2 750，2 800，则其中位数为（2400 + 2600）÷ 2 = 2500 。

3. 求取众数

众数是一组数值中出现频率最高的数值。例如一组价格为 2 200，2 600，2 300，2 600，2 300，2 600，则其众数为 2 600。

4. 其他方法

还可以采用其他的方法将多个价格综合成一个最终价格，如分别去掉一个最高价格和一个最低价格，将余下的价格求取简单算术平均数。

真题精选（2005 年—单选）：在某宗房地产估价中，三个可比实例房地产对应的比准单价分别是 6 800 元每平方米、6 700 元每平方米和 6 300 元每平方米，根据可比性综合评估得到的三个可比实例对应的比准单价的权重分别是 0.3，0.5 和 0.2。如果分别采用加权算术平均法和中位数法测算最终的比准单价，则前者与后者的差值是（　　）元/平方米。

A. －100　　B. －50　　C. 50　　D. 100

（答案为 B）

4.7　市场法应用举例

【例 4-11】为评估某写字楼 2009 年 10 月 1 日的正常市场价格，在该写字楼附近地区调查选取了甲、乙、丙三宗类似的写字楼交易实例作为可比实例。经过分析判断，将有关比较因素资料整理，见表 4-4。

表 4-4　可比实例比较因素表

	可比实例甲	可比实例乙	可比实例丙
成交价格	5 000 元人民币/平方米	790 美元/平方米	5 500 人民币元/平方米
成交日期	2009 年 1 月 1 日	2009 年 3 月 1 日	2009 年 7 月 1 日
交易情况	+2%	+5%	-3%
房地产状况	-8%	-4%	+6%

在表 4-4 中，交易情况正（负）值表示可比实例的成交价格高（低）于其正常市场价格的幅度；房地产状况正（负）值表示可比实例的房地产状况优（劣）于估价对象的房地产状况而导致的价格差异幅度。另外，假设人民币与美元的市场汇率 2009 年 3 月 1 日为 1∶6.838 9，2009 年 10 月 1 日为 1∶6.757 7；该类写字楼以人民币为基准的市场价格从 2009 年 1 月 1 日至 2009 年 2 月 1 日基本保持不变，2009 年 2 月 1 日至 2009 年 5 月 1 日平均每月比上月下降 1%，以后平均每月比上月上升 0.5%。试利用上述资料测算该写字楼 2009 年 10 月 1 日的正常市场价格。

【解】该写字楼2009年10月1日的正常市场价格测算过程如下：

（1）测算公式：

$$比准价格=\frac{可比实例}{成交价格}\times\frac{交易情况}{修正系数}\times\frac{市场状况}{调整系数}\times\frac{房地产状况}{调整系数}$$

（2）求取可比实例的比准价格：

$$V_{甲}=5\ 000\times\frac{100}{100+2}\times(1-1\%)^3\times(1+0.5\%)^5\times\frac{100}{100-8}$$

$$=5\ 300.51（元/平方米）$$

$$V_{乙}=790\times6.838\ 9\times\frac{100}{100+5}\times(1-1\%)^2\times(1+0.5\%)^5\times\frac{100}{100-4}$$

$$=5\ 385.84（元/平方米）$$

$$V_{丙}=5\ 500\times\frac{100}{100-3}\times(1+0.5\%)^3\times\frac{100}{100+6}$$

$$=5\ 429.79（元/平方米）$$

（3）求取估价对象比准价格：

将上述三个比准价格的简单算术平均数作为综合比准价格，则：

$$估价对象价格（单价）=(5\ 300.51+5\ 385.84+5\ 429.79)\div3$$

$$=5\ 372.05（元/平方米）$$

【例4-12】为评估某商品住宅2009年10月30日的正常市场价格，在该住宅附近调查选取了A、B、C三宗类似住宅的交易实例作为可比实例，有关资料如下：

（1）可比实例的成交价格和成交日期如表4-5所示。

表 4-5

	可比实例A	可比实例B	可比实例C
成交价格	4 700元/平方米	5 200元/平方米	4 900元/平方米
成交日期	2009年5月30日	2009年8月30日	2009年9月30日

（2）交易情况的分析判断结果如表4-6所示（以正常市场价格为基准，正值表示成交价格高于其正常市场价格的幅度，负值表示成交价格低于其正常市场价格的幅度）。

表 4-6

	可比实例A	可比实例B	可比实例C
交易情况	-2%	0	+1%

（3）该类住宅2009年4～10月的定基价格指数如表4-7所示。

表 4-7

月份	4	5	6	7	8	9	10
价格指数	100	92.4	98.3	98.6	100.3	109.0	106.8

（4）房地产状况的比较判断结果如表 4-8 所示。

表 4-8

房地产状况	权重	估价对象	可比实例 A	可比实例 B	可比实例 C
因素 1	0.5	100	105	100	80
因素 2	0.3	100	100	110	120
因素 3	0.2	100	120	100	100

请利用上述资料测算该商品住宅 2009 年 10 月 30 日的正常市场价格。

【解】该商品住宅 2009 年 10 月 30 日的正常市场价格测算如下：

（1）测算公式：

$$比准价格 = \frac{可比实例}{成交价格} \times \frac{交易情况}{修正系数} \times \frac{市场状况}{调整系数} \times \frac{房地产状况}{调整系数}$$

（2）求取交易情况修正系数：

A：$$\frac{100}{100-2} = \frac{100}{98}$$

B：$$\frac{100}{100-0} = \frac{100}{100}$$

C：$$\frac{100}{100+1} = \frac{100}{101}$$

（3）求取市场状况调整系数：A：$\frac{106.8}{92.4}$；B：$\frac{106.8}{100.3}$；C：$\frac{106.8}{109.0}$

（4）求取房地产状况调整系数：

A：$$\frac{100}{105 \times 0.5 + 100 \times 0.3 + 120 \times 0.2} = \frac{100}{106.5}$$

B：$$\frac{100}{100 \times 0.5 + 110 \times 0.3 + 100 \times 0.2} = \frac{100}{103}$$

C：$$\frac{100}{80 \times 0.5 + 120 \times 0.3 + 100 \times 0.2} = \frac{100}{96}$$

（5）求取可比实例 A、B、C 的比准价格（单价）：

$$V_A = 4\,700 \times \frac{100}{98} \times \frac{106.8}{92.4} \times \frac{100}{106.5}$$
$$= 5\,205.00 \text{（元/平方米）}$$

$$V_B = 5\,200 \times \frac{100}{100} \times \frac{106.8}{100.3} \times \frac{100}{103}$$
$$= 5\,375.72 \text{（元/平方米）}$$

$$V_C = 4\,900 \times \frac{100}{101} \times \frac{106.8}{109.0} \times \frac{100}{96}$$
$$= 4\,951.63 \text{（元/平方米）}$$

(6) 将上述三个比准价格的简单算术平均数作为市场法的测算结果，则：

估价对象的正常市场价格（单价）=(5 205.00+5 375.72+4 951.63)÷3

=5 177.45（元/平方米）

本章小结

市场法是根据类似房地产的成交价格来求取估价对象的价值，要求类似房地产与估价对象处于同一供求范围，而且成交日期与估价时点接近。为此，首先要从现实的房地产市场中搜集大量交易实例，并针对具体的估价对象、估价时点和估价目的，从中选取一定数量、符合一定条件的可比实例。然后，将这些可比实例与估价对象进行比较，分别进行价格的换算、修正和调整等一系列处理。换算即建立比较基准，使各个可比实例的成交价格口径一致、相互可比；修正即交易情况修正，将可比实例不正常的成交价格修正为正常市场价格；调整包括市场状况调整和房地产状况调整，其中，市场状况调整是将可比实例在其成交日期的价格调整为在估价时点的价格；房地产状况调整是将可比实例在其房地产状况下的价格调整为在估价对象房地产状况下的价格，包括实物状况调整、权益状况调整和区位状况调整。经过修正、调整之后，可比实例的成交价格便成为比准价格。最后，将这些比准价格通过数学处理综合为一个最终比准价格，便得到了估价对象的测算结果。市场法总结如图4-2所示。

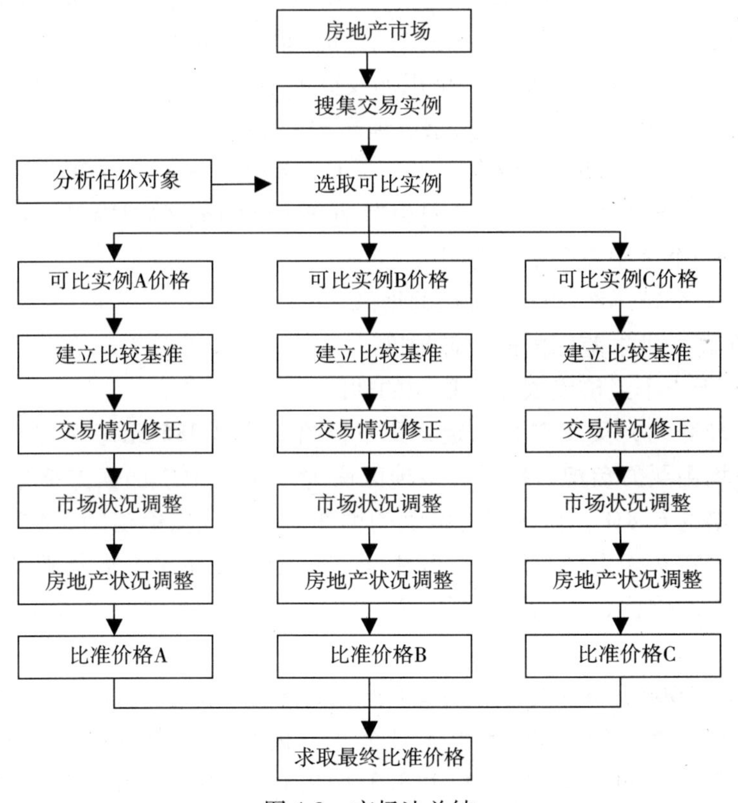

图4-2 市场法总结

实训题

1. 到市场上搜集交易实例，填写交易实例调查表。
2. 选取学校附近某一宗房地产，以组为单位，运用市场法测算其比准价格。

房地产估价师考试模拟试题

一、单项选择题

1. 下列哪一种情况会导致房地产的价格偏高：（　　）。
   A. 政府协议出让土地　　B. 购买相邻房地产
   C. 卖方不了解行情　　D. 设立抵押的房地产
2. 某宗房地产若采用市场法估价得出了四个估价结果，即：1 280 元每平方米，1 220元每平方米，1 240 元每平方米，1 230 元每平方米，现决定采用中位数，则其估价结果为（　　）元每平方米。
   A. 1 230　　B. 1 235　　C. 1 240　　D. 1 242.5
3. 某房地产在用市场法估价时得出三个估价结果：1 900 元每平方米、1 850 元每平方米、1 820 元每平方米，若采用加权算术平均数方法求比准价格，赋予的权数分别为 0.2、0.3、0.5，则该宗房地产的价格为（　　）元每平方米。
   A. 1 869　　B. 1 857　　C. 1 850　　D. 1 845
4. 可比实例房地产所处地区与估价对象房地产所处的地区应该相同或是（　　）。
   A. 同处于一个公平竞争的地区
   B. 同处于一个市场经济比较发达的地区
   C. 同处在同一供求范围内的类似地区
   D. 一同处于一个经济发展比较稳定的地区

※5. 某宗房地产交易，买卖双方约定：买方付给卖方 2 385 元每平方米，买卖中涉及的税费均由买方负担。据悉，该地区房地产买卖中应由卖方缴纳的税费为正常成交价格的 6.8%，应由买方缴纳的税费为正常成交价格的 3.9%。若买卖双方又重新约定买卖中涉及的税费改由卖方负担，并在原价格基础上相应调整买方付给卖方的价格，则调整后买方应付给卖方的价格约为（　　）元每平方米。
   A. 2 139　　B. 2 146　　C. 2 651　　D. 2 659

※6. 某房地产在 2006 年 3 月的价格为 2 009 元每平方米，现要调整为 2006 年 9 月的价格。已知该类房地产 2006 年 3 月至 9 月的价格指数分别为：99.4，94.8，96.6，105.1，109.3，112.7 和 118.3（均以上个月为基数 100），则该房地产 2006 年 9 月的价格为（　　）元每平方米。

A. 2 700.8　　B. 2 800.1　　C. 2 800.8　　D. 2 817.7

※7. 现需评估某宗房地产2004年10月末的价格，选取的可比实例成交价格为2 500元每平方米，成交日期为2004年1月末，该类房地产自2003年7月末至2004年6月末每月价格递增1%，2004年6月末至2004年10月末平均每月比上月价格上涨20元每平方米。该可比实例在2004年10月末的价格为（　　）元每平方米。

A. 2 648　　B. 2 688

C. 2 708　　D. 2 734

※8. 按间接比较的判定，某可比实例的房地产状况劣于标准房地产状况，价格低2%；而估价对象的房地产状况优于标准房地产状况，价格高5%。若改为直接比较判定，将出现（　　）的情形。

A. 估价对象的房地产状况优于可比实例的房地产状况，价格高7%

B. 可比实例的房地产状况劣于估价对象的房地产状况，价格低7%

C. 可比实例价格的房地产状况调整系数为1.071

D. 可比实例价格的房地产状况调整系数为0.933

9. 假如可比实例房地产与估价对象房地产本身有若干差异，则在评估时，在进行交易情况修正和市场状况调整后，还需要进行关于（　　）调整。

A. 市场状况　　B. 经济状况　　C. 物价状况　　D. 房地产状况

※10. 某套住宅建筑面积为100平方米，套内建筑面积为92平方米，使用面积为80平方米，每平方米使用面积的价格为3 000元，则该住宅每平方米建筑面积的价格为（　　）元。

A. 2 400　　B. 2 580　　C. 2 607　　D. 2 760

二、多项选择题

1. 在下列的几种提法中，正确的是（　　）。

A. 交易实例一定是可比实例　　B. 交易实例不一定是可比实例

C. 可比实例一定是交易实例　　D. 可比实例不一定是交易实例

E. 可比实例与交易实例相同

2. 所谓类似房地产，一般是指在（　　）等几个方面与估价对象房地产是相同或相类似的。

A. 所处地区　　B. 房产用途　　C. 使用年限

D. 建筑结构　　E. 建筑高度

3. 市场法中关于房地产状况调整，可以分为（　　）项。

A. 实物状况调整　　B. 区位状况调整　　C. 交易状况调整

D. 市场状况调整　　E. 权益状况调整

4. 市场法中区位状况调整的内容包括（ ）项。

A. 交通便捷程度 B. 繁华程度 C. 建筑规模

D. 平面布置 E. 环境景观

5. 市场法估价中需要建立价格可比基础，主要包括以下几个方面（ ）。

A. 统一币种 B. 统一货币单位 C. 统一面积内涵

D. 统一面积单位 E. 统一交易方式

6. 当两宗相邻的房地产合并交易时，房地产的价格常会受到以下几个方面的影响（ ）：

A. 地理位置 B. 土地形状 C. 土地面积

D. 建筑规模 E. 土地使用年限

7. 用市场法对房地产进行估价时，需要进行下列几方面的调整（ ）。

A. 交易过程 B. 交易情况 C. 市场状况

D. 交易价格 E. 房地产状况

※8. 运用市场法时，估价人员根据基本要求选取可比实例后，需要建立价格可比基础，主要包括（ ）。

A. 统一采用总价 B. 统一采用单价

C. 统一币种和货币单位 D. 统一面积内涵和大小

E. 统一付款方式

※9. 在考虑房地产交易的不同负担状况时，房地产正常的成交价格等于（ ）。

A. 卖方实际得到的价格/(1－应由卖方缴纳的税费比率)

B. 卖方实际得到的价格－应由卖方负担的税费

C. 买方实际付出的价格－应由买方负担的税费

D. 应由卖方负担的税费/应由卖方缴纳的税费比率

E. 买方实际付出的价格/(1－应由买方缴纳的税费比率)

※10. 市场法中实物状况比较和调整的内容包括（ ）。

A. 环境 B. 地形地势 C. 外部配套设施

D. 内部基础设施完备程度 E. 装饰装修

三、判断题

1. 在市场法估价中，用于作为比较的可比实例的房地产价格既可以是单价也可以是总价，不是一定要化为单价。( )

2. 在市场法估价中，统一中外货币单价时，均应采用成交当时的市场汇率来进行换算。( )

3. 如果可比实例的交易时点与其估价时点不一致，则必须进行市场状况的调整。( )

4. 在房地产交易情况修正中，一般是采用正常价格较可比实例房地产的成交价格高多少或低多少的说法。(　　)
5. 采用期内平均上升或下降的价格变动率进行市场状况调整的公式为：可比实例在成交日期时的价格 ×（1 + 价格变动率 × 期数）= 在估价时点的价格。(　　)
6. 采用逐期递增或递减的价格变动率进行市场状况调整的公式为：可比实例在成交日期时的价格 ×（1 + 价格变动率 × 期数）= 在估价时点的价格。(　　)
7. 在选择可比实例时，可比实例房地产所处的地区应该与估价对象房地产所处的地区完全相同。(　　)
8. 市场法中的房地产状况调整可以分为区位状况调整、交易情况调整和权益状况调整。(　　)

※9. 在估价中选择4个可比实例，甲成交价格4 800元每平方米，建筑面积100平方米，首次付清24万元，其余半年后支付16万元，一年后支付8万元；乙成交价格5 000元平方米，建筑面积120平方米，首付24万元，半年后付清余款36万元；丙成交价格4 700元平方米，建筑面积90平方米，成交时候一次性付清；丁成交价格4 760元每平方米，建筑面积110平方米，成交时支付20万元，一年后付清余款32.36万元。已知折现率10%，这4个可比实例单价由高到低的排列顺序是丙乙甲丁。(　　)

※10. 某宗可比实例房地产2006年1月30日的价格为500美元每平方米，该类房地产以美元为基准的价格变动平均每月比上月下降0.7%，假设人民币与美元的市场汇率2006年1月30日为1美元 = 7.98元人民币，2006年9月30日为1美元 = 7.95元人民币，则将该可比实例调整为2006年9月30日的价格约为3 758元人民币每平方米。(　　)

四、计算题

1. 某宗房地产的交易总价款为50万元，其中首付款为20万元，余款30万元于半年后一次付清。假设月利率为1%，则其在成交日期时一次付清的价格为多少？

2. 某宗房地产的正常成交价格为5 000元/平方米，该地区房地产买卖中应由卖方交纳的税费为正常成交价格的7%，买方应交纳的税费为正常成交价格的5%，则成交该宗房地产时卖方实际得到的价格是多少？买方实际付出的价格又是多少？

3. 为评估某住宅2009年10月1日的正常市场价格，在其附近收集的某可比实例的有关资料如下：成交价格为4 000元/平方米，成交日期为2009年5月1日，成交价格比正常价格低2%，房地产状况调整系数为1.087，已知从2009年5月1日到10月1日该类住宅价格平均每月比上月上涨1%，请对该可比实例成交价格进行修正和调整。

4. 某房地产估价所拟采用市场法评估某宗房地产价格，从众多交易实例中选取了 A、B、C 三宗可比实例，有关可比实例的资料如下表所示：

	可比实例 A	可比实例 B	可比实例 C
建筑面积	530 平方米	800 平方米	9 687.6 平方英尺
成交价格	240 万元人民币	600 美元/平方米	385 万元人民币
成交日期	2008 年 12 月 1 日	2009 年 6 月 1 日	2009 年 2 月 1 日
交易情况	-5%	0%	0%
状况因素	0%	+2%	+5%

经调查已知：可比实例 B、C 的付款方式均为一次性付清；可比实例 A 为分期付款：首期付款 96 万元，第一年末付 72 万元，其间月利率为 1%，第二年末又付款 72 万元，其间月利率为 1.05%。假设 2009 年 6 月 1 日美元与人民币的市场汇率为 1：6.826。该地区该类房地产的人民币价格 2008 年 12 月 1 日以来逐月上涨 1.2%。请根据上述资料，评估该宗房地产在 2009 年 8 月 1 日的正常单价（若需计算平均值时，可采用简单算术平均值）。

第5章

收　益　法

学习目标

1. 掌握收益法适用的对象和条件，报酬资本化法的主要公式，不同类型房地产净收益的求取，投资组合技术和剩余技术。

2. 熟悉收益法的含义和理论依据，收益法的估价步骤，求取净收益时的相关问题，报酬率的求取，直接资本化法概述。

技能要求

1. 学会搜集运用收益法所需要的估价资料。
2. 能够进行不同年限房地产价格的换算。
3. 能够求取房地产的净收益和资本化率。
4. 能够运用收益法对收益性房地产进行估价。

5.1 收益法的基本原理

5.1.1 收益法的概念

收益法又称为收益资本化法、收益还原法，是预测估价对象的未来收益，然后利用报酬率或资本化率、收益乘数将其转换为价值，从而求取估价对象价值的方法。收益法的本质是以房地产的预期收益为导向求取估价对象的价值。通过收益法求取的评估价格称为“收益价格”。

根据将预期收益转换为价值即资本化的方式不同，收益法分为报酬资本化法和直接资本化法。报酬资本化法是一种现金流量折现法，即预测估价对象未来各期的净收益，然后利用适当的报酬率将其折算到估价时点后相加来求取估价对象价值的方法；直接资本化法是预测估价对象未来某一年的某种收益，然后将其除以适当的资本化率或者乘以适当的收益乘数来求取估价对象价值的方法。

5.1.2 收益法的理论依据

收益法有着深厚的理论基础，其理论依据是预期原理。该原理说明，房地产未来的预期收益是决定房地产当前价值的重要因素。其基本思想可以粗略地表述如下：

由于房地产寿命长久，使用收益性房地产不仅现在能够获得收益，而且可以在未来持续不断地、年复一年地获取收益，即产生房地产的“年收益系列”。投资者购买收益性房地产的目的，不是购买房地产本身，而是购买房地产未来所能产生的“年收益系列”。投资者以现在的一笔资金去换取未来的一系列资金，这个价值转化的过程就是资本化过程，这笔资金我们称之为房地产的价格。正如美国经济学家伊利所言：“把预期的土地年收益系列资本化而成为一笔价值基金，这在经济学上就称为土地的资本价值，在流行词汇中则称为土地售价。”

由于房地产价格的实质是房地产预期收益的资本化，那么，预期收益的多少便决定了价格的高低。对于投资者来说，将一定量的资金用于购买房地产所获取的收益，与将其存入银行所获取的利息应大体相当，即：

$$\text{某笔资金} \times \text{利率} = \text{利息}$$

相当于

$$\text{房地产价格} \times \text{利率} = \text{房地产的净收益}$$

于是

$$\text{房地产价格} = \frac{\text{房地产净收益}}{\text{利率}}$$

例如，某人拥有的房地产每年可产生 2 万元的净收益，同时此人有 40 万元资金以 5% 的年利率存入银行，每年可得到与该宗房地产所产生的净收益等额的利息，则对该人来说，这宗房地产与 40 万元的资金等价，即价值 40 万元。

不难看出，收益性房地产的价值高低主要取决于 3 个因素：①未来净收益数额的大小；②获得净收益的可靠性；③获得净收益期限的长短。获得净收益数额越大，可靠性越大，期限越长，房地产的价值就越高；反之则低。

5.1.3 收益法适用的对象和条件

收益法适用于有收益或有潜在收益的房地产，如写字楼、住宅、商铺、餐馆、影剧院、停车场、厂房、仓库、农地等。只要估价对象所属的这类房地产有获取收益的能力即可采用这种方法，而不限于估价对象本身现在是否有收益。例如，某估价对象是自用住宅，虽然目前没有收益，但是它有潜在收益，若将该住宅出租即可取得收益，因此可以应用收益法。但是，对于公用、公益性房地产如公园、学校等，收益法大多不适用。

收益法适用的条件是房地产未来的收益和风险都能够较准确地量化。

5.1.4 收益法的估价步骤

报酬资本化法的估价步骤如下：①确定未来收益期限；②求取未来净收益；③求取报酬率；④选用恰当的报酬资本化法公式计算收益价格。

直接资本化法估价步骤如下：①求取未来某一年的某种收益；②求取资本化率或收益乘数；③选用恰当的直接资本化法公式计算收益价格。

真题精选 (2007 年—单选)：判定一宗房地产是否为收益性房地产，关键是看该房地产（　　）。

A. 目前是否有经济收入　　B. 过去是否带来了经济收益

C. 是否具有产生经济收益的能力　　D. 目前的收入是否大于运营费用

（答案为 C）

5.2 报酬资本化法

报酬资本化法即现金流量折现法，是利用适当的报酬率将估价对象未来各期的净收益折算到估价时点后相加，以此求取估价对象价值的方法。简而言之，房地产的价值等于其未来各期净收益的现值之和。

5.2.1 报酬资本化法的计算公式

1. 最一般的公式

如果已知房地产未来每年的净收益、报酬率和收益期限，则房地产收益价格表达式为：

$$V = \frac{A_1}{1+Y_1} + \frac{A_2}{(1+Y_1)(1+Y_2)} + \frac{A_3}{(1+Y_1)(1+Y_2)(1+Y_3)} + \cdots + \frac{A_n}{(1+Y_1)(1+Y_2)\cdots(1+Y_n)}$$

$$= \sum_{i=1}^{n} \frac{A_i}{\prod_{j=1}^{i}(1+Y_j)}$$

式中　V——房地产在估价时点的收益价格；

n——房地产的收益期限，是自估价时点起至未来可获收益的时间，通常为收益年限；

$A_1, A_2, \cdots, A_n$——分别为自估价时点起未来第 1 期，第 2 期，…，第 n 期末的净收益；

$Y_1, Y_2, \cdots, Y_n$——分别为自估价时点起未来第 1 期，第 2 期，…，第 n 期的报

酬率。

为了更好地理解上述公式，可以用现金流量图（见图 5-1）来表示：

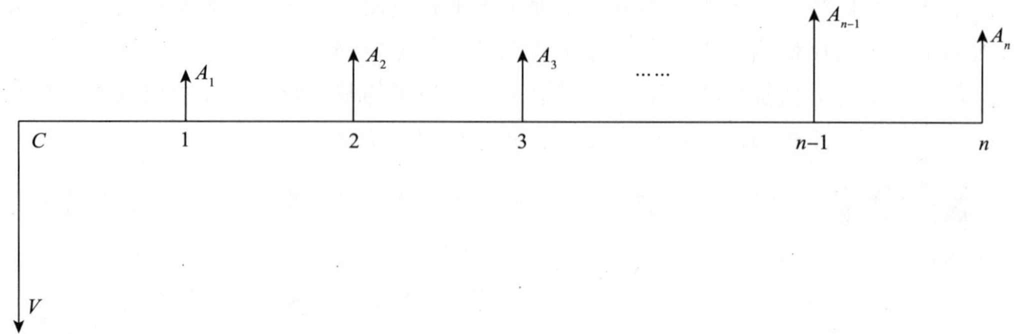

图 5-1 用现金流量图表示的报酬资本化法

几点说明：

（1）上述公式实际上是收益法基本原理的公式化，主要用于理论分析；

（2）在实际估价中，一般假设报酬率长期不变，即 $Y_1 = Y_2 = \cdots = Y_n = Y$，则上述公式可简化为：

$$V = \frac{A_1}{1+Y} + \frac{A_2}{(1+Y)} + \cdots + \frac{A_n}{(1+Y)^n}$$

$$= \sum_{i=1}^{n} \frac{A_i}{(1+Y)^i}$$

（3）报酬资本化法的所有公式均是假设各期净收益相对于估价时点发生在各期的期末；

（4）公式中 A，Y，n 的时间单位是一致的，通常为年。

2. 净收益每年不变的公式

如果已知房地产未来每年的净收益、报酬率和收益期限，而且净收益是固定不变的定值，则用净收益每年不变的公式。具体公式有两种：一是收益年限有限，二是收益年限无限。

（1）收益年限为有限年的公式：

$$V = \frac{A}{Y}\left[1 - \frac{1}{(1+Y)^n}\right]$$

此公式的假设前提是：①净收益每年不变为 A；②报酬率不等于零为 Y；③收益年限为有限年 n。

（2）收益年限为无限年的公式：

$$V = \frac{A}{Y}$$

此公式的假设前提是：净收益每年不变为 A；②报酬率大于零为 Y；③收益年限

n 为无限年。

（3）净收益每年不变公式的功用：此公式除了直接测算收益价格外，还可用于不同年限价格之间的换算、比较不同年限价格的高低、市场法中调整不同年限的价格等，以下举例说明：

1）直接用于价格测算。根据条件代入公式，即可求取有限年或无限年的收益价格。

【例 5-1】某宗房地产的土地使用年限为 50 年，至今已使用了 6 年；预计该宗房地产在正常情况下每年可获得净收益 8 万元，报酬率为 8.5%。试计算该宗房地产的收益价格。

【解】该宗房地产的收益价格计算如下：

$$
\begin{aligned}
V &= \frac{A}{Y}\left[1-\frac{1}{(1+Y)^n}\right] \\
&= \frac{8}{8.5\%}\left[1-\frac{1}{(1+8.5\%)^{50-6}}\right] \\
&= 91.52\ (\text{万元})
\end{aligned}
$$

【例 5-2】某宗房地产预计未来每年的净收益为 8 万元，收益年限可视为无限年，报酬率为 8.5%。试计算该宗房地产的收益价格。

【解】该宗房地产的收益价格计算如下：

$$
\begin{aligned}
V &= \frac{A}{Y} \\
&= \frac{8}{8.5\%} \\
&= 94.12\ (\text{万元})
\end{aligned}
$$

2）用于不同年限房地产价格之间的换算。

为使计算简便，对公式 $V=\frac{A}{Y}\left[1-\frac{1}{(1+Y)^n}\right]$ 做如下变换：以 V_n 表示使用年限为 n 年的价格，如 50 年的收益价格表示为 V_{50}；以 V_∞ 表示 $\frac{A}{Y}$，即无限年的价格；以 K_n 表示 $1-\frac{1}{(1+Y)^n}$，则公式 $V=\frac{A}{Y}\left[1-\frac{1}{(1+Y)^n}\right]$ 可变成 $V_n=V_\infty\times K_n$，或者 $V_N=V_\infty\times K_N$，则：

$$
\begin{aligned}
V_n &= V_N\times\frac{K_n}{K_N} \\
&= V_N\times\frac{(1+Y)^{N-n}[(1+Y)^n-1]}{(1+Y)^N-1}
\end{aligned}
$$

【例 5-3】已知某宗收益性房地产 40 年的收益价格为 3 500 元/平方米，报酬率为 10%。试求该宗房地产 30 年的收益价格。

【解】该宗房地产30年收益价格求取如下：

$$V_n = V_N \times \frac{(1+Y)^{N-n}[(1+Y)^n - 1]}{(1+Y)^N - 1}$$

$$V_{30} = 3\ 500 \times \frac{(1+10\%)^{40-30} \times [(1+10\%)^{30} - 1]}{(1+10\%)^{40} - 1}$$

$$= 3\ 373.97 \text{（元/平方米）}$$

3）用于比较不同年限价格的高低。要比较两宗不同年限房地产价格的高低，需要先将它们转换成相同年限下的价格。

【例5-4】有甲、乙两宗房地产，甲房地产的收益年限为50年，单价为3 000元每平方米，乙房地产的收益年限为30年，单价为2 800元每平方米。假设报酬率均为6%，试比较该两宗房地产价格的高低。

【解】为了计算方便，将两宗房地产价格均转换为无限年限下的价格：

甲房地产无限年下的价格：

$$V_\infty = V_{50} \times \frac{1}{K_{50}}$$

$$= V_{50} \div \left[1 - \frac{1}{(1+Y)^n}\right]$$

$$= 3\ 000 \div \left[1 - \frac{1}{(1+6\%)^{50}}\right]$$

$$= 3\ 172.21 \text{（元/平方米）}$$

乙房地产无限年下的价格：

$$V_\infty = V_{30} \times \frac{1}{K_{30}}$$

$$= V_{30} \div \left[1 - \frac{1}{(1+Y)^n}\right]$$

$$= 2\ 800 \div \left[1 - \frac{1}{(1+6\%)^{30}}\right]$$

$$= 3\ 390.28 \text{（元/平方米）}$$

通过上述处理之后我们知道，在相同年限下，乙房地产的价格高于甲房地产的价格。

4）用于市场法中因年限不同而进行的价格调整。在市场法中，可比实例房地产的年限可能与估价对象房地产的年限不同，因此需要对可比实例价格进行调整，使其成为与估价对象相同年限下的价格。

【例5-5】某宗工业用地取得50年出让土地使用权，所处地段的基准地价为1 200元每平方米，在评估基准地价时设定的土地使用年限为无限年，现行土地报酬率为10%。假设除了土地使用年限不同之外，该宗工业用地的其他状况与评估基准地价时设定的状况相同，试通过基准地价求取该宗工业用地的价格。

【解】本题通过基准地价求取该宗工业用地的价格，实际上就是将土地使用年限为无限年的基准地价转换为50年的基准地价。具体计算如下：

$$
\begin{aligned}
V_{50} &= V_{\infty} \times K_{50} \\
&= V_{\infty} \times \left[1 - \frac{1}{(1+Y)^{n}}\right] \\
&= 1\ 200 \times \left[1 - \frac{1}{(1+10\%)^{50}}\right] \\
&= 1\ 189.78\ (\text{元/平方米})
\end{aligned}
$$

3. 净收益在前若干年有变化的公式

房地产的净收益有时是变化不定的。如商店、旅馆、餐饮、娱乐之类的房地产，在建成后的前几年由于试营业等原因，净收益可能不稳定，而几年之后净收益趋于稳定，此时适用净收益在前若干年有变化的公式。具体公式有两种：一是收益年限有限，二是收益年限无限。

（1）收益年限为有限年的公式：

$$V = \sum_{i=1}^{t} \frac{A_i}{(1+Y)^{i}} + \frac{A}{Y(1+Y)^{t}}\left[1 - \frac{1}{(1+Y)^{n-t}}\right]$$

（2）收益年限为无限年的公式：

$$V = \sum_{i=1}^{t} \frac{A_i}{(1+Y)^{i}} + \frac{A}{Y(1+Y)^{t}}$$

式中 t ——净收益有变化的年限；

n ——收益年限。

以上两公式的假设前提是：①净收益在未来的前 t 年（含第 t 年）有变化，分别为 A_1，A_2，…，A_t，在 t 年以后无变化为 A；②报酬率大于零为 Y。

【例5-6】某宗房地产可取得收益的年限为38年，通过预测得到其未来5年的净收益分别为20万元、22万元、25万元、28万元、30万元，从未来第6年到第38年每年的净收益将稳定在35万元左右，该类房地产的报酬率为10%。请计算该宗房地产的收益价格。

【解】该宗房地产的收益价格计算如下：

$$
\begin{aligned}
V &= \sum_{i=1}^{t} \frac{A_i}{(1+Y)^{i}} + \frac{A}{Y(1+Y)^{t}}\left[1 - \frac{1}{(1+Y)^{n-t}}\right] \\
&= \frac{20}{1+10\%} + \frac{22}{(1+10\%)^{2}} + \frac{25}{(1+10\%)^{3}} + \frac{28}{(1+10\%)^{4}} + \frac{30}{(1+10\%)^{5}} \\
&\quad + \frac{35}{10\%(1+10\%)^{5}}\left[1 - \frac{1}{(1+10\%)^{38-5}}\right] \\
&= 300.86\ (\text{万元})
\end{aligned}
$$

【例5-7】某宗房地产可取得收益的年限为38年，通过预测得到其未来5年的净收益分别为 20 万元、22 万元、25 万元、28 万元、30 万元，从未来第 6 年到无穷远每年的净收益将稳定在 35 万元左右，该类房地产的报酬率为 10%。请计算该宗房地产的收益价格。

【解】该宗房地产的收益价格计算如下：

$$V = \sum_{i=1}^{t} \frac{A_i}{(1+Y)^i} + \frac{A}{Y(1+Y)^t}$$

$$= \frac{20}{1+10\%} + \frac{22}{(1+10\%)^2} + \frac{25}{(1+10\%)^3} + \frac{28}{(1+10\%)^4}$$

$$+ \frac{30}{(1+10\%)^5} + \frac{35}{10\%(1+10\%)^5}$$

$$= 310.20(万元)$$

4. 净收益按一定数额递增的公式

如果房地产每年的净收益按照一定的数额递增，而且已知净收益及其递增的数额、报酬率和收益期限，则适用净收益按一定数额递增的公式。具体公式有两种：一是收益年限有限，二是收益年限无限。

（1）收益年限为有限年的公式：

$$V = \left(\frac{A}{Y} + \frac{b}{Y^2}\right)\left[1 - \frac{1}{(1+Y)^n}\right] - \frac{b}{Y} \times \frac{n}{(1+Y)^n}$$

（2）收益年限为无限年的公式：

$$V = \frac{A}{Y} + \frac{b}{Y^2}$$

式中 b ——净收益逐年递增的数额；

n ——收益年限。

此公式的假设前提是：①净收益未来第 1 年为 A，此后按数额 b 逐年递增，第 n 年为 $[A+(n-1)b]$；②报酬率大于零为 Y。

【例 5-8】预计某宗房地产未来第一年的净收益为 16 万元，此后每年的净收益会在上一年的基础上增加 2 万元，收益年限可视为无限年，该类房地产的报酬率为 9%。请计算该宗房地产的收益价格。

【解】该宗房地产的收益价格计算如下：

$$V = \frac{A}{Y} + \frac{b}{Y^2}$$

$$= \frac{16}{9\%} + \frac{2}{(9\%)^2}$$

$$= 424.69（万元）$$

5. 净收益按一定数额递减的公式

如果房地产每年的净收益按照一定的数额递减，而且已知净收益及其递减的数额、报酬率和收益期限，则适用净收益按一定数额递减的公式。此公式只有收益年限为有限年的情形，公式为：

$$V=\left(\frac{A}{Y}-\frac{b}{Y^2}\right)\left[1-\frac{1}{(1+Y)^n}\right]+\frac{b}{Y}\times\frac{n}{(1+Y)^n}$$

式中 b ——净收益逐年递减的数额；

n ——收益年限。

此公式的假设前提是：①未来第一年的净收益为 A，此后按数额 b 递减，第 n 年为 $[A-(n-1)b]$；②报酬率不等于零为 Y；③收益年限为有限年 n，且 $n\leqslant\frac{A}{b}+1$。$\left(\frac{A}{b}+1\right)$是合理经营期限，超过这个期限，各年的净收益将为负值。

【例 5-9】预计某宗房地产未来第一年的净收益为 25 万元，此后每年的净收益会在上一年的基础上减少 2 万元。请求出：①该宗房地产的合理经营期限；②假如持续经营，合理经营期限前、后整数年份的净收益；③报酬率为 6% 时的收益价格。

【解】各项计算如下：

（1）该宗房地产的合理经营期限为：

$$n=\frac{A}{b}+1=\frac{25}{2}+1=13.5\ （年）$$

（2）该宗房地产第 13 年的净收益为：

$$A-(n-1)b=25-(13-1)\times 2=1\ （万元）$$

该宗房地产第 14 年的净收益为：

$$A-(n-1)b=25-(14-1)\times 2=-1\ （万元）$$

（3）该宗房地产的收益价格为：

$$\begin{aligned}V&=\left(\frac{A}{Y}-\frac{b}{Y^2}\right)\left[1-\frac{1}{(1+Y)^n}\right]+\frac{b}{Y}\times\frac{n}{(1+Y)^n}\\&=\left(\frac{25}{6\%}-\frac{2}{6\%^2}\right)\left[1-\frac{1}{(1+6\%)^{13.5}}\right]+\frac{2}{6\%}\times\frac{13.5}{(1+6\%)^{13.5}}\\&=129.28\ （万元）\end{aligned}$$

6. 净收益按一定比率递增的公式

如果房地产每年的净收益按照一定的比率递增，而且已知净收益及其递增的比率、报酬率和收益期限，则适用净收益按一定比率递增的公式。具体公式有两种：一是收益年限有限，二是收益年限无限。

（1）收益年限为有限年的公式：

$$V=\frac{A}{Y-g}\left[1-\left(\frac{1+g}{1+Y}\right)^n\right]$$

$$\left[公式原型为：V=\frac{A}{1+Y}+\frac{A(1+g)}{(1+Y)^2}+\frac{A(1+g)^2}{(1+Y)^3}+\cdots+\frac{A(1+g)^{n-1}}{(1+Y)^n}\right]$$

（2）收益年限为无限年的公式：

$$V=\frac{A}{Y-g}$$

式中 g——净收益逐年递增的比率；

n——收益年限。

以上两公式的假设前提是：①未来第 1 年的净收益为 A，此后按比率 g 递增，第 n 年为 $A(1+g)^{n-1}$；②报酬率 Y 大于净收益逐年递增的比率 g。

【例 5－10】某宗房地产是在政府有偿出让的土地上建造的，土地使用权的剩余年限为 48 年；预计该房地产未来第一年的净收益为 16 万元，此后每年的净收益会在上一年的基础上增长 2%；该类房地产的报酬率为 9%。试计算该宗房地产的收益价格。

【解】该宗房地产的收益价格计算如下：

$$\begin{aligned}V&=\frac{A}{Y-g}\left[1-\left(\frac{1+g}{1+Y}\right)^{n}\right]\\&=\frac{16}{9\%-2\%}\left[1-\left(\frac{1+2\%}{1+9\%}\right)^{48}\right]\\&=219.12\ (\text{万元})\end{aligned}$$

【例 5-11】预计某宗房地产未来第一年的净收益为 16 万元，此后每年的净收益会在上一年的基础上增长 2%，收益年限可视为无限年，该类房地产的报酬率为 9%。试计算该宗房地产的收益价格。

【解】该宗房地产的收益价格计算如下：

$$V=\frac{A}{Y-g}=\frac{16}{9\%-2\%}=228.57\ (\text{万元})$$

7. 净收益按一定比率递减的公式

如果房地产每年的净收益按照一定的比率递减，而且已知净收益及其递减的比率、报酬率和收益期限，则适用净收益按一定比率递减的公式。具体公式有两种：一是收益年限有限，二是收益年限无限。

（1）收益年限为有限年的公式：

$$V=\frac{A}{Y+g}\left[1-\left(\frac{1-g}{1+Y}\right)^{n}\right]$$

（2）收益年限为无限年的公式：

$$V=\frac{A}{Y+g}$$

式中 g——净收益逐年递减的比率；

n——收益年限。

此公式的假设前提是：①未来第一年的净收益为 A，此后按比率 g 逐年递减，第

n 年为 $A(1-g)^{n-1}$；②报酬率大于零为 Y。

净收益按一定比率递增或递减的公式可以应用于有效毛收入与运营费用的计算中。由于净收益等于有效毛收入与运营费用的差额，因此，如果有效毛收入与运营费用的变动率相等时，可以按照净收益的贴现值之和计算收益价格，此时收益有限年公式为 $V=\frac{A}{Y\mp g}\left[1-\left(\frac{1\pm g}{1+Y}\right)^n\right]$，收益无限年公式为 $V=\frac{A}{Y\mp g}$；如果有效毛收入与运营费用的变动率不相等，则可以按照有效毛收入贴现值之和与运营费用贴现值之和的差额计算收益价格。下面以有效毛收入与运营费用逐年递增为例加以说明。

假设有效毛收入为 I，逐年递增率为 g_I；运营费用为 E，逐年递增率为 g_E；收益年限为 n，则收益有限年的公式为：

$$V=\frac{I}{Y-g_I}\left[1-\left(\frac{1+g_I}{1+Y}\right)^n\right]-\frac{E}{Y-g_E}\left[1-\left(\frac{1+g_E}{1+Y}\right)^n\right]$$

收益无限年的计算公式为：

$$V=\frac{I}{Y-g_I}-\frac{E}{Y-g_E}$$

以上公式的假设前提是：① g_I或 g_E不等于报酬率 Y；②收益年限 n 有合理经营期限，需要满足 $I(1+g_I)^{n-1}-E(1+g_E)^{n-1}\geqslant 0$ 。

【例 5-12】预计某宗房地产未来第一年的有效毛收入为 20 万元，运营费用为 12 万元，此后每年的有效毛收入会在上一年的基础上增长 5%，运营费用增长 3%，收益年限可视为无限年，该类房地产的报酬率为 8%。试计算该宗房地产的收益价格。

【解】该宗房地产的收益价格计算如下：

$$\begin{aligned}V&=\frac{I}{Y-g_I}-\frac{E}{Y-g_E}\\&=\frac{20}{8\%-5\%}-\frac{12}{8\%-3\%}\\&=426.67\ (\text{万元})\end{aligned}$$

【例 5-13】预计某宗房地产未来每年的有效毛收入不变为 16 万元，运营费用第一年为 8 万元，此后每年会在上一年的基础上增长 2%，该类房地产的报酬率为 10%。试计算该宗房地产的合理经营期限。

【解】如果有效毛收入不变而运营费用不断增长，则一段时间之后，房地产的运营费用会超过有效毛收入，所以，存在合理经营期限 n：

根据： $I(1+g_I)^{n-1}-E(1+g_E)^{n-1}=0$

其中 $I=16$，$E=8$，$g_I=0$，$g_E=2\%$

得出： $16-8(1+2\%)^{n-1}=0$

$n=36$（年）

8. 预知未来若干年后价格的公式

如果将房地产持有一段时间后出售，出售价格可测知，而且已知持有期间每年的净收益和报酬率，则适用预知未来若干年后价格的公式。一般公式为：

$$V = \sum_{i=1}^{t} \frac{A_i}{(1+Y)^i} + \frac{V_t}{(1+Y)^t}$$

式中 V——房地产现值；

A_i——房地产未来第 i 年的净收益；

V_t——房地产第 t 年末的价格；

t——持有房地产的期限（持有期）。

此公式的假设前提是：①房地产未来 t 年的净收益（期间收益）为 A_1，A_2，…，A_t；②房地产在未来第 t 年末的价格为 V_t（期末转售收益）；③期间收益和期末转售收益具有相同的报酬率 Y。

如果房地产在持有期净收益每年不变，则上述公式变为：

$$V = \frac{A}{Y}\left[1 - \frac{1}{(1+Y)^t}\right] + \frac{V_t}{(1+Y)^t}$$

【例 5-14】某宗房地产现行的价格为 3 000 元/平方米，年净收益为 300 元/平方米，报酬率为 10%。现获知该地区将兴建一座大型的现代化火车站，6 年后建成投入使用。预计新火车站投入使用后，将达到该城市现有火车站地区的繁华程度，该类房地产的价格将达到 6 000 元/平方米。试求获知兴建火车站后该宗房地产的价格。

【解】获知兴建火车站后该宗房地产的价格计算如下：

$$\begin{aligned} V &= \frac{A}{Y}\left[1 - \frac{1}{(1+Y)^t}\right] + \frac{V_t}{(1+Y)^t} \\ &= \frac{300}{10\%}\left[1 - \frac{1}{(1+10\%)^6}\right] + \frac{6\ 000}{(1+10\%)^6} \\ &= 4\ 693.42\ (\text{元/平方米}) \end{aligned}$$

可见，该宗房地产在获知兴建火车站后，价格由 3 000 元/平方米上涨到 4 693 元/平方米。

【例 5-15】某出租的写字楼需要估价。该写字楼现行市场租金较低，年出租净收益为 500 万元，预计未来 3 年内仍然维持在该水平。预测 3 年后房地产市场会回升，其转卖的售价会高达 7 950 万元，销售税费为售价的 6%。如果投资者要求该类投资的报酬率为 10%，请测算该写字楼目前的价值。

【解】该写字楼目前的价值求取如下：

$$\begin{aligned} V &= \frac{A}{Y}\left[1 - \frac{1}{(1+Y)^t}\right] + \frac{V_t}{(1+Y)^t} \\ &= \frac{500}{10\%}\left[1 - \frac{1}{(1+10\%)^3}\right] + \frac{7\ 950\ (1-6\%)}{(1+10\%)^3} \end{aligned}$$

$$=6\,858\ (万元)$$

【例5-16】某出租的旧办公楼的租约尚有2年到期，每年可收取净租金80万元（没有费用支出），到期后要拆除作为商业用地。预计作为商业用地的价值为1 100万元，拆除费用为50万元，该类房地产的报酬率为10%。试求该旧办公楼的价值。

【解】该旧办公楼的价值求取如下：

$$V=\frac{A}{Y}\left[1-\frac{1}{(1+Y)^t}\right]+\frac{V_t}{(1+Y)^t}$$

$$=\frac{80}{10\%}\left[1-\frac{1}{(1+10\%)^2}\right]+\frac{1\,100-50}{(1+10\%)^2}$$

$$=1\,006.61\ (万元)$$

【例5-17】预测某宗房地产未来两年的净收益分别为55万元和60万元，两年后的价格比现在的价格上涨5%，该类房地产的报酬率为10%，试求该宗房地产现在的价格。

【解】该宗房地产现在的价格求取如下：

$$V=\sum_{i=1}^{t}\frac{A_i}{(1+Y)^i}+\frac{V_t}{(1+Y)^t}$$

$$=\frac{55}{1+10\%}+\frac{60}{(1+10\%)^2}+\frac{V(1+5\%)}{(1+10\%)^2}$$

$$V=753.13(万元)$$

真题精选 **（2005年—单选）**：某写字楼年出租净收益为300万元，预计未来三年内仍然维持该水平，三年后该写字楼价格为现在写字楼价格的1.2倍，该类房地产的报酬率为10%，则该宗写字楼现在的价格为（　　）万元。

A. 4 580　　B. 5 580　　C. 6 580　　D. 7 580

（答案为D）

5.2.2 房地产净收益

运用报酬资本化法估价，需要预测估价对象的未来净收益。按照获取净收益的方式不同，收益性房地产主要分为出租房地产和营业房地产两大类。

1. 出租房地产净收益的求取

出租房地产是收益法估价的典型形式，包括出租的住宅、公寓、写字楼、商铺、停车场、仓库、标准厂房和土地等。求取出租房地产净收益的基本公式为：

净收益＝潜在毛租金收入＋其他收入－空置和收租损失－运营费用

＝潜在毛收入－空置和收租损失－运营费用

＝有效毛收入－运营费用

（1）净收益是从有效毛收入中扣除运营费用以后得到的归属于房地产的收入。

（2）潜在毛收入是房地产在充分利用、无空置情况下所能获得的归属于房地产的总收入。写字楼等出租型房地产的潜在毛收入，一般是潜在毛租金收入加上其他收入，潜在毛收入 = 潜在毛租金收入 + 其他收入。其中，潜在毛租金收入等于全部可出租面积与租金的乘积；其他收入是租赁保证金或押金的利息收入等。

（3）有效毛收入是从潜在毛收入中扣除空置和收租损失以后归属于房地产的收入，即有效毛收入 = 潜在毛收入 - 空置和收租损失。

（4）空置面积的损失是指房地产未租出部分所造成的收入损失，通常按照潜在毛收入的一定比例来估算。

（5）收租损失是指因承租人拖欠租金所造成的收入损失，如延迟支付租金、少付或不付租金等。收租损失通常按照潜在毛收入的一定比例来估算。

（6）运营费用是维持房地产正常使用或营业所需要的费用，包括房地产税、保险费、人员工资及办公费用、维持房地产正常运转的成本、为承租人提供服务的费用，如清洁费、保安费等。

在实际估价中，净收益通常为租赁收入扣除出租人负担的费用后的余额。其中，租赁收入包括租金收入和租赁保证金或押金的利息收入，出租人负担的费用是出租人与承租人约定的，或按惯例由出租人负担的部分。

2. 营业房地产净收益的求取

有些收益性房地产是以营业方式获取收益的，如旅馆、影剧院、加油站等。营业房地产的最大特点是房地产的所有者同时又是经营者，房地产的租金与经营者的利润没有分开。因此，测算房地产的净收益要用经营收入扣除经营利润。如某餐馆正常年经营收入为200万元，费用为70万元，经营者利润为50万元，则该餐馆年净收益为200 - 70 - 50 = 80（万元）。不同类型的营业房地产，净收益的求取有所不同。

（1）商业经营房地产的净收益为商品销售收入扣除商品销售成本、经营费用、商品销售税金及附加、管理费用、财务费用和商业利润。

（2）工业生产房地产的净收益为产品销售收入扣除生产成本、产品销售费用、产品销售税金及附加、管理费用、财务费用和厂商利润。

（3）农地的净收益是由农地平均年产值扣除种苗费、肥料费、人工费、农药费、税费、投资利息和农业利润等。

在现实估价中，采用收益法的估价对象除了出租房地产和营业房地产外，还可能是自用、尚未使用的房地产或者是包含多种收益的混合房地产。对于自用或尚未使用的房地产，可以根据同一市场上类似的收益房地产的有关资料测算净收益，或者与类似房地产直接比较得出净收益；对于混合收益的房地产，其净收益可以采用以下方式求取：①视为各种收益类型房地产的简单组合，先分别求取各自的净收益，然后予以加总；②先测算各种类型的收入，再测算各种类型的费用，然后将两者相减求出净收益。

3. 求取净收益时的相关问题

（1）有形收益和无形收益。求取房地产净收益时既要考虑有形收益，也要考虑无形收益。有形收益是由房地产带来的直接利益，可以用货币形式体现；无形收益是由房地产带来的间接利益，如房地产带来的安全感、自豪感，声誉、信用、融资能力等，难以用货币形式体现。如果考虑无形收益带来房地产价值的增加，通常以选取较低的报酬率或资本化率来实现。

（2）实际收益和客观收益。房地产的收益分为实际收益和客观收益，估价应以客观收益为依据。实际收益是在现状下实际取得的收益；客观收益是排除了特殊的、偶然的因素之后得到的一般正常收益。估价中采用的潜在毛收入、有效毛收入、运营费用及净收益，除有租约限制外，都应采用正常客观的数据。

【例5-18】某旅馆需要估价，据调查，该旅馆共有300张床位，平均每张床位每天向客人实收50元，年平均空房率为30%，平均每月营业费用为14万元；当地同档次旅馆一般床价为每床每天45元，年平均空房率为20%，正常情况下月总费用占月总收入的30%；该类房地产的报酬率为10%，收益年限可视为无限年。试选用所给资料测算该旅馆的价值。

【解】该旅馆的收益应采用客观收益。

$$
\begin{aligned}
\text{年有效毛收入} &= 300 \times 45 \times 365 \times (1-20\%) \\
&= 394.20\ (\text{万元}) \\
\text{年运营费用} &= 394.2 \times 30\% \\
&= 118.26\ (\text{万元}) \\
\text{年净收益} &= 394.2 - 118.26 \\
&= 275.94\ (\text{万元}) \\
\text{旅馆价值} &= 275.94 \div 10\% \\
&= 2\,759.4\ (\text{万元})
\end{aligned}
$$

（3）房地产有无租约限制。有租约限制的房地产，租赁期限内的租金应采用租约租金（实际租金），租赁期限外的租金应采用正常客观的市场租金。从投资角度来说，当租约租金低于市场租金时，房地产的价值就要低一些，此时承租人权益价值就是正值；反之，如果租约租金高于市场租金，房地产的价值就要高一些，此时承租人权益价值就是负值。

评估承租人权益价值可以采用收益法的一种变通形式——“成本节约资本化法”，这种方法的实质是，某种权益的价值等于其未来有效期内可以节约的成本的现值之和。将此方法用于承租人权益价值评估，则承租人权益价值等于剩余租赁期限内租约租金与同期市场租金的差额经过折现后的现值之和。承租人权益价值与租约限制下房地产价值的关系为：

承租人权益的价值＝无租约限制下的房地产价值－有租约限制下的房地产价值

【例5-19】某公司3年前与一位写字楼所有权人签订了租赁合同，租用其中500平方米的面积，约定租赁期限为10年，月租金固定不变为75元每平方米。现市场上类似写字楼的月租金为100元每平方米。假设折现率为10%，试计算目前承租人权益的价值。

【解】设目前承租人权益的价值为V，市场租金与租约租金的差额为A，则：

$$V=\frac{A}{Y}\left[1-\frac{1}{(1+Y)^{n}}\right]$$

$$A=(100-75)\times 500\times 12=150\,000\text{（元）}$$

$$Y=10\%$$

$$n=10-3=7\text{（年）}$$

所以

$$V=\frac{150\,000}{10\%}\left[1-\frac{1}{(1+10\%)^{7}}\right]$$

$$=73.03\text{（万元）}$$

4. 收益期限和净收益流模式

（1）收益期限的确定。收益期限是估价对象自估价时点起至未来可获取收益的年数。对于单独土地和单独建筑物的估价，应分别根据土地使用权剩余年限和建筑物剩余经济寿命确定收益年限。对于土地与建筑物合成体的估价对象，应视具体情况而定：①如果建筑物的经济寿命长于土地使用权剩余年限，应根据土地使用权剩余年限确定收益年限；②如果建筑物的经济寿命短于土地使用权剩余年限，应根据建筑物的剩余经济寿命确定收益年限。

（2）净收益流模式的选择。在求取估价对象的净收益时，应判断未来净收益流属于哪种类型，以便于选用相应的报酬资本化法公式进行计算。净收益流模式有以下几种：①净收益每年固定不变；②净收益每年按照某个固定的数额递增或递减；③净收益每年按照某个固定的比率递增或递减；④其他有规则变动的情况。

在估价中使用最多的是净收益每年固定不变的公式：$V=\frac{A}{Y}\left[1-\frac{1}{(1+Y)^{n}}\right]$。此公式中求取净收益$A$通常采用“未来数据资本化公式法”：预测估价对象未来若干年的净收益A_i，然后利用公式$\frac{A}{Y}\left[1-\frac{1}{(1+Y)^{t}}\right]=\sum_{i=1}^{t}\frac{A_i}{(1+Y)^{i}}$，得出净收益$A=\frac{Y(1+Y)^{t}}{(1+Y)^{t}-1}\cdot\sum_{i=1}^{t}\frac{A_i}{(1+Y)^{i}}$。

【例5-20】某宗房地产的收益期限为40年，判定其未来每年的净收益基本固定不变，通过预测得知其未来4年的净收益分别为25万元、26万元、24万元、25万元，报酬率为10%。请计算该宗房地产的收益价格。

【解】该宗房地产的收益价格求取如下：

$$A=\frac{10\%\times(1+10\%)^4}{(1+10\%)^4-1}\left[\frac{25}{1+10\%}+\frac{26}{(1+10\%)^2}+\frac{24}{(1+10\%)^3}+\frac{25}{(1+10\%)^4}\right]$$

$=25.02$（万元）

$$V=\frac{25.02}{10\%}\left[1-\frac{1}{(1+10\%)^{40}}\right]$$

$=244.67$（万元）

5.2.3 报酬率

1. 报酬率的实质

报酬率（Y）也称为回报率、收益率、折现率，是投资回报与所投入的资本的比率。可以将购买收益性房地产视为一种投资行为，投入的资本即是房地产价格，预期获取的收益是房地产未来的净收益。投资既要获取收益，又要承担风险，报酬率与投资风险正相关，风险大的投资，其报酬也高，反之则低。估价选用的报酬率应等同于与获取估价对象净收益具有相同风险投资的报酬率。

2. 报酬率的求取

求取报酬率的方法主要有累加法和市场提取法。

（1）累加法：是在无风险报酬率的基础上，加上投资的补偿率、扣减投资的优惠率来计算报酬率的方法。其基本公式为：

$$报酬率=\frac{无风险}{报酬率}+\frac{投资风险}{补偿率}+\frac{管理负担}{补偿率}+\frac{投入金缺乏}{流动性补偿率}-\frac{投资带来}{的优惠率}$$

累加法的具体操作如下：

1）找出无风险报酬率。无风险报酬率又称安全报酬率，是投入资本的最低报酬率。完全无风险的投资在现实中难以找到，一般是选用相对无风险的报酬率来代替无风险报酬率，如选用国债利率或银行存款利率等。

2）确定投资补偿率。投资补偿部分有：①投资风险补偿，是投资者对房地产收益的不确定性和风险性等所要求的补偿。②管理负担补偿，是投资者对于房地产的管理工作超过其他投资如存款、证券等所要求的补偿。③缺乏流动性补偿，是投资者对于房地产缺乏流动性（如与股票、债券相比）所要求的补偿。

3）确定投资优惠率。针对投资房地产可以获得的额外好处，如易于获得融资、抵扣所得税等优惠，报酬率要作相应的扣减。

【例5-21】某房地产投资无风险报酬率为5%，投资风险补偿率为2%，管理负担补偿率为0.1%，缺乏流动性补偿率为1.5%，易于获得融资的优惠率为0.5%，所得税抵扣的优惠率为0.5%，则该房地产投资的报酬率 $=5\%+2\%+0.1\%+1.5\%-0.5\%-0.5\%=7.6\%$。

（2）市场提取法：是通过搜集同一市场上三宗以上类似房地产的价格、净收益等资料，选用相应的报酬资本化法公式，反求出报酬率的方法。

1）在 $V=\frac{A}{Y}$ 的情况下，通过 $Y=\frac{A}{V}$ 来求取 Y，即采用同一市场上类似房地产的净收益与其价格的比率作为报酬率，如表 5-1 所示。

表 5-1 选取的可比实例及其相关资料

可比实例	净收益（万元/年）	价格（万元）	报酬率（%）
A	12	102	11.8
B	23	190	12.1
C	10	88	11.4
D	65	542	12.0
E	90	720	12.5

表 5-1 中 5 个可比实例报酬率的简单算术平均数为：（11.8% +12.1% +11.4% +12.0% +12.5%）÷5 =11.96%，此数可以作为估价对象的报酬率。

2）在 $V=\frac{A}{Y}\left[1-\frac{1}{(1+Y)^n}\right]$ 的情况下，通过 $\frac{A}{Y}\left[1-\frac{1}{(1+Y)^n}\right]-V=0$ 来求取 Y。在利用计算机的情况下，只要输入 V，A，n，就可以求取 Y；在手工计算的情况下，是通过试错法与线性内插法相结合的方法来求取。

实际确定报酬率时，需要估价人员运用自己掌握的理论知识，结合实际估价经验和对当地市场的充分了解，来做出相应的判断。因此，报酬率的确定同整个房地产估价活动一样，也是科学与艺术的有机结合。

5.3 直接资本化法

利用直接资本化法是将估价对象未来某一年的某种收益除以适当的资本化率或者乘以适当的收益乘数来求取估价对象价值的方法。

估价对象未来某一年的某种收益通常是采用未来第一年的收益，收益的种类有毛租金、净租金、潜在毛收入、有效毛收入、净收益等；资本化率是房地产的某种年收益与其价格的比率，即资本化率 $=\frac{\text{年收益}}{\text{价格}}$；收益乘数是房地产的价格除以其某种年收益所得的倍数，即收益乘数 $=\frac{\text{价格}}{\text{年收益}}$。

直接资本化法将未来收益转换成价值的方法有两种，即资本化率法和收益乘数法。

（1）资本化率法，即利用资本化率将未来的年收益转换成房地产的价值的方法，公式为：

$$V=\frac{NOI}{R}$$

式中 V——房地产价值；

NOI——房地产未来第一年的年收益；

R——资本化率。

资本化率（R）和报酬率（Y）都是将房地产的预期收益转换为价值的比率，但两者又有很大的区别：资本化率用于直接资本化法，直接将房地产的预期收益转换为价值，它仅表示从收益到价值的比率，并不明确地表示获利能力，它不区分净收益流模式，在所有情况下都是未来第一年的净收益与价格的比率；报酬率用于报酬资本化法，是将房地产的未来预期净收益转换为现值的比率，明确地表示获利能力，它区分净收益流模式，如果净收益流模式不同，具体的计算公式也有所不同。

（2）收益乘数法，即利用收益乘数将未来的年收益转换成房地产的价值的方法，公式为：

房地产价值＝年收益×收益乘数

对应于不同的房地产年收益，收益乘数法也有不同的方法，如毛租金乘数法、潜在毛收入乘数法、有效毛收入乘数法和净收益乘数法。由于净收益乘数与资本化率是互为倒数的关系，所以，通常多采用资本化率法而不用净收益乘数法。下面仅对毛租金乘数法做简单介绍。

毛租金乘数法是将估价对象未来某一年或某一个月的毛租金乘以相应的毛租金乘数来求取估价对象价值的方法，即：

房地产价值＝估价对象毛租金×毛租金乘数

毛租金乘数是市场上房地产的价格除以其毛租金所得的倍数，即“租售比价”：毛租金乘数$=\frac{\text{市场价格}}{\text{市场毛租金}}$。毛租金乘数法一般用于土地或出租型住宅的估价。但由于它的计算方法比较粗糙，往往作为市场法或其他收益法的一部分。

资本化率和收益乘数都可以采用市场提取法，通过市场上近期发生交易的与估价对象的净收益流模式相同的类似房地产的有关资料求取。

真题精选 （2006年—多选）：根据净收益求取的不同，收益法可分为（　　）。

A. 直接资本化法　　B. 投资法　　C. 收益乘数法

D. 利润法　　E. 现金流量折现法

（答案为AE）

5.4 投资组合技术和剩余技术

投资组合技术和剩余技术是直接资本化法的衍生方法，利用此技术可以测算房地产的资本化率和各个组合部分的价值。

5.4.1 投资组合技术

1. 土地与建筑物组合

在运用直接资本化法估价时，由于估价对象不同，所采用的资本化率和净收益也有所不同：当评估房地价值时，应采用综合资本化率和房地综合净收益；当评估土地价值时，应采用土地资本化率和土地所产生的净收益；当评估建筑物价值时，应采用建筑物资本化率和建筑物所产生的净收益。综合资本化率、土地资本化率、建筑物资本化率的关系如下：

$$R_0 = \frac{V_L \times R_L + V_B \times R_B}{V_L + V_B}$$

如果已知土地价值占房地价值的比率为 L，建筑物价值占房地价值的比率为 B，则三者关系为：

$$R_0 = L \times R_L + B \times R_B$$

式中，R_0为综合资本化率；R_L为土地资本化率；R_B为建筑物资本化率；V_L为土地价值；V_B为建筑物价值。

【例 5-22】某宗房地产的土地价值占总价值的 60%，建筑物价值占总价值的 40%，由可比实例房地产中所求出的土地资本化率为 6%，建筑物资本化率为 8%，试计算综合资本化率。

【解】综合资本化率计算如下：

$$\begin{aligned} R_0 &= L \times R_L + B \times R_B \\ &= 60\% \times 6\% + 40\% \times 8\% \\ &= 6.8\% \end{aligned}$$

2. 抵押贷款与自有资金的组合

如果把购买收益性房地产视为一种投资行为，则房地产的价格便是投资额，房地产的净收益便是投资收益。购买房地产的资金来源通常由两部分构成：一部分为抵押贷款，另一部分为自有资金，房地产的报酬率必须同时满足这两部分资金对投资报酬的要求，因此有等式：房地产净收益 = 抵押贷款收益 + 自有资金收益，即：房地产价格 × 综合资本化率 = 抵押贷款金额 × 抵押贷款常数 + 自有资金额 × 自有资金资本化率，利用此公式可以求取综合资本化率。求取综合资本化率的简单方式是利用抵押贷款常数与自有资金资本化率的加权平均数来求取，即：

$$R_0 = M \times R_M + (1 - M) R_E$$

式中，R_0为综合资本化率；M 为抵押贷款价值比率，即抵押贷款金额占房地产价值的比率；R_M为抵押贷款常数；R_E为自有资金资本化率。

抵押贷款常数 R_M一般采用年抵押贷款常数，它是每年的偿还额与抵押贷款金额的比率，即：$R_M=\frac{年还款额}{抵押贷款金额}$。在分期等额本息偿还贷款的情况下，我们可以得出抵押贷款常数与贷款利率的关系：

由于抵押贷款金额 $V_M=\frac{A_M}{Y_M}\left[1-\frac{1}{(1+Y_M)^n}\right]$，抵押贷款常数 $R_M=\frac{A_M}{V_M}$，得出：

$$R_M=Y_M+\frac{Y_M}{(1+Y_M)^n-1}$$

式中，R_M 为抵押贷款常数；Y_M 为抵押贷款利率；n 为抵押贷款期限。

【例 5-23】购买某类房地产，抵押贷款占七成，抵押贷款年利率为 6%，贷款期限为 20 年，按月等额本息偿还，通过可比实例房地产计算得出自有资金资本化率为 12%。试计算综合资本化率。

【解】抵押贷款常数为：

$$\begin{aligned}R_M&=Y_M+\frac{Y_M}{(1+Y_M)^n-1}\\&=\left[6\%/12+\frac{6\%/12}{(1+6\%/12)^{20\times12}-1}\right]\times12\\&=8.60\%\end{aligned}$$

综合资本化率为：

$$\begin{aligned}R_0&=M\times R_M+(1-M)R_E\\&=70\%\times8.6\%+(1-70\%)\times12\%\\&=9.62\%\end{aligned}$$

【例 5-24】某宗房地产的年净收益为 2 万元，购买者的自有资金为 5 万元，自有资金资本化率为 12%，抵押贷款常数为 0.08。试求该房地产的价格。

【解】该房地产的价格由抵押贷款和自有资金组成，运用公式：

$$房地产净收益=抵押贷款收益+自有资金收益$$

有：

$$2=抵押贷款金额\times0.08+5\times12\%$$

得出：

$$\begin{aligned}抵押贷款金额&=\frac{2-5\times12\%}{0.08}\\&=17.5（万元）\end{aligned}$$

$$\begin{aligned}房地产价格&=抵押贷款金额+自有资金额\\&=17.5+5=22.5（万元）\end{aligned}$$

5.4.2 剩余技术

剩余技术是假定房地产的某一部分的价值为已知，通过资本化率求出归属于该构成部分的净收益，再将其从房地产总收益中扣除得到剩余收益，再将剩余收益资本化得出剩余部分的价值。

利用剩余技术可以从房地产实物形态中分离出土地价值或建筑物价值，还可以从房地产资金形态中分离出抵押贷款数额与自有资金数额。

1. 求取土地价值或建筑物价值

依据等式房地净收益 = 土地净收益 + 建筑物净收益，在已知建筑物价值的情形下，可以求取土地的价值；在已知土地价值的情形下，可以求取建筑物的价值。公式为：

$$V_L = \frac{A_0 - V_B \times R_B}{R_L}$$

$$V_B = \frac{A_0 - V_L \times R_L}{R_B}$$

式中，V_L 为土地价值；R_L 为土地资本化率；A_0 为房地产净收益；V_B 为建筑物价值；R_B 为建筑物资本化率。将土地价值加上建筑物价值则得到整个房地产的价值。

2. 求取自有资金数额和抵押贷款数额

依据等式房地净收益 = 抵押贷款收益 + 自有资金收益，在已知自有资金数额的情形下，可以求取抵押贷款数额；在已知抵押贷款数额的情形下，可以求取自有资金数额。公式为：

$$V_E = \frac{A_0 - V_M \times R_M}{R_E}$$

$$V_M = \frac{A_0 - V_E \times R_E}{R_M}$$

式中，V_E 为自有资金数额；R_E 为自有资金资本化率；A_0 为房地产净收益；V_M 为抵押贷款数额；R_M 为抵押贷款常数。如果将自有资金数额加上抵押贷款数额可以得到整个房地产的价值。

【例 5-25】某宗房地产每年净收益为 50 万元，建筑物价值为 300 万元，建筑物资本化率为 12%，土地资本化率为 10%。试计算该宗房地产的价值。

【解】该宗房地产的价值计算如下：

$$\begin{aligned} \text{土地价值} &= \frac{50 - 300 \times 12\%}{10\%} \\ &= 140 \text{（万元）} \end{aligned}$$

$$\begin{aligned} \text{该宗房地产价值} &= \text{土地价值} + \text{建筑物价值} \\ &= 140 + 300 \\ &= 440 \text{（万元）} \end{aligned}$$

5.5 收益法运用举例

【例 5-26】某宗房地产建成于 2005 年底，此后收益年限为 48 年；2006 年底至

2009 年底分别获得净收益 83 万元、85 万元、90 万元、94 万元；预计从 2010 年底至 2012 年底可分别获得净收益 94 万元、93 万元、96 万元，从 2013 年底起每年可获得的净收益将稳定在 95 万元；该类房地产的报酬率为 9%。试利用上述资料测算该宗房地产 2009 年底的收益价格。

【解】该题要注意区分过去收益和未来收益，计算公式为：

$$V=\sum_{i=1}^{t}\frac{A_i}{(1+Y)^i}+\frac{A}{Y(1+Y)^t}\left[1-\frac{1}{(1+Y)^{n-t}}\right]$$

式中：$A_1=94$（万元） $A_2=93$（万元） $A_3=96$（万元） $A=95$（万元）

$Y=9\%$ $n=48-4=44$（年） $t=3$（年）

将上述数字代入公式中计算如下：

$$V=\frac{94}{1+9\%}+\frac{93}{(1+9\%)^2}+\frac{96}{(1+9\%)^3}+\frac{95}{9\%(1+9\%)^3}\left[1-\frac{1}{(1+9\%)^{44-3}}\right]$$

$=1\ 029.92$（万元）

【例 5-27】某商店的土地使用年限为 40 年，从 2005 年 10 月 1 日起计。该商店共有两层，每层可出租面积各为 200 平方米。一层于 2006 年 10 月 1 日租出，租赁期限为 5 年，可出租面积的月租金为 180 元每平方米，且每年不变；二层现暂空置。附近类似商场一、二层可出租面积的正常月租金分别为 200 元每平方米和 120 元每平方米，运营费用率为 25%，出租率为 100%，该类房地产的报酬率为 9%。试测算该商场 2009 年 10 月 1 日带租约出售时的正常价格。

【解】该商场收益价格测算如下：

商店一层价格的测算：

租赁期限以内年净收益 $=200\times180\times(1-25\%)\times12$

$=32.40$（万元）

租赁期限以外年净收益 $=200\times200\times(1-25\%)\times12$

$=36$（万元）

$$V=\frac{32.40}{1+9\%}+\frac{32.40}{(1+9\%)^2}+\frac{36}{9\%\ (1+9\%)^2}\left[1-\frac{1}{(1+9\%)^{40-4-2}}\right]$$

$=375.69$（万元）

商店二层价格的测算：

年净收益 $=200\times120\times(1-25\%)\times12$

$=21.60$（万元）

$$V=\frac{21.60}{9\%}\left[1-\frac{1}{(1+9\%)^{40-4}}\right]$$

$=229.21$（万元）

该商店的正常价格 = 商店一层的价格 + 商店二层的价格

$$=375.69+229.21$$
$$=604.90\ (万元)$$

【例5-28】6年前，甲、乙双方合作建设3 000平方米建筑面积的房屋，其中甲提供一宗1 000平方米、土地使用年限为50年的土地，乙出资300万元人民币，房屋建设期为2年。建成后，其中1 000平方米建筑面积归甲所有，2 000平方米建筑面积由乙使用20年，期满后无偿归甲所有。现今，乙有意将使用期满后的剩余年限购买下来，甲也乐意出售，但双方对价格把握不准并有争议，协商请一家专业房地产估价机构进行估价。请评估乙欲购买房地产的价格。

【解】乙的整个使用期限为20年，扣除已使用4年，剩余使用期限为16年，乙欲购买16年后无偿归甲所有的房地产（收益年限为28年）。据调查得知，现时该类房屋每平方米建筑面积的月租金平均为80元，出租率为85%，年运营费用约占年租赁有效毛收入的35%，报酬率为10%。采用收益法可以有两种求法：

解法（一）：先求取未来44年及未来16年的净收益的现值之和，然后两者相减。

$$年净收益=80\times2\ 000\times85\%\times(1-35\%)\times12$$
$$=106.08\ (万元)$$

$$V_{28}=V_{44}-V_{16}$$
$$=\frac{A}{Y}\left[1-\frac{1}{(1+Y)^{44}}\right]-\frac{A}{Y}\left[1-\frac{1}{(1+Y)^{16}}\right]$$
$$=\frac{106.08}{10\%}\left[1-\frac{1}{(1+10\%)^{44}}\right]-\frac{106.08}{10\%}\left[1-\frac{1}{(1+10\%)^{16}}\right]$$
$$=1\ 044.79-829.94$$
$$=214.85\ (万元)$$

解法（二）：直接求取未来16年后归甲所有的28年的净收益的现值之和：

$$V_{28}=\frac{A}{Y}\left[1-\frac{1}{(1+Y)^{28}}\right]\frac{1}{(1+Y)^{16}}$$
$$=\frac{106.08}{10\%}\left[1-\frac{1}{(1+10\%)^{28}}\right]\frac{1}{(1+10\%)^{16}}$$
$$=214.85\ (万元)$$

本章小结

投资者购买收益性房地产的实质是投入资本以获取收益，因此，获利能力是影响房地产价值的关键因素。收益法是将未来的收益（获利能力）资本化成现在的价值水平，即通过折现的方式测算房地产价值。按照资本化的不同方式，收益法分为直接资本化法和报酬资本化法。

报酬资本化法是利用报酬率将房地产持有期内若干年的净收益逐一折现，并将其累加，折现后的累加值便是房地产的价值。即：房地产价值 = Σ（未来若干年期净收益的贴现值）。若

以 A_1，A_2，…，A_n表示房地产未来各期的净收益，以 Y_1，Y_2，…，Y_n表示房地产未来各期的报酬率，以 V 表示房地产的价值，则

$$V=\frac{A_1}{1+Y_1}+\frac{A_2}{(1+Y_1)(1+Y_2)}+\cdots+\frac{A_n}{(1+Y_1)(1+Y_2)\ldots(1+Y_n)}$$

房地产的未来收益主要包括潜在毛收入、有效毛收入和净收益，其中净收益为有效毛收入扣除运营费用后的余额，净收益应为客观净收益。报酬率即折现率，是由无风险报酬率，加上投资者风险补偿、管理负担补偿及投入金缺乏流动性补偿等各项组成。报酬率的求取方法有累加法、市场提取法等。

直接资本化法是利用资本化率将房地产单一年度的年收益资本化，即：房地产价值 $=\frac{\text{房地产年收益}}{\text{资本化率}}=$ 房地产年收益×收益乘数。其中，年收益通常用第 1 年的年收益；综合资本化率和收益乘数可以通过市场提取法求取，也可以通过投资组合技术求取；净收益乘数为资本化率的倒数。

投资组合技术和剩余技术是直接资本化法的衍生方法。利用投资组合技术可以测算综合资本化率等；利用剩余技术可以将房地产的价值成分分离，如将土地与建筑物分离，抵押贷款与自有资金分离。

实 训 题

选取某一收益性房地产（如商铺），以小组为单位，了解其建筑面积、使用年限，调查市场租金、运营费用率、报酬率等，运用收益法测算该房地产的收益价格。

房地产估价师考试模拟试题

一、单项选择题

1. 购买某类房地产，通常抵押贷款占七成，抵押贷款常数是0.06，自有资本要求的年收益率为9%，则该类房地产的资本化率为（　　）%

   A. 6　　B. 6.9　　C. 8.8　　D. 9

2. 某宗房地产的土地价值占总价值的30%，建筑物价值占总价值的70%，由可比实例房地产中所求出的土地资本化率为6%，建筑物资本率为8%，则综合资本化率为（　　）%

   A. 7.4　　B. 7.0　　C. 6　　D. 8

3. 综合资本化率是求取（　　）时应采用的资本化率

   A. 土地价值　　B. 建筑物价值　　C. 房地价值　　D. 建筑物与设备价值

4. 用收益法评估房地产价格时，当其收益年限为有限年期 n 时，n 所代表的是（　　）。

A. 使用权年限 B. 耐用年限 C. 已使用年限 D. 剩余使用年限

5. 收益法中的（ ）是指假定某宗房地产在做到充分的利用时，即无任何空置状况下，其可以获得的收入。

A. 净收入 B. 净利润 C. 潜在毛收入 D. 有效毛收入

6. 综合报酬率是求取房地价值时应采用的报酬率，这时对应的净收益应是（ ）。

A. 土地与建筑物共同产生的净收益 B. 土地产生的净收益

C. 建筑物产生的净收益 D. 全部投资产生的投资净收益

※7. 已知一年期国债利率为 3.31%，贷款利率为 5.43%，投资风险补偿为 2.23%，管理负担补偿为 1.32%，缺乏流动性补偿为 1.42%，所得税抵扣的好处为 0.5%，则报酬率为（ ）。

A. 7.78% B. 8.28% C. 13.21% D. 14.21%

※8. 某商品住宅总价为 98 万元，首付款为 30%，其余为抵押贷款，贷款期限为 15 年，按月等额还本利息，贷款年利率为 7.5%，自有资金资本化率为 8%。则其综合资本化率为（ ）。

A. 7.65% B. 7.5% C. 9.42% D. 10.19%

※9. 某房地产的报酬率为 8%，收益期限为 30 年时的价格为 4 000 元/平方米。若报酬率为 6%、收益期限为 50 年时，则该房地产的价格为（ ）元/平方米。

A. 3 800 B. 4 500 C. 5 200 D. 5 600

※10. 某宗房地产的收益期限为 40 年，通过预测未来 3 年的年净收益分别为 15 万元、18 万元、23 万元，以后稳定在每年 25 万元直到收益期限结束，该类房地产的报酬率为 8%，则该宗房地产的收益价格最接近于（ ）万元。

A. 280 B. 285 C. 290 D. 295

二、多项选择题

1. 出租型房地产是收益法估价的典型对象，其净收益是根据租赁资料来求取，通常为租赁收入扣除：（ ）等项以后的余额。

A. 维修费 B. 管理费 C. 保险费

D. 房地产税 E. 租赁代理费

2. 收益法估价中采用的（ ），除了有租约限制的以外，都应采用正常客观的数据。

A. 潜在毛收入 B. 有效毛收入 C. 运营费用

D. 净收益 E. 预计利润

3. 收益法中，是根据土地收益求取土地价值，根据建筑物的收益求取建筑物的价值，或根据房地收益求取房地价值。但当需要利用土地与地上建筑物共同产生的收益单独求取土地的价值或建筑物的价值时，则要采用（　　）。

A. 房地剩余技术　　B. 市场剩余技术

C. 土地剩余技术　　D. 建筑物剩余技术

4. 投资组合技术主要有（　　）的组合两种。

A. 抵押贷款与自有资金的组合　　B. 土地与建筑物的组合

C. 市场与房地产的组合　　D. 房地产的抵押与房地产的成交的组合

5. 收益乘数是房地产的价格除以其某种年收益所得的倍数，具体的有（　　）。

A. 毛租金乘数　　B. 潜在毛收入乘数

C. 有效毛收入　　D. 净收益乘数

※6. 根据净收益求取的不同，收益法可分为（　　）。

A. 直接资本化法　　B. 投资法

C. 收益乘数法　　D. 利润法

E. 现金流量折现法

7. 收益性房地产的价值高低主要取决于（　　）。

A. 已经获得净收益的大小　　B. 未来获得净收益的风险

C. 未来获得净收益的大小　　D. 目前总收益的大小

E. 未来获得净收益期限的长短

8. 直接经营型房地产的最大特点，是房地产所有者同时又是经营者，房地产租金与经营者利润没有分开。直接经营型房地产可以分为：（　　）几类。

A. 商业经营型房地产　　B. 写字楼

C. 仓库　　D. 出租公寓

E. 工业生产型房地产

9. 从估价角度出发，运营费用是维持房地产正常生产、经营或使用必须支出的费用，以及归属于其他资本或经营的收益。运营费用不包含（　　）。

A. 土地摊提费　　B. 房地产改扩建费用

C. 商业、餐饮、工业等经营者的正常利润

D. 房地产抵押贷款偿还额　　E. 所得税

10. 净收益每年不变的公式 $V=\frac{A}{Y}\left[1-\frac{1}{(1+Y)^{n}}\right]$ 的作用有（　　）。

A. 直接计算收益价格

B. 进行不同年限价格之间的换算

C. 比较不同年限价格的高低

D. 用于市场法中因年限不同进行的价格调整。

三、判断题

1. 房地产的实际收益是在现状下实际取得的收益，一般来说，它可以用于估价作

业。(　　)

2. 所谓收益法，就是将预期的估价对象房地产未来各年的正常净收益求和，并选用适当的报酬率将其折现到估价时点上的折现值，即为估价对象房地产的现值。(　　)

3. 房地产的收益可以分为有形收益和无形收益，在求取房地产的净收益时，不仅要包括有形收益，还要考虑各种无形收益。(　　)

4. 房地产的净收益为在现状下实际取得的有效毛收入扣除运营费用后的余额。(　　)

※5. 建筑物的经济寿命早于或与土地使用期限一起结束，应根据土地剩余使用期限确定收益期限。(　　)

6. 在有租约限制的前提下，租约期内的租金应采用租约所确定的租金，而租约期外的租金应采用正常客观的租金。(　　)

※7. 资本化率和报酬率都是将房地产的未来预期收益转换为价值的比率，前者是某种年收益与其价格的比率，后者是用来除一连串的未来各期净收益，以求得未来各期净收益现值的比率。(　　)

8. 房地产的价值是其未来净收益的现值之和。(　　)

9. 要比较两宗房地产价格的高低，如果该两宗房地产的收益年限或土地使用权年限不同，直接比较是不妥的。如果要比较，则需要将它们先转换成相同年限下的价格。(　　)

※10. 用收益法估算某大型商场的价值时，其净收益为商场销售收入扣除商品销售成本、经营费用、销售税金及附加、管理费用、财务费用后的余额。(　　)

四、计算题

1. 已知某宗收益性房地产40年收益权利的价格为2 500元每平方米，该类房地产报酬率为12%，求该宗房地产30年的收益价格。

2. 某宗房地产，通过预测知其今后5年的净收益分别为20万元、22万元、25万元、28万元、30万元，从第6年起到未来无限期，每年的净收益将有可能稳定在35万元左右，假若该类房地产的报酬率为10%，则该宗房地产的收益价格为多少?

3. 承租人甲与出租人乙于5年前签订了一套住宅的租赁合同，该套住宅面积为200平方米，租赁期限为8年，年租金固定不变为480元每平方米。现市场上类似住宅的年租金为600元每平方米。若折现率为8%，试计算承租人甲目前的权益价值。

4. 某宗房地产的净收益为每年50万元，已知建筑物的价值为200万元，建筑物的报酬率为12%，土地的报酬率为10%。试求该宗房地产的收益价格。

5. 某出租的旧办公楼的租约尚有2年到期，在此最后2年的租期中，每年可收取净租金80万元（无费用支出），到期后要拆除作为商业用地。预计作为商业用地的价值为1 100万元，拆除费用为50万元，该类房地产的报酬率为8%。试求该旧办公楼的价值。

6. 某商铺建筑面积为500平方米，建筑物的剩余经济寿命和剩余土地使用年限为35年；市场上类似商铺按建筑面积计的月租金为120元每平方米；运营费用率为租金收入的25%；该类房地产的报酬率为10%。试计算该商铺的价值。

第6章 成本法

学习目标

1. 掌握成本法适用的对象和条件，房地产价格构成，成本法的基本公式，建筑物重新购建价格求取方式与方法，建筑物折旧的求取。

2. 熟悉成本法的含义，成本法的理论依据，成本法的操作步骤。

技能要求

1. 学会搜集运用成本法所需要的估价资料。
2. 能够测算房地产的重新购建价格。
3. 能够测算旧建筑物的折旧额。
4. 能够运用成本法对估价对象进行估价。

6.1 成本法的基本原理

6.1.1 成本法的含义

成本法是求取估价对象在估价时点的重新购建价格，然后扣除折旧，以此估算估价对象价值的方法。重新购建价格是指假设在估价时点重新取得全新状况的估价对象所必需的支出，或者重新开发建设全新状况的估价对象所必需的支出和应获得的利润；折旧是指由于各种原因而造成的建筑物价值损失。

成本法是以房地产的重新开发建设成本为导向、以房地产各构成部分的价格累加为基础来求取估价对象价值的方法。通过成本法求取的价值称为“积算价格”。

6.1.2 成本法的理论依据

成本法的理论依据是生产费用价值论，即商品的价值依其费用而定。我们可以从买卖双方的角度来分析它的理论依据。从卖方的角度看，房地产的价格是基于其过去的“生产费用”，重在过去的投入，其所能接受的最低价格，不能低于开发建设该房地产已花费的代价。从买方的角度看，房地产的价格是基于社会“生产费用”，买方愿意支付的最高价格，不能高于他预计重新开发建设该房地产所需花费的代价，否则，他宁愿自己开发建设。如果该房地中的建筑物不是全新的，通常还要考虑建筑物的折旧。

由上可见，买卖双方均可接受的是包含成本和利润的正常代价。因此，我们可以根据开发建造估价对象所需要的“成本加利润”来估算其价格。

6.1.3 成本法适用的对象和条件

一般来说，只要是新近开发或未来计划开发建造的房地产，都可以采用成本法估价。但成本法特别适用于既无收益又很少发生交易的房地产，包括公用、公益房地产如学校、体育场馆、医院、政府办公楼、公园等；有独特设计、只满足个别用户需要的房地产如化工厂、钢铁厂、油田、机场等也适用成本法；此法还常用于单纯建筑物的估价以及房地产保险及其他损害赔偿中；房地产市场发育不完善，无法运用市场法估价时，成本法也是一种选择。

在现实生活中，房地产的价格直接取决于其效用，而非花费的成本，成本的增减要有效用才能形成价格。因此，房地产成本的增加或减少不一定导致房地产价值的高与低。房地产价格终究受供求关系的影响，要结合市场供求情况来评估房地产价格。当供不应求时，房地产价格可能高于其开发成本，价格应在“成本加利润”的基础上做加价调整；当供大于求时，房地产价格可能低于其开发成本，价格应在“成本加利润”的基础上做减价调整。此外，运用成本法应采用客观成本，而非实际成本。

6.1.4 成本法的估价步骤

运用成本法估价一般需要以下几个步骤：①搜集相关资料；②测算估价对象的重新购建价格；③测算估价对象的折旧；④求取估价对象的积算价格。

真题精选（2006年—单选）：下列各类房地产中，特别适用于成本法估价的是（ ）。

A. 某标准厂房　　B. 某酒厂厂房　　C. 某待出让土地　　D. 某写字楼

（答案为B）

6.2 房地产的价格构成

运用成本法估价，要弄清估价对象所在地区类似房地产的价格构成，将房地产价格的构成部分累加就可以得到房地产的总价。房地产价格构成情况比较复杂，不同地区、不同经营方式的房地产，其价格构成有所不同。下面仅以开发商“取得土地——开发建设——销售商品房”这种经营方式为例，说明房地产价格的构成。

6.2.1 土地取得成本

土地取得成本通常称为土地费用，是指取得房地产开发用地的必要支出，一般包括土地使用权出让金、城市基础设施建设费、土地开发建设补偿费和取得土地应缴纳的税费。取得房地产开发用地的途径及成本构成如下：

（1）通过市场购买而取得土地。在市场购买情形下，土地取得成本一般由购买土地的价款、应由买方缴纳的税费和其他支出构成。例如，某宗面积为5 000平方米的房地产开发用地，市场价格（楼面地价）为800元每平方米，容积率为2，受让人缴纳的契税等为土地价格的3%，则土地取得成本为800×5 000×2×(1+3%)=824(万元)。

（2）通过征收集体土地取得土地。在征收集体土地的情形下，土地取得成本一般包括土地使用权出让金、城市基础设施建设费、征地补偿安置费、相关税费以及地上物拆除、渣土清运和场地平整费等。

（3）通过征收国有土地上的房屋而取得土地。在这种情形下，土地取得成本一般包括土地使用权出让金、城市基础设施建设费、房屋拆迁补偿安置费、相关费用以及地上物拆除、渣土清运和场地平整费等。

6.2.2 开发成本

开发成本是指进行基础设施建设、房屋建设所必要的直接费用、税金等。主要包括下列几项：

（1）勘察设计和前期工程费，包括可行性研究、项目策划、工程勘察、建筑设计以及建设工程招标、通水、通电、通路、场地平整等前期必要支出。

（2）建筑安装工程费，包括建造商品房及附属工程所发生的土建工程费用、安装工程费用、装饰装修工程费用等。

（3）基础设施建设费，包括城市规划要求配套的道路、给排水、电力、电信、燃气、热力、有线电视等设施的建设费用。

（4）公共配套设施建设费，包括城市规划要求配套的教育、医疗卫生、文化体育、社区服务、市政公用等非营业性设施的建设费用。

（5）其他工程费，包括工程监理费、竣工验收费等。

（6）开发期间税费，包括税收和地方政府收取的费用，如绿化建设费、人防工程费等。

6.2.3 管理费用

管理费用是指房地产开发商组织、管理房地产开发经营活动的必要支出，包括人员工资及福利费、办公费、差旅费等。此项费用通常按照土地取得成本与开发成本之和的一定比例来测算。

6.2.4 销售费用

销售费用也称为销售成本，是指销售开发完成后的房地产的必要支出，包括广告费、销售资料制作费、样板房建设费、售楼处建设费、销售代理费等。此项费用通常按照开发完成后的房地产价值的一定比例来测算。

6.2.5 投资利息

投资利息是指在房地产开发完成之后或者销售之前所发生的必要费用的利息。计算投资利息的项目包括土地取得成本、开发成本、管理费用和销售费用；销售税费一般不计算利息；计息周期通常为年，也可以是半年、季、月等；计息期涵盖整个房地产开发项目的建设期；计息方式有单利计息和复利计息，若用 P 表示本金，i 表示利率，n 表示计息期，I 表示总利息，F 表示计息期末的本利和，则单利计息有：$I=P\times i\times n$，$F=P(1+i\times n)$；复利计息有：$I=P\left[(1+i)^n-1\right]$，$F=P(1+i)^n$；投资利率一般采用估价时点的房地产开发贷款的平均利率。

6.2.6 销售税费

销售税费是指房地产销售时应由卖方缴纳的税费，包括：①销售税金及附加，如营业税、城市维护建设税和教育费附加；②其他销售税费，如印花税、交易手续费等。销售税费通常按照房地产价值的一定比例测算。

6.2.7 开发利润

开发利润是在正常条件下，房地产开发商开发该类房地产项目所能获得的平均利润，是由销售收入（售价）减去各项成本、费用和税金后的余额。

采用成本法估价时，开发利润需要事先估算。估算开发利润时，通常按照一定的计算基数乘以相应的利润率来取得。开发利润率主要有以下几种：

$$\text{直接成本利润率}=\frac{\text{开发利润}}{\text{土地取得成本}+\text{开发成本}}$$

$$\text{投资利润率}=\frac{\text{开发利润}}{\text{土地取得成本}+\text{开发成本}+\text{管理费用}+\text{销售费用}}$$

$$\text{成本利润率}=\frac{\text{开发利润}}{\text{土地取得成本}+\text{开发成本}+\text{管理费用}+\text{销售费用}+\text{投资利息}}$$

$$\text{销售利润率}=\frac{\text{开发利润}}{\text{开发完成后的房地产价值（售价）}}$$

计算基数不同，采用的利润率则不同：①当计算基数为“土地取得成本＋开发成本”时，采用直接成本利润率；②当计算基数为“土地取得成本 + 开发成本 + 管理费用 + 销售费用”时，采用投资利润率；③当计算基数为“土地取得成本 + 开发成本 + 管理费用 + 销售费用 + 投资利息”时，采用成本利润率；④当计算基数为“开发完成后的房地产价值（售价）”时，采用销售利润率。

6.3 成本法的计算公式

6.3.1 成本法最基本的公式

成本法最基本的公式为：

房地产价值 = 重新购建价格 − 折旧

上述公式可具体分为新开发房地产价值的计算公式和旧房地产价值的计算公式。

6.3.2 新开发房地产价值的计算公式

新开发房地产包括新开发的房地、新开发的土地和新建成的建筑物。

1. 新开发的房地价值的计算公式

在新开发房地合一的情况下，成本法的公式为：

新开发房地价值 = 土地取得成本 + 开发成本 + 管理费用 + 销售费用 + 投资利息 + 销售税费 + 开发利润

2. 新开发土地价值的计算公式

新开发土地包括征用农地后进行“三通一平”的土地、旧城区拆除旧建筑物的土地、填海造地、开山造地等。在这些情况下成本法的基本公式为：

新开发土地价值 = 土地取得成本 + 土地开发成本 + 管理费用 + 销售费用 + 投资利息 + 销售税费 + 开发利润

3. 新建成建筑物价值的计算公式

新建建筑物价值只包含应归属于建筑物的建设成本、管理费用、销售费用、投资利息、销售税费和开发利润，即：

新建建筑物价值 = 建筑物建设成本 + 管理费用 + 销售费用 + 投资利息 + 销售税费 + 开发利润

6.3.3 旧房地产价值的计算公式

1. 旧房地价值的计算公式

对于旧房地，成本法的公式为：

旧的房地价值 = 房地重新购建价格 − 建筑物折旧

= 土地重新购建价格 + 建筑物重新购建价格 − 建筑物折旧

2. 旧建筑物价值的计算公式

对于旧建筑物，成本法的公式为：

旧建筑物价格 = 建筑物重新购建价格 − 建筑物折旧

真题精选 (2006 年—单选)：某企业开发某土地，土地重新取得成本为 1 000 元每平方米，正常开发成本为 1 500 元每平方米，管理费用为前两项的 5%，投资利息占直接成本的 5%，销售费用为 100 元每平方米，直接成本利润率为 6%，则开发后的地价为（　　）元每平方米。

A. 1 840　　B. 2 840　　C. 2 966　　D. 3 000

（答案为 D）

6.4 重新购建价格

6.4.1 重新购建价格的概念

重新购建价格又称重新购建成本，指假设在估价时点重新取得全新状况的估价对象所必需的支出，或者重新开发建设全新状况的估价对象所必需的支出和应获得的利润。

6.4.2 重新购建价格的求取

1. 房地重新购建价格

求取房地的重新购建价格时，可以将房地分为土地和建筑物两个相对独立的部分，先求取土地的重新购建价格，再求取建筑物的重新购建价格，然后将二者相加来求取。

2. 土地重新购建价格

土地的重新购建价格分为重新购置价格和重新开发成本，重新购置价格可以采用市场法或基准地价修正法求取，重新开发成本可以采用成本法求取。

3. 建筑物重新购建价格

求取建筑物的重新购建价格，可以假设土地已经取得，且此土地为空地，然后在此空地上重新建造与旧建筑物完全相同或者具有同等效用的新建筑物所需的一切费用、税金和正常利润，即为建筑物的重新购建价格；或者设想开发商作为发包人将建筑物发包给建筑承包商，建筑物建成后支付给建筑承包商的费用，加上发包人应负担的正常费用、税金和利润，即为建筑物的重新购建价格。

（1）建筑物重新购建价格的求取方式。建筑物重新购建价格可以通过重置价格和重建价格两种方式求取。

1）重置价格：又称重置成本，是采用估价时点的建筑材料、建筑构配件、设备和建筑技术等，在估价时点的国家财税制度和市场价格体系下，重新建造与估价对象建筑物具有同等效用的全新建筑物所必需的支出和应获得的利润。重置价格适用于一般建筑物的估价，或者不具备复原旧建筑物的条件，如缺乏与旧建筑物相同的建筑材料等建筑物的估价，或者不具备复原旧建筑物条件的估价。

2）重建价格：又称重建成本，是采用与估价对象建筑物相同的建筑材料、建筑构配件、设备和建筑技术等，在估价时点的国家财税制度和市场价格体系下，重新建造与估价对象建筑物相同的全新建筑物所必需的支出和应获得的利润。这种方式可形象地称为“复制”。重建价格适用于有特殊保护价值、有特殊建筑风格的建筑物的估价。

由于建造建筑物的方式不同，重置价格和重建价格往往是不同的。重置价格发挥了技术进步的优势，也是“替代原理”的体现。新的建筑材料、设备及建筑技术的使用，不仅使建筑物功能更加完善，成本也会降低，因此，重置价格通常低于重建价格。

真题精选 **（2005 年—判断）**：就建筑物的重新购建价格而言，一般情况下，重建价格高于重置价格。（　　）

（答案为√）

（2）建筑物重新购建价格的求取方法。求取重新购建价格的方法主要有单位比较法、分部分项法、工料测量法和指数调整法。

1）单位比较法：是以建筑物为整体，选取与建筑物造价密切相关的某种计量单位为比较单位，通过调查、了解类似建筑物的单位价格或单位成本，并对其做适当的调整、修正来求取建筑物重新购建价格。单位比较法主要有单位面积法和单位体积法。

【例 6-1】某建筑物的建筑面积为 300 平方米，该类建筑结构和用途的建筑物的单位建筑面积造价为 1 000 元每平方米，则该建筑物的重新购建价格可估计为 300 × 1 000 = 300 000（元）。

【例 6-2】某建筑物的体积为 500 立方米，该类建筑结构的建筑物单位体积造价为 700 元每立方米，则该建筑物的重新购建价格可估计为 500 × 700 = 350 000（元）。

2）分部分项法：先假设将估价对象分解为分部分项的工程，然后测算各工程的数量，再调查、了解估价时点各工程的单位成本，将数量乘以单位成本得出各工程的成本，最后相加求取建筑物重新购建价格。

采用分部分项法估算建筑物的重新购建价格的一个简化例子见表6-1。

3）工料测量法：先假设将估价对象分解为建筑材料、建筑构配件和建筑设备等几部分，然后测算重新建造该建筑物需要这些物品的种类、数量和人工时数，再调查、了解估价时点相应部分的价格，最后将数量乘以单价后相加，求取建筑物重新购建价格。

采用工料测量法估算建筑物重新购建价格的一个简化例子见表6-2。

表6-1 分部分项法

项目	数量	单位成本	成本（元）
基础工程	$150m^3$	200 元/m^3	30 000
墙体工程	$160m^2$	400 元/m^2	64 000
楼地面工程	$150m^2$	200 元/m^2	30 000
层面工程	$150m^2$	300 元/m^2	45 000
给排水工程			25 000
供暖工程			15 000
电气工程			20 000
合 计			229 000
税费、利息和管理费		20%	45 800
重新购建价格			274 800

表6-2 工料测量法

项目	数量	单价	成本（元）
现场准备			3 000
水泥			6 500
沙石			5 000
砖块			12 000
木材			7 000
瓦面			3 000
铁钉			200
人工			15 000
税费			1 000
其他			5 000
重新购建价格			57 700

4）指数调整法：利用有关价格指数或价格变动率，将估价对象建筑物的原始价值调整到估价时点的价值来求取建筑物重新购建价格。这种方法主要用于检验其他

方法的测算结果。

6.5 建筑物折旧

建筑物折旧是指由于各种原因而造成的建筑物的价值减损，其数额为建筑物重新购建价格与其在估价时点的市场价值的差额。建筑物折旧的计算公式为：

建筑物折旧 = 建筑物重新购建价格 − 建筑物市场价值

6.5.1 建筑物折旧的起因

建筑物折旧的起因分为物质折旧、功能折旧和外部折旧三大类。

1. 物质折旧

物质折旧又称有形损耗，是指建筑物在实体上的老化、损耗所造成的价值减损。物质折旧的起因主要如下：

（1）自然老化：主要因自然力的作用而引起，如风吹、日晒、雨淋等导致建筑物腐朽、风化、生锈、基础沉降等。这种损耗与建筑物的实际年龄正相关，还与气候、环境条件有关，如酸雨多的地区，建筑物的损耗就大。

（2）正常磨损：主要因人工使用而引起，与建筑物的使用年数和使用强度正相关。如工业厂房的磨损高于住宅的磨损，有腐蚀性工业厂房的磨损高于无腐蚀性工业厂房的磨损。

（3）意外坏损：主要因突发性的天灾人祸而引起，如地震、水灾、风灾等对建筑物的破坏，人为的失火、碰撞等对建筑物的损毁。

（4）延修坏损：主要因没有适时地采取预防、保养措施，导致延迟维修而造成建筑物的坏损，如门窗有破损，墙或地面有裂缝等。

2. 功能折旧

功能折旧又称无形损耗，是指建筑物在功能上的相对缺乏、落后或过剩所造成的建筑物价值损失。导致建筑物产生功能折旧的原因，是由于建筑物存在设计缺陷，或消费者观念发生改变，以及建筑技术进步出现了更好的建筑物，等等。

（1）功能缺乏：是指建筑物缺乏应有的部件、设备或系统等。例如，住宅没有暖气、燃气、卫生间、电话线路、有线电视等，办公楼没有电梯、集中空调、宽带等都是功能缺乏的表现。

（2）功能落后：是指建筑物现有的部件、设备或系统等低于正常标准或有缺陷，建筑式样过时，空间布局欠佳等。例如高档办公楼需要有较好的智能化系统，如果某个高档办公楼的智能化程度不够，相对而言其功能就落后了。

（3）功能过剩：是指建筑物现有的部件、设备或系统等超过市场要求的标准，而超出部分对房地产价值的贡献小于其成本。例如，某地区标准厂房的层高为5米，而某幢厂房的层高为6米，则该厂房超高的1米不能被市场接受，为此而增加的成本是无效成本。

3. 外部折旧

外部折旧又称经济折旧，是指建筑物以外的各种不利因素所造成的价值损失。不利因素包括：①经济因素，如市场供给过量或者需求不足等；②区位因素，如环境改变，包括自然环境恶化、环境污染、交通拥挤、城市规划改变等；③其他因素如政策发生改变等。例如，一个高级居住区附近建了一座化工厂，导致该居住区的房地产价值下降，这就是外部折旧。

【例6-3】某旧建筑物，估计其重置价格为40万元，地面、门窗等破旧引起的物质折旧为3万元，户型不好、没有独立厕所和共用电视天线等导致的功能折旧为8万元，由于地处城市的衰落地区而引起的外部折旧为7万元。试求取该建筑物折旧总额和现值。

【解】该建筑物折旧总额 = 物质折旧 + 功能折旧 + 外部折旧

= 3 + 8 + 7

= 18（万元）

该建筑物的现值 = 重置价格 − 折旧

= 40 − 18

= 22（万元）

真题精选（2005年—多选）：功能折旧是指建筑物在功能上的相对缺乏、落后或过剩所造成的建筑物价值的损失。造成建筑物功能折旧的主要原因有(　　)等。

A. 意外破坏的损毁　　B. 市场供给的过量　　C. 建筑设计的缺陷

D. 人们消费观念的改变　　E. 周围环境条件恶化

（答案为CD）

6.5.2 建筑物折旧的求取方法

建筑物折旧的求取方法主要有年限法和分解法。

1. 年限法

年限法又称年龄—寿命法，是根据建筑物的年龄或寿命来求取建筑物折旧的方法。关于建筑物的年龄与寿命通常做如下划分：

建筑物的年龄可分为实际年龄和有效年龄。实际年龄是指建筑物自竣工之日起至估价时点止的年数，类似于人的实际年龄；有效年龄是指在估价时点建筑物所显示的年龄，类似于人看上去的年龄。有效年龄可能不等于实际年龄，这与建筑物的维修养护情况有关。如果维修养护情况正常的，有效年龄与实际年龄相当；维修养护好于正常情况的，或者经过更新改造的，其有效年龄小于实际年龄；维修养护比正常情况差的，有效年龄大于实际年龄。求取建筑物折旧时，应当使用建筑物的有效年龄。有效年龄是在实际年龄的基础上进行调整得到的。

建筑物的寿命分为自然寿命和经济寿命。自然寿命是指从建筑物竣工之日起至建筑物不能继续安全使用为止的时间；经济寿命是指从建筑物竣工之日起至建筑物对房地产价值不再有贡献为止的时间。收益性建筑物的经济寿命，是在正常运营状态下收入大于运营费用的持续时间。经济寿命通常短于自然寿命，建筑物经过翻修、改造，自然寿命和经济寿命都可能延长。经济寿命通常由估价师根据建筑物的结构、质量、用途、维护情况，结合市场状况以及建筑物的周围环境、经营状况等进行分析、判断而得出。求取建筑物折旧时，应当使用建筑物的经济寿命。

建筑物的剩余经济寿命是经济寿命减去有效年龄之后的寿命，即：剩余经济寿命＝经济寿命－有效年龄。求取建筑物折旧时，应当使用建筑物的剩余经济寿命。

以下介绍年限法中的直线法和成新折扣法。

（1）直线法：直线法是以建筑物在经济寿命期间每年的折旧额相等为基础计算折旧额的方法。利用直线法可以计算建筑物的年折旧额、年折旧率、折旧总额和建筑物的现值。

1）年折旧额：是指建筑物在经济寿命期间每年的折旧额，计算公式为：

$$D_i = D = \frac{C-S}{N} = \frac{C(1-R)}{N}$$

2）年折旧率：是折旧额与重新购建价格的比率，计算公式为：

$$\begin{aligned} d &= \frac{D}{C} \times 100\% \\ &= \frac{C-S}{C \times N} \times 100\% \\ &= \frac{1-R}{N} \times 100\% \end{aligned}$$

3）折旧总额：是年折旧额与有效年龄的乘积，计算公式为：

$$\begin{aligned} E_t &= D \times t \\ &= (C-S)\frac{t}{N} \\ &= C(1-R)\frac{t}{N} \\ &= C \times d \times t \end{aligned}$$

4）建筑物现值：是重新购建价格与折旧总额的差额，计算公式为：

$$\begin{aligned} V &= C - E_t \\ &= C - (C-S)\frac{t}{N} \end{aligned}$$

$$= C\left[1-(1-R)\frac{t}{N}\right]$$

$$= C(1-d\times t)$$

式中　D_i——第 i 年的折旧额（是一个常数 D）；

C ——建筑物的重新购建价格；

S ——建筑物的净残值，是建筑物的残值减去清理费用后的余额；

N ——建筑物的经济寿命；

R ——建筑物的净残值率，是建筑物的净残值与重新购建价格的比率，即 $R=\frac{S}{C}\times 100\%$；

d ——建筑物的年折旧率；

E_t——建筑物的折旧总额；

t ——有效年龄；

V ——建筑物的现值。

【例6-4】某建筑物的建筑面积为100平方米，有效年龄为8年，单位建筑面积的重置价格为500元每平方米，经济寿命为30年，残值率为5%。试用直线法计算该建筑物的年折旧额、折旧总额及其现值。

【解】已知：$C=500\times 100=50\ 000$（元），$R=5\%$，$N=30$ 年，$t=8$ 年，则建筑物的年折旧额计算如下：

$$D=\frac{C\ (1-R)}{N}$$

$$=\frac{50\ 000\times\ (1-5\%)}{30}$$

$$=1\ 583.33\ （元）$$

建筑物的折旧总额计算如下：

$$E_t=D\times t$$

$$=1\ 583.33\times 8$$

$$=12\ 666.64\ （元）$$

建筑物的现值计算如下：

$$V=C-E_t$$

$$=50\ 000-12\ 666.64$$

$$=37\ 333.36\ （元）$$

（2）成新折扣法。成新折扣法是根据建筑物的建成年代、新旧程度，判定出建筑物的成新率，或者用建筑物的寿命、年龄计算出建筑物的成新率，然后将建筑物的重新购建价格乘以成新率来求取建筑物的现值。其计算公式为：

$$V=C\times q$$

式中，q 为建筑物的成新率（%）。

如果用直线法计算成新率，当建筑物的净残值率 $R=0$ 时，计算公式为：

$$q=\frac{V}{C}\times 100\%$$

$$=\frac{C-C(1-R)\frac{t}{N}}{C}\times 100\%$$

$$=\left(1-\frac{t}{N}\right)\times 100\%$$

$$=\frac{n}{N}\times 100\%$$

$$=\frac{n}{t+n}\times 100\%$$

式中，q 为建筑物的成新率；n 为建筑物的剩余经济寿命；t 为建筑物的有效年龄。

【例 6-5】某 10 年前建成交付使用的建筑物，维修养护情况正常。估价人员实地观察判定其剩余经济寿命为 40 年，残值率为零。试用直线法计算该建筑物的成新率。

【解】已知：$t=10$ 年，$n=40$ 年，$R=0$，则该建筑物的成新率 q 计算如下：

$$q=\frac{n}{t+n}\times 100\%$$

$$=\frac{40}{10+40}\times 100\%$$

$$=80\%$$

2. 分解法

分解法是先将建筑物折旧分解为不同的项目，即物质折旧、功能折旧和外部折旧，再将不同的项目进一步分解并求取其折旧额，最后将折旧额相加即得到建筑物的折旧总额。

（1）求取物质折旧。物质折旧的求取过程和方法如下：

1）将物质折旧分为可修复项目和不可修复项目。可修复项目是指有修复价值的项目，即通过修理或更换将该项目恢复到新的状况所带来增值额大于所需的费用，通常为可修复项目，如门、窗等；反之，修复该项目所带来增值额小于所需的费用就是不可修复项目，如装饰装修等。

2）将不可修复项目分为短寿命项目和长寿命项目。短寿命项目是指寿命较短的部件、设备、设施等，如管道、电梯、空调、卫生设备、装饰装修等，它们在建筑物剩余经济寿命期间需要更换，甚至需要更换多次；长寿命项目是指寿命较长的部件、设备、设施等，如基础、墙体、梁柱、屋顶等，它们在建筑物剩余经济寿命期间是不需要更换的。

3）分别计算折旧额。对于可修复项目，估算修复费用，并将修复费用作为折旧额；对于短寿命项目，利用年限法分别计算折旧额；对于长寿命项目，将建筑物的重新购建价格减去可修复项目的修复费用和短寿命项目的重新购建价格，得出的差额作为长寿命项目的重新购建价格，再利用年限法计算其折旧额。

4）将可修复项目的修复费用、短寿命项目的折旧额、长寿命项目的折旧额相加，即为物质折旧额。

【例 6-6】某建筑物的重置价格为 180 万元，经济寿命为 50 年，有效年龄为 10 年。其中，门窗等损坏的修复费用为 2 万元；装饰装修的重置价格为 30 万元，平均寿命为 5 年，经过年龄为 3 年；设备的重置价格为 60 万元，平均寿命为 15 年，年龄为 10 年。残值率假设均为零，请计算该建筑物的物质折旧额。

【解】该建筑物的物质折旧额计算如下：

$$\text{门窗等损坏的修复费用} = 2\ (\text{万元})$$

$$\text{装饰装修的折旧额} = 30 \times \frac{1}{5} \times 3 = 18\ (\text{万元})$$

$$\text{设备的折旧额} = 60 \times \frac{1}{15} \times 10 = 40\ (\text{万元})$$

$$\text{长寿命项目的折旧额} = (180 - 2 - 30 - 60) \times \frac{1}{50} \times 10 = 17.6\ (\text{万元})$$

$$\text{该建筑物的物质折旧额} = 2 + 18 + 40 + 17.6 = 77.6\ (\text{万元})$$

（2）求取功能折旧。建筑物功能折旧的求取过程简述如下：首先将功能折旧分为功能缺乏折旧、功能落后折旧、功能过剩折旧等三类；再将功能缺乏折旧、功能落后折旧细分为可修复项目和不可修复项目（功能过剩一般是不可修复的）；然后分别计算可修复项目的费用和不可修复项目的折旧额，最后将各部分相加即为功能折旧额。下面举例说明可修复的功能缺乏折旧额的求取方法。

【例 6-7】某幢办公楼因缺少电梯而发生价值减损。据调查，该类无电梯办公楼的重新购建价格为 2 000 万元，而有电梯办公楼的重新购建价格为 2 100 万元；如果现在增设电梯需要 120 万元，而在建造办公楼时随同安装电梯则需要 100 万元。请计算该办公楼因无电梯而引起的功能折旧额以及扣除功能折旧后的价值。

【解】求取可修复的功能缺乏折旧额可以采取两种价格形式，一种是建筑物“现状下缺乏该功能”的重新购建价格，另一种是建筑物“修复后具有该功能”的重新购建价格。

1）采取“现状下缺乏该功能”的重新购建价格 2 000 万元时，用单独增设电梯的费用减去随同安装电梯的费用，即为功能折旧额。

该办公楼因无电梯引起的功能折旧额 = 120 − 100 = 20（万元）

扣除功能折旧后的价值 = 2 000 − 20 = 1 980（万元）

2）采取“修复后具有该功能”的重新购建价格 2 100 万元时，用此价格减去增设电梯的费用，便直接得到扣除功能折旧额后的价值。

扣除功能折旧后的价值 = 2 100 − 120 = 1 980（万元）

6.5.3 土地使用权年限对建筑物经济寿命的影响

在求取建筑物折旧时应注意土地使用期限对建筑物经济寿命的影响，因为国有建设用地使用权期限与建筑物的经济寿命可能不一致。当二者不一致时，建筑物的经济寿命计算方式如下：

（1）建筑物的经济寿命早于土地使用权年限而结束的，按建筑物的经济寿命计算折旧年限。如图 6-1a 所示，假设估价对象是在出让取得的建设用地上建造的普通商品住宅，土地使用权出让年限为 70 年，建造期为 2 年，建筑物的经济寿命为 50 年，在这种情况下，应按 50 年计算折旧年限。如图 6-1b 所示，估价对象是一座旧办公楼，在其建成后 10 年补办了土地使用权出让手续，土地使用权出让年限为 50 年，建筑物的经济寿命为 45 年。在这种情况下，计算建筑物折旧的年限应为 45 年。

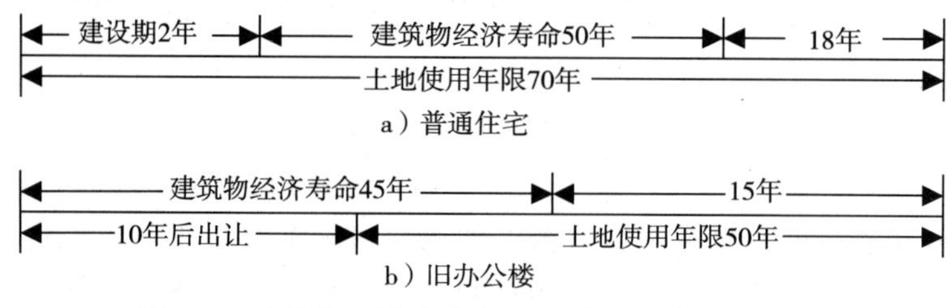

图 6-1 建筑物经济寿命与土地使用权年限的关系

（2）建筑物的经济寿命晚于土地使用权年限而结束的，按建筑物的经济寿命减去其超出土地使用权期限的部分计算折旧年限。如图 6-2a 所示，估价对象是在出让取得的建筑用地上建造的商场，土地使用权出让年限为 40 年，建造期为 3 年，建筑物的经济寿命为 60 年，在这种情况下，计算建筑物折旧的年限应为 37 年。如图 6-2b 所示，估价对象是由一座旧厂房改造的超级市场，该旧厂房建成后 6 年补办了土地使用权出让手续，土地使用权出让年限为 40 年，建筑物的经济寿命为 50 年，在这种情况下，计算建筑物折旧的年限应为 46 年。

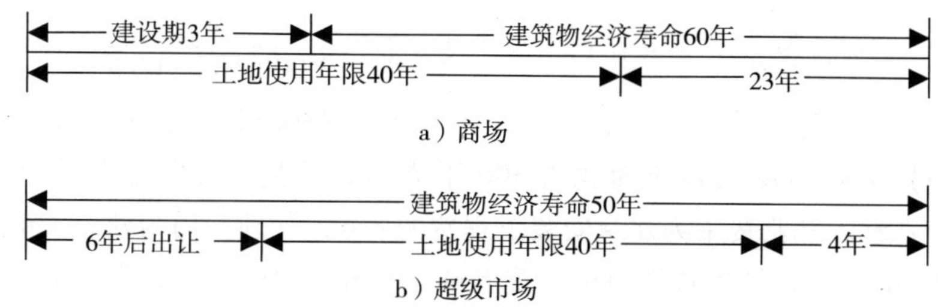

图6-2 建筑物经济寿命与土地使用权年限的关系

真题精选（2006年—单选）：某企业拥有一办公楼，建成于1996年1月，1998年1月补办了土地出让使用权出让手续，出让年限为50年（自补办之日算起）。在2006年1月时，建筑物剩余经济寿命为45年，则在计算建筑物折旧时，经济寿命应取为（　　）年。

A. 45　　B. 50　　C. 52　　D. 55

（答案为C）

6.6 成本法应用举例

【例6-8】某成片荒地面积为$2km^2$，取得该荒地的代价为1.2亿元，将其开发成“五通一平”熟地的开发成本和管理费用为2.5亿元，开发期为3年，贷款年利率为8%，销售费用、销售税费和开发利润分别为可转让熟地价格的2%、5.5%和10%，开发完成后可转让土地面积的比率为60%。假设开发成本和管理费用在开发期内均匀投入，销售费用在开发完成时投入，试求该荒地开发完成后可转让熟地的平均单价。

【解】设该荒地开发完成后可转让熟地的总价为V，则：

$$V=\text{取得该荒地的总代价}+\text{土地开发总成本}+\text{总管理费用}+\text{总销售费用}+\text{总投资利息}+\text{总销售税费}+\text{总开发利润}$$

由于总销售费用+总销售税费+总开发利润=可转让熟地的总价×（销售费用率+销售税费率+开发利润率）$=V(2\%+5.5\%+10\%)$，得出：

V=取得该荒地的总代价+土地开发总成本+总管理费用+总投资利息+$V(2\%+5.5\%+10\%)$，经变换得出：

$$V=\frac{\text{取得该荒地的总代价}+\text{土地开发总成本}+\text{总管理费用}+\text{总投资利息}}{1-2\%-5.5\%-10\%}$$

式中，取得该荒地的总代价与利息之和为$120\ 000\ 000\times(1+8\%)^3$，土地开发总成本、管理费用与利息之和为$250\ 000\ 000\times(1+8\%)^{1.5}$，所以：

$$V=\frac{120\ 000\ 000\times(1+8\%)^3+250\ 000\ 000\times(1+8\%)^{1.5}}{1-2\%-5.5\%-10\%}$$

$$开发完成后可转让熟地的平均单价 = \frac{V}{2\ 000\ 000 \times 60\%}$$

$$= 436.12\ （元/平方米）$$

【例 6-9】某幢房屋的建筑面积为 300 平方米，该类房屋的建筑安装工程费为 1 200 元/平方米，专业费用为建筑安装工程费的 8%，管理费用为建筑安装工程费与专业费用之和的 3%，销售费用为房屋重新购建价格的 4%，建设期为 6 个月，所有费用可视为在建设期内均匀投入，年利率为 6%，开发商成本润率为 15%，销售税费为重新购建价格的 6%，请计算该房屋的重新购建价格。

【解】设该房屋重新购建单价为 V，求取 V 如下：

（1）建筑安装工程费 = 1 200（元/平方米）

（2）专业费用 = 1 200 × 8%

= 96（元/平方米）

（3）管理费用 =（1 200 + 96）× 3%

= 38.88（元/平方米）

（4）销售费用 = $V \times 4\%$

= $0.04V$（元/平方米）

（5）投资利息 = $(1\ 200 + 96 + 38.88 + 0.04V) \times [(1 + 6\%)^{0.25} - 1]$

= $19.59 + 0.0006V$（元/平方米）

（6）销售税费 = $V \times 6\%$

= $0.06V$（元/平方米）

（7）开发利润 = $(1\ 200 + 96 + 38.88 + 0.04V + 19.59 + 0.0006V) \times 15\%$

= $203.17 + 0.0061V$（元/平方米）

（8）$V = 1\ 200 + 96 + 38.88 + 0.04V + 19.59 + 0.0006V + 0.06V + 203.17 + 0.0061V$

故：　　重新购建单价 $V = 1\ 743.69$（元/平方米）

重新购建总价 = 1 743.69 × 300

= 52.31（万元）

【例 6-10】某宗房地产的建筑面积为 2 000 平方米，土地面积为 1 000 平方米。土地是 10 年前通过征收集体农地取得的，当时取得的费用为 18 万元每亩，现时该类土地的重新购建价格为 620 元每平方米；建筑物是 8 年前建成交付使用的，当时的建筑造价为 600 元/平方米建筑面积，现时同类建筑物的重新购建价格为 1 200 元每平方米建筑面积，估计该建筑物有八成新。请选用所给资料估算该宗房地产的现时总价和单价。

【解】该题要注意重新购建价格应为估价时点的价格。该宗房地产的价值测算如下：

$$
\begin{aligned}
\text{土地现值} &= 620 \times 1\ 000 \\
&= 620\ 000\ (\text{元}) \\
\text{建筑物现值} &= 1\ 200 \times 2\ 000 \times 80\% \\
&= 1\ 920\ 000\ (\text{元}) \\
\text{估价对象的现时总价} &= 620\ 000 + 1\ 920\ 000 \\
&= 2\ 540\ 000\ (\text{元}) \\
\text{估价对象的现时单价} &= 2\ 540\ 000 \div 2\ 000 \\
&= 1\ 270\ (\text{元/平方米})
\end{aligned}
$$

【例6-11】估价对象概况：本估价对象是一个专用仓库，位于城市建成区内，土地面积5 000平方米，建筑面积8 500平方米。建筑物建成于1989年8月底，建筑结构为钢筋混凝土结构；土地原为划拨的建设用地，2008年6月15日补办了出让手续，补交了出让金等费用，取得了使用期限为50年的建设用地使用权。

估价要求：评估该专用仓库2009年8月30日的价值。

估价过程：估价师评估该专用仓库价值的过程如下：

（1）选择估价方法：本估价对象为专用仓库，所在城市尚无该类仓库的买卖实例，该仓库及类似仓库目前也无直接、稳定的经济收益，故选用成本法进行估价。

经调查得知：该专用仓库建筑物的经济寿命为60年，有效年龄为20年，残值率为零。现时（在估价时点2009年8月30日）建筑物的重置价格为1 000元每平方米建筑面积。又得知该城市土地分为10个级别，城市边缘熟地为10级（最差级），10级土地的价格为290元每平方米，估价对象的土地为7级。各级土地之间的地价差异如表6-3所示。

表6-3 某城市各级土地之间的地价差异表

土地级别	壹	贰	叁	肆	伍	陆	柒	捌	玖	拾
地价为次级土地的倍数	1.30	1.30	1.30	1.30	1.30	1.30	1.30	1.30	1.30	1.00
地价为最差级土地的倍数	10.60	8.16	6.27	4.83	3.71	2.86	2.20	1.69	1.30	1.00

（2）选择计算公式：该宗房地产估价属于成本法中旧房地产估价，需要评估的价值包含建筑物所有权价值和建设用地使用权价值，故选择的计算公式为：

$$\text{旧的房地价值} = \text{土地重新购建价格} + \text{建筑物重新购建价格} - \text{建筑物折旧}$$

（3）求取土地重新购建价格：

$$
\begin{aligned}
\text{估价对象土地的总价} &= 290 \times 2.20 \times 5\ 000 \\
&= 3\ 190\ 000\text{，即 } 319\text{ 万元}
\end{aligned}
$$

（4）求取建筑物重新购建价格：

$$
\begin{aligned}
\text{估价对象建筑物的重新购建总价} &= 1\ 000 \times 8\ 500 \\
&= 8\ 500\ 000\text{，即 } 850\text{ 万元}
\end{aligned}
$$

（5）求取建筑物折旧：

$$\text{估价对象建筑物的折旧总额} = 850 \times \frac{20}{60} = 283.33\text{（万元）}$$

（6）求取积算价格：

$$\text{估价对象总价} = 319 + 850 - 283.33 = 885.67\text{（万元）}$$

$$\text{估价对象单价} = 885.67 \times 10\,000 \div 8\,500 = 1\,041.96\text{（元/平方米）}$$

估价结果：本估价对象专用仓库2009年8月30日的价值总额为885.67万元，单价为每平方米建筑面积1 041.96元。

本章小结

成本法的典型估价对象是土地与建筑物的合成体，其价值等于房地产的重新购建价格减去建筑物的折旧，即土地的重新购建价格加上建筑物的重新购建价格减去建筑物的折旧。其中，房地产的重新购建价格可模拟房地产开发过程，采用成本法求取，或者分别求取土地和建筑物的重新购建价格然后相加；土地的重新购建价格分为重新购置价格和重新开发成本，重新购置价格可采用市场法、基准地价修正法求取，重新开发成本可采用成本法求取；建筑物的重新购建价格分为重置价格和重建价格，一般建筑物适用重置价格，有特殊保护价值的建筑物适用重建价格。求取重新购建价格的方法有单位比较法、分部分项法、工料测量法等。建筑物的折旧分为物质折旧、功能折旧和外部折旧，求取的方法主要有年限法和分解法。

实 训 题

选取某一宗旧有房地产，了解该房地产的建筑结构、建筑面积，调查市场上该类房地产的重置价格，估算成新率，运用成本法测算其积算价格。

房地产估价师考试模拟试题

一、单项选择题：

1. 从卖方角度看，成本法的理论依据为（　　）

A. 成本费用价值论　　B. 替代原理　　C. 效用价值论　　D. 预期原理

2. 建筑物内部布局过时、设备落后引起的折旧属于（　　）

A. 物质折旧　　B. 经济折旧　　C. 功能折旧　　D. 有形折旧

3. 某商业大楼建造期2年，建成8年后补办了土地使用权出让手续，土地使用年限为40年，建筑物的经济寿命为35年，评估时该建筑物的折旧年限应取

(　　) 年。

A. 35　　B. 45　　C. 48　　D. 50

4. 运用成本法评估旧建筑物价格时，折旧的实质是房地产价值的（　　）

A. 减损　　B. 摊销　　C. 回收　　D. 分配

5. 某幢建筑物建于1983年，其经济寿命为60年。在2003年对该幢建筑物进行估价，据估价人员现场勘察后认为，该宗物业维修保养比较差，则其剩余经济寿命最可能为（　　）年。

A. 30　　B. 40　　C. 50　　D. 60

6. 某宗房地产1993年10月建成，在2003年10月评估其现值，经估价人员判定认为该宗物业尚可使用40年，假若残值率为零，请按直线法确定其成新率为（　　）%。

A. 60　　B. 70　　C. 80　　D. 90

7. 若一宗建筑物的经济寿命早于土地使用权年限而结束，则应按（　　）计算折旧年限。

A. 建筑物的经济寿命　　B. 建筑物的实际经过年数

C. 建筑物的有效经过年数　　D. 土地使用权年限

※8. 某房地产的土地取得成本为1 000万元，开发成本为3 000万元，管理费用为200万元，销售费用为300万元，开发利润为500万元，则该房地产的投资利润率为（　　）。

A. 10.0%　　B. 11.1%　　C. 11.9%　　D. 12.5%

※9. 下列不属于导致建筑物经济折旧的因素是（　　）。

A. 交通拥挤　　B. 建筑技术进步

C. 城市规划改变　　D. 自然环境恶化

※10. 某建筑物的建筑面积为200平方米，有效经过年数为12年，重置价格为800元每平方米，建筑物经济寿命为40年，残值率为2%，则运用直线法计算该建筑物的现值为（　　）万元。

A. 10.2　　B. 11.0　　C. 11.3　　D. 11.5

二、多项选择题

1. 重置价格是采用估价时点的（　　）等，按照估价时点的价格水平，重新建造与估价对象建筑物具有同等效用的新建筑物的正常价格。

A. 建筑技术　　B. 工艺水平

C. 建材价格　　D. 人工、机械费用

2. 李某于2005年花50万元购得一套住宅，此后不久在住宅小区上风位建了一座化工厂，致使空气中时常有一股酸臭味。于是李某在2009年底将该住房以46万元低价转售，则引起减价的折旧因素有（　　）

A. 物质折旧　　B. 外部折旧　　C. 功能折旧　　D. 区位折旧

3. 对于一宗房地产的价格，通常由以下几项所构成：（　　）。

A. 土地取得成本　　B. 开发成本　　C. 销售税费
D. 投资利息　　E. 管理费用　　F. 基准地价修正法

4. 建筑物的重新购建价格，可以采用（　　）来求取，或通过政府确定公布的房屋重置价格扣除其中可能包含的土地价格后的比较修正来求取，也可以按照工程造价估算的方法来求取。

A. 比较法　　B. 成本法　　C. 收益法
D. 假设开发法　　E. 长期趋势法

5. 一宗建筑物的寿命可以分为：（　　）

A. 历史寿命　　B. 经济寿命　　C. 自然寿命
D. 外在寿命　　E. 内在寿命

6. 建筑物的经过年数可以分为：（　　）

A. 实际经过年数　　B. 有效经过年数　　C. 经济寿命
D. 保养经过年数　　E. 使用经过年数

※7. 成本法特别适用于那些既无收益又很少发生交易的房地产估价，这类房地产主要包括（　　）。

A. 图书馆　　B. 钢铁厂　　C. 空置的写字楼
D. 单纯的建筑物　　E. 加油站

※8. 下列关于重新购建价格的说法中，正确的有（　　）。

A. 重新购建价格是指重新开发建设全新状况的估价对象所必需的支出
B. 重新购建价格是在估价时点的价格
C. 重新购建价格是客观的价格
D. 建筑物的重新购建价格是全新状况下的价格
E. 土地的重新购建价格是法定最高出让年限状况下的价格

※9. 根据求取建筑物重新购建价格中的建筑安装工程费的方法来区分，求取建筑物重新购建价格的方法有（　　）。

A. 单位比较法　　B. 市场提取法　　C. 分解法
D. 工料测量法　　E. 分部分项法

※10. 建筑物折旧分为物质折旧、功能折旧和外部折旧三大类。其中，属于外部折旧的有（　　）。

A. 功能落后　　B. 功能缺乏　　C. 环境污染
D. 交通拥挤　　E. 正常使用的磨损

三、判断题:

1. 对有特殊保护价值的建筑物的估价以重置成本为宜。(　　)
2. 建筑物的自然寿命是指建筑物从建成之日起直到其不堪使用时为止的全部年数。(　　)
3. 建筑物的经济寿命是指建筑物从建成之日起预期产生的收入等于其运营费用时的持续年数。(　　)
4. 某一个已经历了30年的旧的建筑物，其现值不可能大于其原值。(　　)
5. 在现实生活中，房地产的价格多数取决于其花费的成本，成本的增减必定影响房地产价格的增减。(　　)
6. 从理论上讲，同一个房地产开发项目的开发利润，无论采用哪种计算基数及与其相对应的利润率来估算，所得的结果应该都是相同的。(　　)
7. 重建价格又称重建成本，是采用与估价对象建筑物相同的建筑材料、建筑构配件、设备和建筑技术等，按照估价时点时的价格水平，重新建造与估价对象建筑物具有同等效用的新建筑物的正常价格。(　　)

※8. 成本法是先分别求取估价对象在估价作业日期的重新购建价格和折旧，然后将重新购建价格减去折旧来求取估价对象价值的方法。(　　)

※9. 就建筑物的重新购建价格而言，一般情况下，重建价格高于重置价格。(　　)

※10. 在建筑物折旧中，只有不可修复的功能落后，不存在可修复的功能落后。(　　)

四、计算题

1. 今有一建筑物，其建筑总面积为1 200平方米，经济寿命为40年。在估价时点时，已使用12年。已知该类建筑物的重置价格为1 200元每平方米。经估价师现场勘察认为该建筑物剩余经济寿命为30年，残值率为5%。请用直线折旧法计算其年折旧额、折旧总额，并估计其现值。

2. 某宗估价对象房地产是在出让的土地上建造的普通商品住宅，当初土地使用权出让年限为70年，房屋建造期为3年，建筑物的经济寿命为60年。试问计算建筑物折旧的年数应为多少?

3. 某宗房地产，土地总面积为2 500平方米，是6年前通过征用农地取得的，当时费用为1 100元每平方米，现时取得该类土地，每平方米需2 000元；地上建筑物的总建筑面积为6 000平方米，是两年前建成交付使用的，当时建筑造价1 600元每平方米，现时建造同类建筑物每平方米为2 200元，估计该建筑物有八成新，该类建筑物的残值率为2%。试选用所给资料评估该房地产的现时总价和单价。

※4. 某幢写字楼，建筑物的重新购建价格为 2 000 万元，经济寿命为 50 年，有效经过年数为 10 年。其中，门窗等损坏的修复费用为 10 万元；装修的重置价格为 200 万元。平均寿命为 5 年，有效经过年数为 4 年；设备的重置价格为 250 万元，平均寿命为 15 年，有效经过年数为 9 年。假设残值率均为零，请计算该幢写字楼的物质折旧额。

※5. 某宗房地产建成于 1991 年 10 月 1 日，经济寿命为 60 年。后于 1996 年 10 月 1 日补办了土地使用权出让手续，土地使用权出让年限为 50 年（从补办之日算起）。2006 年 10 月 1 日对该房地产进行评估。得知该房地产的土地重新购建价格为 2 000 万元，建筑物重新购建价格为 3 000 万元，残值率为 0。请计算该房地产在估价时点（2006 年 10 月 1 日）的评估价值。

第7章

假设开发法

学习目标

1. 掌握假设开发法适用的对象和条件，假设开发法的基本公式，假设开发法中各项的求取。

2. 熟悉假设开发法的概念、理论依据、操作步骤、传统方法和现金流量折现法的区别。

技能要求

1. 学会搜集假设开发法所需要的估价资料。

2. 能够运用假设开发法对待开发房地产进行估价。

7.1 假设开发法的基本原理

7.1.1 假设开发法的概念

假设开发法又称剩余法，是预测估价对象开发完成后的价值，减去预测后续开发建设的必要支出及应得利润来求取估价对象价值的方法。假设开发法的实质是以预期收益为导向求取房地产的价值。

7.1.2 假设开发法的理论依据

假设开发法是一种科学而实用的估价方法，其理论依据是预期原理。

假设开发法估价的基本思路，可以通过模拟一个典型房地产开发商的思想活动得以反映：某房地产开发商欲购置一块土地开发成房屋出售；目的是为了获得开发利润。那么，他愿意出价多少来购置该土地呢？首先，他要研究这块土地的状况，如坐落位置、面积大小、周围环境、规划所允许的用途、容积率和覆盖率等等，并分析房地产市场状况，选择最佳的开发方案；其次，开发商要预测建筑物建成后的总售价（楼价），计算建造该建筑物需要的总费用，包括取得土地时应缴纳的税费、开发成本、管理费用、销售费用、投资利息以及出售房地产时应缴纳的销售税费，还要计算开发商应获得的开发利润；最后，将楼价减去各项成本、费用、税金以及开发利润，剩下的余额就是购置该土地的最高价格。

不难看出，假设开发法在表现形式上是成本法评估新开发房地产价值的“倒算法”。两者的主要区别在于：成本法中的土地价格为已知，求取的是开发完成后的房地产价格，而假设开发法中房地产价格是通过预测得到的，需要求取的是土地价格。

7.1.3 假设开发法适用的对象和需要的条件

1. 适用对象

假设开发法适用的对象是规划条件明确、具有开发和再开发潜力的“待开发房地产”，如待开发的土地、在建工程、可以重新改造的房地产和可以改变用途的旧房，等等。

2. 需要具备的条件

假设开发法需要具备以下条件：①根据合法原则和最高最佳使用原则，能够正确地判断房地产的最佳开发利用方式（包括用途、规模、档次等）；②根据当地房地产市场的供求状况，能正确地预测未来开发完成后的房地产价值；③有良好的社会经济环境，包括透明的房地产政策，健全的房地产法规，完整的房地产资料库，清晰的房地产投资开发和交易税费清单，长远稳定的土地供给计划等等。

3. 其他用途

假设开发法除了适用于房地产估价，还可适用于房地产开发项目分析，如测算待开发房地产的最高价格、预期利润、最高费用等，是房地产开发项目分析的常用方法之一。假设开发法用于估价与用于项目分析的不同之处在于：估价是站在一个典型投资者的立场上，项目分析是站在特定投资者的立场上，因此选取的参数和测算的数值有所不同。

7.1.4 假设开发法的操作步骤

运用假设开发法估价一般分为以下步骤：①调查、分析待开发房地产状况和当地房地产市场状况；②选取最佳的开发利用方式，确定开发完成后的房地产状况；③预测后续开发经营期；④预测开发完成后价值；⑤预测后续必要支出及应得的开发利润；⑥测算待开发房地产的价值。

真题精选 (2007 年—判断)：对于有城市规划条件要求，但其城市规划设计条件尚未正式明确的地块，通常不适合采用假设开发法估价。(　　)

（答案为√）

7.2　假设开发法的计算公式

7.2.1　假设开发法最基本的公式

假设开发法最基本的公式为：

待开发房地产价值

= 开发完成后房地产价值 − 后续必要支出及应得利润

后续必要支出及应得利润

= 取得待开发房地产应缴税费 + 后续开发成本 + 后续管理费用 + 后续销售费用 + 后续投资利息 + 后续销售税费 + 后续开发利润

7.2.2　假设开发法具体细化公式

1. 按估价对象状况细化的公式

按照估价对象本身的具体状况，假设开发法公式可具体细化如下：

（1）求取生地价值的公式。生地的开发方式通常有两种，即在生地上建设房屋和将生地开发成熟地。以下是不同开发方式下求取生地价值的公式：

1）在生地上建设房屋的价值的计算公式：

生地价值 = 开发完成后房地产价值 − 取得生地应缴税费 − 由生地建成房屋的成本 − 管理费用 − 销售费用 − 投资利息 − 销售税费 − 开发利润

2）将生地开发成熟地的价值的计算公式：

生地价值 = 开发完成后熟地价值 − 取得生地应缴税费 − 由生地开发成熟地的成本 − 管理费用 − 销售费用 − 投资利息 − 销售税费 − 开发利润

（2）求取毛地价值的公式。毛地的开发方式通常有两种，即在毛地上建设房屋和将毛地开发成熟地。以下是不同开发方式下求取毛地价值的公式：

1）在毛地上建设房屋的价值的计算公式：

毛地价值 = 开发完成后房地产价值 − 取得毛地应缴税费 − 由毛地建成房屋的成本 − 管理费用 − 销售费用 − 投资利息 − 销售税费 − 开发利润

2）将毛地开发成熟地的价值的计算公式：

毛地价值 = 开发完成后熟地价值 − 取得毛地应缴税费 − 由毛地开发成熟地的成本 − 管理费用 − 销售费用 − 投资利息 − 销售税费 − 开发利润

（3）求取熟地价值的公式。熟地的开发方式通常是将熟地建设成房屋，此时公式为：

熟地价值 = 开发完成后房地产价值 − 取得熟地应缴税费 − 由熟地建成房屋的成本 − 管理费用 − 销售费用 − 投资利息 − 销售税费 − 开发利润

（4）求取在建工程价值的公式。在建工程的开发方式通常是将在建工程续建完成房屋，此时公式为：

$$\text{在建工程价值} = \text{续建完成后房地产价值} - \text{取得在建工程应缴税费} - \text{续建成本} - \text{管理费用} - \text{销售费用} - \text{投资利息} - \text{销售税费} - \text{续建利润}$$

（5）求取旧房价值的公式。旧房的开发方式通常是将旧房重新改造或者改变用途，实现房地产增值，公式为：

$$\text{旧房价值} = \text{重新改造或改变用途后房地产价值} - \text{取得旧房应缴税费} - \text{重新改造或改变用途的成本} - \text{管理费用} - \text{销售费用} - \text{投资利息} - \text{销售税费} - \text{开发利润}$$

2. 按开发完成后的经营方式细化的公式

房地产开发完成后的经营方式有销售和租赁两种，运用假设开发法测算待开发房地产价值时，往往采用不同的方法求取开发完成后的房地产价值：销售房地产用市场法或长期趋势法测算开发完成后的房地产价值；租赁房地产用收益法测算开发完成后的房地产价值。运用假设开发法测算待开发房地产价值公式如下：

（1）开发完成后的房地产为销售房地产的价值的计算公式：

$$\text{待开发房地产的价值} = V_P - \text{后续必要支出及应得利润}$$

式中，V_P为用市场法或长期趋势法测算的开发完成后的房地产价值。

（2）开发完成后的房地产为租赁或营业房地产的价值的计算公式：

$$\text{待开发房地产的价值} = V_R - \text{后续必要支出及应得利润}$$

式中，V_R为用收益法测算的开发完成后的房地产价值。

7.3　假设开发法的两种估价方法

房地产开发一般周期较长，开发完成后的房地产价值、开发成本、管理费用、销售费用以及销售税费等实际发生的时间不尽相同，特别是大型的房地产开发项目更是如此。因此，运用假设开发法估价必须考虑资金的时间价值。考虑资金时间价值的方式有计息和折现两种方式，按照这两种方式将假设开发法分为传统方法和现金流量折现法。

7.3.1　传统方法

传统方法也称计息方法，是根据估价时房地产市场的状况，测算开发完成后的房地产价值、开发成本、管理费用、销售费用等，并通过计算利息的方式体现资金的时间价值，以此估算待开发房地产价值的方法。

（1）传统方法的基本公式。本书第7.2节中的公式即是传统方法的公式，即：

待开发房地产价值

= 开发完成后房地产价值 − 后续必要支出及应得利润

= 开发完成后房地产价值 − （取得待开发房地产应缴税费 + 后续开发成本 + 后续管理费用 + 后续销售费用 + 后续投资利息 + 后续销售税费 + 后续开发利润）

（2）传统方法的特点：①开发完成后的房地产价值、开发成本、管理费用等是根据估价当时的房地产市场状况测算的，是静态数额；②各项收入、支出的数额直接相加减，不考虑其发生的时间不同，不考虑预售和延迟销售；③投资利息和开发利润均单独显现；④测算过程简单但结果粗略。

7.3.2　现金流量折现法

我们知道，房地产开发活动通常表现为投入一定量的资金，花费一定量的成本，再通过房屋销售或出租获得一定量的货币收入。对于一个特定的开发项目而言，获取的收益通常称为“现金流入量”（正量），投入的资金、花费的成本通常称为“现金流出量”（负量），二者之差称为“净现金流量”，净现金流量 = 现金流入量 - 现金流出量，见图7-1。

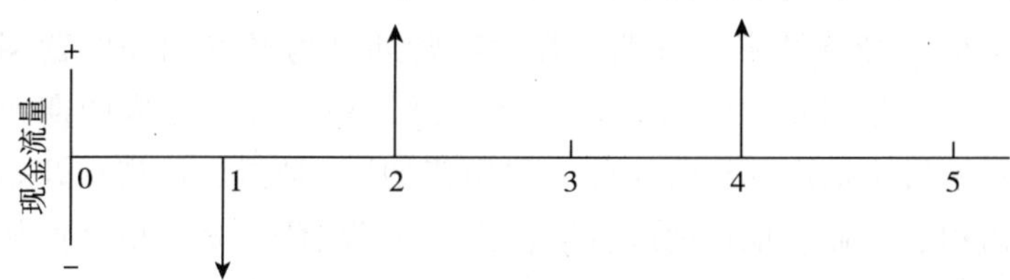

图7-1　正、负现金流量

现金流量折现法简称折现法，是模拟开发过程，预测未来将要发生的现金流量，并通过折现的方式体现资金的时间价值，以此估算待开发房地产价值的方法。

1．现金流量折现法的基本公式

现金流量折现法的基本公式为：

$$\text{待开发房地产价值} = \text{开发完成后房地产价值的折现值} - \left(\text{取得待开发房地产应缴税费} + \text{后续开发成本折现值} + \text{后续管理费用折现值} + \text{后续销售费用折现值} + \text{后续销售税费折现值}\right)$$

2．现金流量折现法的特点

现金流量折现法的特点如下：

（1）要进行现金流量预测，即模拟开发过程，预测开发完成后的房地产价值、开发成本、管理费用、销售费用、销售税费等发生的数额；

（2）考虑各项收入、支出发生的时间不同，将不同时间发生的现金流折算到同一时间点（估价时点），然后再相加减；

（3）投资利息和开发利润不单独显现出来，而是隐含在折现率中。因此，要求折现率既包含利息率又包含利润率；

（4）结果比较精确，但测算过程比较复杂，请见例7-2至例7-4。

真题精选 (2007年—单选)：运用假设开发法中的现金流量折现法估价时，无须做的是（　　）。

A. 估算后续开发经营期　　B. 估算后续开发的各项支出、收入

C. 估算后续开发各项支出、收入在何时发生　　D. 估算开发期中的利息和利润

（答案为D）

7.4 假设开发法中各项的求取

7.4.1 后续开发经营期

后续开发经营期的起点是假设取得待开发房地产的日期，即估价时点，终点是未来开发完成后房地产经营结束的日期。开发经营期分为开发期和经营期：①开发期又称为开发建设期，是指从取得待开发房地产至房地产开发完成的期间；②经营期分为2种情况：销售房地产的经营期称为“销售期”，是指房地产从开始销售至销售完毕的期间；出租、营业房地产的经营期称为“运营期”，是指房地产从开发完成至经济寿命结束的期间。

估算开发经营期可以采用类似于市场法的方法，即根据本地区相同类型、同等规模的类似开发项目的经营期来估算。

7.4.2 开发完成后的房地产价值

预测开发完成后的房地产价值，必须先弄清开发完成后的房地产状况。例如估价对象为在建工程，预计开发完成后的商品房是毛坯房，则开发完成后的房地产价值应是毛坯房的价值。

开发完成后的房地产价值一般采用市场法，根据类似房地产过去、现在及未来的变化趋势来推测判定。对于出租和营业的房地产，如写字楼、商店、餐馆等，可以先预测其租赁或经营收益，再用收益法将该收益转换为价值。

7.4.3 后续必要支出及应得利润

测算后续必要支出及应得利润，可根据当地的房地产价格构成情况来分项测算。

（1）投资者取得待开发房地产应缴纳的税费。这项税费是指假设投资者购置待开发房地产，在交易时作为买方应负担的有关税费，如契税、印花税、交易手续费等。该项税费通常根据当地的规定，按待开发房地产价值的一定比率来测算。

（2）后续的开发成本、管理费用、销售费用等必要支出。这些必要支出要与开发完成后的房地产状况相对应，开发完成后的房地产状况不同这些支出亦不相同。

（3）投资利息。投资利息和应得利润只有在传统方法中才需要测算。在测算投资利息时要把握应计息项目、计息周期、计息期、计息方式和利率。其中，应计息项目包括：①待开发房地产的价值；②取得待开发房地产应当缴纳的税费；③后续的开发成本、管理费用和销售费用，销售税费一般不计息。确定计息期时一般将该项费用发生的时间点定为计息期的起点，开发期结束的时间点为计息期的终点，一般不考虑预售和延迟销售的情况。计息期的费用通常假设均匀发生，并视为在计息期中点一次性投入。

（4）投资者应得的开发利润。测算开发利润时通常以一定基数乘以相应的利润率求得。利润率有直接成本利润率、投资利润率、成本利润率、销售利润率。还要区分总利润率和年利润率。

7.4.4　折现率

折现率是在采用现金流量折现法时需要确定的一个重要参数，它相当于同一市场上类似房地产开发项目所要求的平均报酬率。资金利息率和开发利润率包含在折现率中。

真题精选（2005 年—单选）：某在建工程土地使用权年限 40 年，自取得土地使用权之日起开工，预计建成后的建筑面积为 15 000 平方米，年净收益为 480 万元，自开工到建成的开发期为 3 年，估计该项目至建成还需 1.5 年，已知报酬率为 8%，折现率为 12%，该项目开发完成后的房地产现值为（　　）万元。

A. 4 023.04　　B. 407.410　　C. 4 768.50　　D. 5 652.09

（答案为 C）

7.5　假设开发法运用举例

【例 7-1】有一成片荒地需要估价。获知该荒地的面积为 2 千平方米，“五通一平”开发后适宜分块转让，可转让土地面积的比率为 60%。附近地区与之位置相当的小块“五通一平”熟地的单价为 800 元每平方米，开发期需要 3 年。经测算，将该荒地开发成“五通一平”熟地的开发成本、管理费用、销售费用等为 2.5 亿元/千米^2；贷款年利率为 8%；土地开发的年投资利润率为 10%；土地转让中买、卖双方需要缴纳的税费分别为转让价格的 4% 和 6%。请用假设开发法中的传统方法测算该成片荒地的总价和单价。

【解】设该成片荒地的总价为 V，则：

（1）该荒地开发完成后熟地总价值 $= 800 \times 2\,000\,000 \times 60\%$

$= 960\,000\,000$，即 9.6（亿元）

（2）取得该荒地应缴纳税费总额 $= V \times 4\%$

$= 0.04V$（亿元）

（3）后续开发成本及管理费用、销售费用等的总额 $= 2.5 \times 2$

$= 5$（亿元）

（4）测算投资利息总额。投资额分为两部分：①一次性投入该荒地的价格和应缴税费，即 $V + V \times 4\%$，计息期 $t = 3$ 年；②后续投入的开发成本、管理费用、销售费用等为5亿元，假设均匀投入，可视同于期中一次性投入，计息期 $t = 1.5$ 年。

$$投资利息总额 = (V + V \times 4\%) \times [(1 + 8\%)^3 - 1] + 5 \times [(1 + 8\%)^{1.5} - 1]$$

$$= 0.27V + 0.612（亿元）$$

（5）转让开发完成后熟地应缴税费总额 $= 9.6 \times 6\%$

$= 0.576$（亿元）

（6）土地开发利润总额 $= (V + V \times 4\%) \times 10\% \times 3 + 5 \times 10\% \times 1.5$

$= 0.312V + 0.75$（亿元）

（7）将以上各项代入公式：

$$V = 9.6 - 0.04V - 5 - (0.27V + 0.612) - 0.576 - (0.312V + 0.75)$$

得出：

$$荒地总价\ V = 1.641（亿元）$$

$$荒地单价 = \frac{1.641 \times 10^8}{2 \times 10^6}$$

$$= 82.05（元/平方米）$$

【例7-2】需要评估一宗“七通一平”熟地于2009年9月的价值。获知该宗土地的面积为5 000平方米，土地剩余使用年限为65年，容积率为2，适宜建造某种类型的商品住宅。预计建造开发期为2年；在投入的总费用中，建筑安装工程费为每平方米建筑面积1 500元；勘察设计及其他工程费为建筑安装工程费的8%，管理费为建筑安装工程费的6%。第一年投入总费用的60%，第二年投入总费用的40%。该写字楼建成前半年开始投入广告宣传等销售费用，该项费用预计为其售价的2%。房地产交易中买、卖双方需要缴纳的税、费分别为交易价格的3%和6%。预计该商品住宅在建成时全部售出，售价平均为每平方米建筑面积4 000元。请利用所给资料，采用假设开发法中的现金流量折现法测算该宗土地2009年9月的总价、单价及楼面地价（折现率为12%）。

【解】设该宗土地的总价为 V，则

（1）测算开发完成后房地产价值的折现值，折现年数 $t = 2$ 年。

$$开发完成后总价值的折现值 = \frac{4\ 000 \times 5\ 000 \times 2}{(1 + 12\%)^2}$$

$$= 3\ 188.77（万元）$$

（2）测算取得该宗土地时应缴纳的税费总额。

$$取得该宗土地时应缴纳的税费总额 = V \times 3\% = 0.03V\ (万元)$$

（3）测算建筑安装工程费等费用总额的折现值。假设各年的投入是在年中一次性投入，则第一年投入的折现年数 $t_1 = 0.5$ 年，第二年投入的折现年数 $t_2 = 1.5$ 年。

$$建筑安装等费用的折现值 = 1\,500 \times (1 + 14\%) \times 5\,000 \times 2 \times \left[\frac{60\%}{(1 + 12\%)^{0.5}} + \frac{40\%}{(1 + 12\%)^{1.5}}\right] = 1\,546.55\ (万元)$$

（4）测算销售费用折现值。销售费用在写字楼建成前半年开始投入，假设在半年的中点一次性投入，则折现年数 $t = 1.5 + 0.5 \div 2 = 1.75$（年）。

$$销售费用折现值 = \frac{4\,000 \times 5\,000 \times 2 \times 2\%}{(1 + 12\%)^{1.75}} = 65.61\ (万元)$$

（5）测算销售税费折现值，利用开发完成后房地产价值的折现值求取。

$$销售税费折现值 = 3\,188.77 \times 6\% = 191.33\ (万元)$$

（6）将以上各项代入公式：

$$V = 3\,188.77 - 0.03V - 1\,546.55 - 65.61 - 191.33$$

得出：土地总价 $V = 1\,344.93$（万元）

$$土地单价 = 1\,344.93 \div 5\,000 = 2\,689.86\ (元/平方米)$$

$$楼面地价 = 13\,449\,300 \div 10\,000 = 1\,344.93\ (元/平方米)$$

【例 7-3】某在建工程开工于 2008 年 3 月 1 日，总用地面积 3 000 平方米，规划总建筑面积 12 400 平方米，用途为写字楼，土地使用年限为 50 年，从开工之日起计。当时购买土地的价格为 800 元每平方米（楼面地价）；该项目的建设费用（包括前期工程费、建筑安装工程费、管理费等）为每平方米建筑面积 2 300 元；至 2009 年 9 月 1 日完成了主体结构，已投入 40% 的建设费用，估计至建成还需要 1.5 年，尚需投入 60% 的建设费用；建成后半年可出租，出租面积为建筑面积的 70%，月租金为 60 元每平方米，正常出租率为 85%，运营费用为有效毛收入的 25%；购买在建工程买方需要缴纳的税费为购买价的 3%；销售费用如广告宣传费等在建成前半年开始投入，为售价的 3%；销售税费为售价的 6%。请利用上述资料，用现金流量折现法测算该在建工程于 2009 年 9 月 1 日的正常购买的总价和按规划建筑面积折算的单价（报酬率为 9%，折现率为 13%）。

【解】设该在建工程于估价时点的正常购买总价为 V，则：

（1）测算续建完成后写字楼总价值的折现值。

$$续建完成后写字楼总价值的折现值 = \frac{A}{Y}\left[1 - \frac{1}{(1+Y)^n}\right] \times \frac{1}{(1+r_d)^t}$$

上式中 A 为净收益，Y 为报酬率，n 为收益年限，r_d 表示折现率，t 表示需要折现的年数，各项计算如下：

$A = 60 \times 12 \times 12\ 400 \times 0.7 \times 85\% \times (1 - 25\%) = 398.41$（万元）

$Y = 9\%$

$n = 50 - 3 - 0.5 = 46.5$（年）

$r_d = 13\%$

$t = 2$ 年（写字楼续建完成后距估价时点 2 年）

$$续建完成后写字楼总价值的折现值 = \frac{398.41}{9\%}\left[1 - \frac{1}{(1+9\%)^{46.5}}\right] \times \frac{1}{(1+13\%)^2}$$

$$= 3\ 403.78（万元）$$

（2）取得该在建工程时应缴税费总额 $= V \times 3\% = 0.03V$（万元）

（3）测算续建总费用折现值，折现年数 $t = 0.75$ 年（按尚需建成年数 1.5 年的一半计算）。

$$续建总费用折现值 = \frac{2\ 300 \times 12\ 400 \times 60\%}{(1+13\%)^{0.75}}$$

$$= 1\ 561.32（万元）$$

（4）测算销售费用折现值，折现年数 $t = 1.25$ 年（销售费用在建成前半年开始投入，假设均匀投入，取其半年中点，距估价时点 1.25 年）。

$$销售费用折现值 = \frac{398.41}{9\%}\left[1 - \frac{1}{(1+9\%)^{46.5}}\right] \times \frac{3\%}{(1+13\%)^{1.25}}$$

$$= 111.92（万元）$$

（5）测算销售税费折现值。利用续建完成后写字楼总价值的折现值求取：

$$销售税费折现值 = 3\ 403.80 \times 6\%$$

$$= 204.23（万元）$$

（6）将以上各项代入公式：

$$V = 3\ 403.78 - 0.03V - 1\ 561.32 - 111.92 - 204.23$$

得出：$V = 1\ 481.85$（万元）

在建工程总价 $= 1\ 481.85$（万元）

在建工程单价 $= 1\ 481.85 \div 1.24$

$= 1\ 195.04$（元/平方米）

【例 7-4】某旧厂房的建筑面积为 5 000 平方米，根据其位置，适宜装修改造成商场出售，并可获得政府批准，但需补交土地使用权出让金 600 元/平方米（按建筑面积计），同时取得 40 年的土地使用权。购买该旧厂房时买方需要缴纳的税费为其价格的4%；预计装修改造期为1年，装修改造费用为每平方米建筑面积2 000元；装修改造完成后即可全部售出，售价为每平方米建筑面积8 000元；销售费用在装修改造完成前半年开始投入，该费用预计为售价的2%；销售税费预计为售价的6%。请利用上述资料，用现金流量折现法测算该旧厂房的正常购买总价和单价（折现率为12%）。

【解】设该旧厂房的正常购买总价为V。

（1）测算装修改造完成后的商场价值的折现值，折现年数$t=1$。

$$装修改造后商场总价值的折现值=\frac{8\ 000\times 5\ 000}{1+12\%}$$

$$=3\ 571.43\ （万元）$$

（2）需补交土地使用权出让金的总额$=600\times 5\ 000$

$$=300\ （万元）$$

（3）购买该旧厂房的税费总额$=V\times 4\%$

$$=0.04V\ （万元）$$

（4）测算装饰装修改造总费用的折现值。假设投入均匀，可视同期中一次性投入，故折现年数$t=0.5$。

$$装饰装修改造总费用的折现值=\frac{2\ 000\times 5\ 000}{(1+12\%)^{0.5}}$$

$$=944.91\ （万元）$$

（5）测算销售费用折现值，折现年数$t=0.75$年（销售费用在建成前半年开始投入，假设均匀投入，取其半年中点，距估价时点为$0.5+0.5\div 2=0.75$年）。

$$销售费用折现值=\frac{8\ 000\times 5\ 000\times 2\%}{(1+12\%)^{0.75}}$$

$$=73.48\ （万元）$$

（6）测算销售税费折现值，用装修改造完成后的商场价值的折现值求取：

$$销售税费折现值=3\ 571.43\times 6\%$$

$$=214.29\ （万元）$$

（7）将以上各项代入公式：

$$V=3\ 571.43-300-0.04V-944.91-73.48-214.29$$

得出：

$$旧厂房总价\ V=1\ 960.34\ （万元）$$

$$旧厂房单价=1\ 960.34\times 10\ 000\div 5\ 000$$

$$=3\ 920.67\ （元/平方米）$$

本章小结

假设开发法的估价对象是具有开发或再开发潜力的房地产，统称为待开发房地产。可分为待开发的土地、在建工程、可装修改造或改变用途的旧房等三大类，其中待开发土地分为生地、毛地、熟地三种。假设开发法在本质上是一种收益法，在形式上是成本法的"倒算法"，其测算结果为估价对象开发完成后的价值减去后续必要支出和应得利润，其中开发完成后的价值可以用市场法、收益法等求取。后续必要支出和应得利润分别为取得待开发房地产应缴税费、开发成本、管理费用、销售费用、投资利息、销售税费、开发利润等。

根据考虑资金时间价值的方式不同，假设开发法分为现金流量折现法和传统方法，前者需要将现金流折现，后者需要计算利息和利润。

实训题

选取某一旧房地产，以组为单位，调查市场上同类新装修房屋的价格，测算后续必要支出和应得利润，运用假设开发法测算该旧房地产价格。

房地产估价师考试模拟试题

一、单项选择题

1. 假设开发法是一种科学实用的估价方法，其基本理论依据是（　　）。
   A. 均衡原理　B. 适合原理　C. 预期原理　D. 价值原理
2. 假设开发法是求取估价对象房地产未来开发完成后的价值，减去未来的正常开发成本、（　　）和利润等，以此估算估价对象的客观合理价值的方法。
   A. 地价　B. 佣金　C. 税费　D. 造价
3. 假设开发法中的传统方法估算投资利息时，（　　）一般是不计息的。
   A. 待开发的房地产的价值　B. 开发成本
   C. 管理费用　D. 销售税费
4. 下列关于现金流量折现法和传统方法的一些说法中，哪个说法是不正确的（　　）。
   A. 从理论上讲，现金流量折现法估算结果较为精确
   B. 现金流量折现法不单独计算投资利息和开发利润
   C. 传统方法要计算利息，确定计息期时要考虑预售和延迟销售
   D. 现金流量折现法要求折现率既包含安全收益部分，又包含风险收益部分
5. 假设开发法在形式上是（　　）的倒算法。
   A. 评估新建建筑物价格的成本法　B. 评估旧有建筑物价格的成本法
   C. 评估新开发房地产价格的成本法　D. 评估旧有房地产价格的成本法
6. 开发完成后的房地产价值，是指开发完成后的房地产状况的（　　）。
   A. 买卖价值　B. 成交价值　C. 开发价值　D. 市场价值
7. 假设开发法中开发经营期的起点是取得估价对象的时间，即（　　）。

A. 待开发项目开工之日　　B. 待开发项目竣工之日
C. 估价时点　　D. 该项目租售完成之日

※8. 下列关于假设开发法的表述中，不正确的是（　　）。
A. 假设开发法在形式上是评估新开发房地产价格的成本法的倒算法
B. 运用假设开发法可测算开发房地产项目的土地最高价格和预期利润
C. 假设开发法适用于待开发土地、在建工程和不得改变现状的旧房的估价
D. 假设开发法通常测算的是一次性的价格剩余

※9. 在使用假设开发法评估在建工程价值时，利用直接成本利润率估算开发利润的公式为开发利润 =（　　）× 直接成本利润率。
A. 后续开发成本 + 管理费用
B. 后续开发成本 + 管理费用 + 销售费用
C. 待开发房地产价值 + 后续开发成本
D. 待开发房地产价值 + 后续开发成本 + 取得待开发房地产的税费

※10. 运用假设开发法评估某待开发房地产的价值时，若采用现金流量折现法计算，则该待开发房地产开发经营期的起点应是（　　）。
A. 待开发房地产开发建设开始时的具体日期
B. 待开发房地产建设发包日期
C. 取得待开发房地产的日期
D. 房地产开发完成并投入使用的日期

二、多项选择题

1. 运用假设开发法估价的关键在于正确地判断与确定（　　）。
A. 最佳开发利用方式　　B. 建筑费　　C. 专业费
D. 租售价格　　E. 开发商利润

2. 假设开发法估价时应调查待开发土地的基本情况，弄清将拥有的土地的权利。关于土地权利，主要包括：权利性质、（　　）。
A. 使用年限　　B. 可否续期　　C. 对转让的有关规定
D. 对出租的有关规定　　E. 对抵押的有关规定

3. 假设开发法除了适用于房地产估价外，还大量用于房地产开发项目投资分析，为投资者提供下列有关数据：（　　）。
A. 确定拟开发场地的最高价格　B. 确定开发项目的预期开发价值
C. 确定开发项目的预期利润　　D. 确定项目的开发经营期
E. 确定开发中可能出现的最高费用

4. 有关项目开发商利润计算的基础，应包括下列各项：（　　）
A. 地价　　B. 建筑费用　　C. 专业费用

D. 销售费用　　E. 租赁费用

5. 假设开发法在正确估算投资利息时，需要把握以下几个方面：(　　)。

A. 应计息的项目　　B. 计息的方式　　C. 计息期的长短

D. 利率的高低　　E. 利率计算的优惠措施

6. 折现率是在采用现金流量折现法时需要确定的一个重要参数。折现率所体现的房地产开发项目的收益中应包含：(　　)。

A. 开发成本　　B. 开发费用　　C. 管理费用

D. 开发利润　　E. 资金的利息

7. 假设开发法确定开发经营期的目的，是为了把握（　　）发生的时间和数额，为预测开发完成后的房地产售价或租金，以及各项收入和支出的折现或计算投资利息等服务。

A. 土地价格　　B. 开发成本　　C. 管理费用

D. 销售税费　　E. 专业费用

8. 假设开发法需要弄清政府对开发土地的规划限制，包括应该弄清规定的（　　）。

A. 土地的用途　　B. 土地面积大小　　C. 土地平整程度

D. 容积率　　E. 建筑高度

9. 运用假设开发法估价，需要选择土地的最佳利用开发方式，通常包括：(　　)。

A. 土地开发的最佳用途　　B. 开发的最佳规模

C. 土地的地质和水文状况　　D. 土地的基础设施通达程度

E. 土地利用的档次

10. 假设开发法估价时，既要把握待开发房地产在投资开发前后的状况，也要把握投资开发后的房地产经营方式。综合起来，可归纳为下列各种状况：(　　)。

A. 估价对象为生地，将生地开发成熟地

B. 估价对象为毛地，将毛地开发成熟地

C. 估价对象为熟地，在熟地上建成房屋

D. 估价对象为在建工程，将在建工程续建成房屋

E. 估价对象为旧房，将旧房装修改造如新房

三、判断题

1. 投资开发后的房地产经营方式通常有销售、出租和营业。(　　)

※2. 假设开发法估价必须考虑资金的时间价值，一般采用计算利息的传统方法和现金流量折现法，由于存在众多未知因素和偶然因素易使预测偏离实际，因此，在实际估价中应尽量采用计算利息的传统方法。(　　)

3. 开发经营期的起点是（假设）取得估价对象（待开发房地产）的时间，即估价时点，终点是房地产项目开发完成后的竣工验收时间。(　　)

4. 假设开发法的传统方法，由于不考虑各项收入与支出的时间不同，因此计算时未曾考虑资金的时间价值。(　　)
5. 计息的方式有单利计息和复利计息方式两种，单利和复利并没有实质上的区别，只是表达方式上的不同而已。(　　)
6. 假设开发法是求取估价对象房地产未来开发完成后的价值的一种估价方法。(　　)
7. 假设开发法适用于那些具有投资开发或再开发潜力的房地产的估价。(　　)
8. 投资利息和应得利润只有在假设开发法的传统方法中才需要测算 (　　)
9. 在运用假设开发法时，可以不必考虑无形收益问题。(　　)
10. 待开发房地产价值 = 开发完成后房地产价值 - 后续必要支出及应得利润 (　　)

四、计算题

1. 某在建工程规划建筑面积为 12 400 平方米，土地使用期限为 40 年，从开工之日起计算。项目建设期为 2 年，建成后半年可全部出租，可出租面积为建筑面积的 65%，月租金为 60 元每平方米，正常出租率为 90%，运营费用为有效毛收入的 25%。目前项目已建设 1 年，约完成了总投资的 60%。假设报酬率为 8%，折现率为 14%，请计算该在建工程续建完成后的房地产价值。

2. 估价对象概况：本估价对象是一块房地产开发用地，面积 10 000 平方米，形状规则，土地条件为“五通一平”；规划管理部门确定的规划条件：用途为商业和居住，容积率≤5，建筑密度≤40%；土地使用期限自国有建设用地使用权出让之日起算为 50 年。需要评估该块土地于 2009 年 7 月 1 日招标出让的正常市场价格，为出让人确定招标底价提供参考依据。以下是估价人员估价过程的一部分：

（1）选用估价方法。该块土地属于待开发房地产，适用假设开发法估价，因此选用假设开发法，具体是采用假设开发法中的现金流量折现法。

（2）选取最佳的开发利用方式。通过市场调查研究，得知该块土地的最佳开发利用方式如下：①用途为商业与居住混合。②容积率最高为 5，因此总建筑面积为 10 000 × 5 = 50 000 平方米。③建筑密度适宜为 30%。④建筑物层数确定 18 层，其中，1 ~ 2 层的建筑面积相同，均为 3 000 平方米，适宜为商业用途；3 ~ 18 层的建筑面积相同，均为 2 750 平方米，适宜为居住用途；商业用途的建筑面积共计 6 000 平方米，居住用途的建筑面积共计 44 000 平方米。

（3）预计建设期。预计自取得建设用地使用权之日起算，共需 3 年时间才能建成投入使用，即 2012 年 7 月 1 日建成。

（4）预测开发完成后的房地产价值。根据对房地产市场的调查、分析，预计商业部分在建成后可以全部售出，居住部分在建成后可售出 30%，半年后可再售出 50%，其余 20% 需一年后才能售出；商业部分在出售时的平均价格为每平方米建筑面积 4 500 元，居住部分在出售时的平均价格为每平方米建筑面积 2 500 元。

（5）测算有关税费和折现率。据了解，如果得到该土地，需要按照取得价款的 3% 缴纳契税等税费。建筑安装工程费预计为每平方米建筑面积 1 200 元；勘察设计和前期工程费及管理费用等预计为每平方米建筑面积 500 元；估计在未来 3 年的建设期内，建设费用（包括勘察设计和前期工程费、建筑安装工程费、管理费用等）的投入情况如下：第一年需投入 20%，第二年需投入 50%，第三年需投入余下的 30%。广告宣传和销售代理费等销售费用预计为售价的 3%，在建成前半年开始投入至全部售完为止；两税一费和交易手续费等销售税费预计为售价的 6%。折现率选取 14%。

请根据以上资料，求取该块土地价格，包括总地价、单位地价和楼面地价。

第 8 章

其他估价方法

学习目标

1. 掌握长期趋势法的作用，制作价格修正率表，计算待估临街土地的价值，高层建筑地价分摊的方法。

2. 熟悉直线趋势法、平均增减量法、平均发展速度法、路线价法的基本原理，划分路线价区段，基准地价修正法，高层建筑地价分摊的意义。

3. 了解设定标准临街深度，选取标准临街宗地，调查评估路线价。

技能要求

1. 能够运用长期趋势法推导房地产未来价值。

2. 能够运用路线价法对城市临街土地进行估价。

3. 能够运用基准地价修正法评估地价。

4. 能够运用高层建筑地价分摊的方法计算地价。

8.1 长期趋势法

8.1.1 长期趋势法的基本原理

1. 长期趋势法的概念

长期趋势法是依据一系列已知的房地产价格数据，运用预测科学的有关理论和方法，对房地产的未来价格进行推测和判断的方法。

2. 长期趋势法的理论依据

从较长时期考察，房地产市场通常会显现出一定的变动规律和发展趋势，即呈上升或下降趋势。当评估或预测房地产价格时，可以根据该房地产过去较长时期的历史价格资料，按照时间序列进行统计分析，揭示该房地产的价格随时间变化的过程和趋势，以此估算该房地产的价格。

3. 长期趋势法适用的对象和条件

长期趋势法是根据房地产价格在过去长时期内的变动趋势做出的判断，并假设这种变动趋势会延伸到未来继续存在。因此，长期趋势法适用的对象是价格无明显季节波动的房地产。

长期趋势法适用的条件是拥有估价对象或类似房地产较长时期真实、可靠的历史价格资料。房地产历史价格的时间越长，越可以消除短期波动的影响，进而做出准确、可信的推测和判断。此法通常作为其他估价方法的补充和验证，不宜单独运用。

4. 长期趋势法估价的操作步骤

长期趋势法估价的操作步骤如下：①搜集估价对象或类似房地产的历史价格资料，并进行检查、鉴别，保证其真实、可靠；②本着可比性原则分析、整理历史价格资料，并将其编排成时间序列；③观察、分析这个时间序列，找出估价对象价格随时间变动的规律，并以数学模型表达此规律；④以此模型去推测、判断估价对象在估价时点的价格。

8.1.2 长期趋势法的具体估价方法

长期趋势法估价的具体方法主要有直线趋势法、平均增减趋势法、移动平均法等。

1. 直线趋势法

直线趋势法属于数学曲线拟合法，是最简单、最常用的方法。运用直线趋势法估价时，估价对象或类似房地产历史价格的时间序列散点图，应表现出明显的直线趋势。运用直线趋势法评估房地产价格的基本公式为：

$$Y = a + bX$$

式中 X—— 时间（自变量）；

Y—— 房地产价格（因变量）；

a、b——未知参数。

根据最小二乘法，求得 a、b 值分别如下：

$$a = \frac{\sum Y - b\sum X}{N}$$

$$b = \frac{N\sum XY - \sum X\sum Y}{N\sum X^2 - (\sum X)^2}$$

式中，N 为时间序列的项数；$\sum X$、$\sum X^2$、$\sum Y$、$\sum XY$ 的值可以从时间序列的实际值中求得。

为了计算方便，可以使 $\sum X=0$，此时，

$$a=\frac{\sum Y}{n},\ b=\frac{\sum XY}{\sum X^2}$$

使 $\sum X=0$ 的方法是：当时间序列的项数为奇数时，设中间项的 $X=0$，之前的项依次设为 -1，-2，-3，…，之后的项依次设为1，2，3，…；当时间序列的项数为偶数时，以中间两项相对称，前者依次设为 -1，-3，-5，…，后者依次设为1，3，5，…。

【例8-1】某城市某类商品房2001～2009年的价格如表8-1第2列所示，试预测该类房地产2010年和2011年的价格。

表8-1　某城市某类商品房2001～2009年的价格

（单位：元/平方米）

年份	房地产价格 Y	X	XY	X^2	趋势值（$a+bX$）
2001	2 200	−4	−8 800	16	1 982.22
2002	2 400	−3	−7 200	9	2 367.22
2003	2 700	−2	−5 400	4	2 752.22
2004	3 000	−1	−3 000	1	3 137.22
2005	3 400	0	0	0	3 522.22
2006	3 800	1	3 800	1	3 907.22
2007	4 200	2	8 400	4	4 292.22
2008	4 700	3	14 100	9	4 677.22
2009	5 300	4	21 200	16	5 062.22
总计	31 700	0	23 100	60	

【解】令 $\sum X=0$，已知 $N=9$ 为奇数，设中间项的 $X=0$，则 X 的值见表8-1第3列。$\sum Y$、$\sum XY$、$\sum X^2$ 的计算分别见表第2、4、5列。求取 a，b 如下：

$$a=\frac{\sum Y}{N}=\frac{31\ 700}{9}=3\ 522.22$$

$$b=\frac{\sum XY}{\sum X^2}=\frac{23\ 100}{60}=385$$

因此，描述该类房地产价格变动长期趋势线的方程为：

$$\begin{aligned}Y&=a+bX\\&=3\ 522.22+385X\end{aligned}$$

据该方程计算的2001～2009年该类房地产价格的趋势值见表8-1第6列。

预测该类房地产2010年的价格为：

$$\begin{aligned}Y&=a+bX\\&=3\ 522.22+385X\end{aligned}$$

$$=3\ 522.22+385\times 5$$
$$=5\ 447.22\ (元/平方米)$$

预测该类房地产 2011 年的价格为：

$$Y=a+bX$$
$$=3\ 522.22+385X$$
$$=3\ 522.22+385\times 6$$
$$=5\ 832.22\ (元/平方米)$$

2. 平均增减趋势法

平均增减趋势法是以房地产价格资料的平均数为基础来确定房地产价格的一种估价方法。主要有平均增减量法和平均发展速度法。

（1）平均增减量法。如果房地产价格时间序列的逐期增减量大致相同，时间序列显示等差数列的特性，那么就可以采用平均增减量法测算待估房地产价格。计算公式如下：

$$V_i=P_0+d\times i$$

$$d=\frac{(P_1-P_0)+(P_2-P_1)+\cdots+(P_n-P_{n-1})}{n}$$

$$=\frac{P_n-P_0}{n}$$

式中 V_i——第 i 期（年、半年、季、月等）房地产价格的趋势值；

i——时期序数，$i=1, 2, \cdots, n$；

P_0——基期房地产价格的实际值；

d——逐期增减量的平均数；

P_i——第 i 期房地产价格的实际值。

【例 8-2】已知某类房地产的平均价格 2005 ~ 2009 年的历史数据如表 8-2 所示，请预测该类房地产 2010 年的平均价格。

表 8-2 2005 ~ 2009 年房地产平均价格 （单位：元/平方米）

年份	实际价格	逐年变动额	房地产价格的趋势值
2005	6 810		
2006	7 130	320	7 145
2007	7 460	330	7 480
2008	7 810	350	7 810
2009	8 150	340	8 150

【解】由表 8-2 可知该类房地产 2005 ~ 2009 年房地产平均价格逐年变动额大致相同，可以采用平均增减量法。

该类房地产价格逐年变动额的平均数计算如下：

$$d=(320+330+350+340)\div 4=335\ (元/m^2)$$

据此预测该宗房地产 2010 年的价格为：

$$V_5=P_0+d\times i=6\ 810+335\times 5=8\ 485\ (元/m^2)$$

（2）平均发展速度法。如果房地产价格时间序列的逐期发展速度大致相同，就可以采用平均发展速度法测算待估房地产价格。计算公式如下：

$$V_i=P_0\times t^i$$

式中，t 为平均发展速度，$t=\sqrt[n]{\frac{P_n}{P_0}}$。

【例 8-3】需要预测某类房地产 2010 年的价格，已知该地区该类房地产 2005 ~ 2009 年的价格及其逐年上涨速度如表 8-3 中第 2、3 列所示。

表 8-3　某类房地产 2002 ~ 2006 年的价格

年份	实际价格（元/平方米）	逐年上涨速度（%）	房地产价格趋势值
2005	5 600		
2006	6 750	120. 5	
2007	8 200	121. 5	
2008	9 850	120. 1	
2009	12 000	121. 8	

【解】从表 8-3 可知该类房地产逐年上涨速度大致相同，可用平均发展速度法。该类房地产价格平均上涨速度：

$$t=\sqrt[4]{\frac{12\ 000}{5\ 600}}=1.21$$

据此，预测该类房地产 2010 年的价格为：

$$V_5=5\ 600\times 1.21^5=14\ 525\ (元/平方米)$$

一般来说，越接近估价时点的增减量或发展速度对于待估房地产价格影响越大。因此，对不同时期的房地产价格增减量或发展速度赋予不同的权数，更能使估价结果符合实际。

3. 移动平均法

当房地产价格的时间序列受周期变动影响较大，不易显示发展趋势时，可用移动平均法预测其未来发展趋势。移动平均法是将各期的房地产价格排列成时间序列，按一定跨越期进行平均，逐项递移，逐一求得移动平均值，并将接近估价时点的最后一个移动平均值，作为确定估价额的依据。移动平均法主要有简单移动平均法和加权移动平均法。

（1）简单移动平均法。下面举例说明该种方法的应用。

某类房地产2009年1～12月的价格如表8-4第2列所示。各月份的价格受不确定因素的影响变动较大，不易显现发展趋势。对于上述房地产价格，采用每5个月的实际值计算其移动平均数。具体的计算方法是：把1～5月的价格加起来除以5得6 840元每平方米，把2～6月的价格加起来除以5得6 940元每平方米，依此类推，计算结果见表第3列。然后根据每5个月的移动平均数计算其逐月上涨额，计算结果见表第4列。

表8-4　某类房地产2009年1～12月的价格

（单位：元/平方米）

月份	房地产价格的实际值	每5个月的移动平均数	移动平均数的逐月上涨额
1	6 700		
2	6 800		
3	6 900	6 840	
4	6 800	6 940	100
5	7 000	7 040	100
6	7 200	7 140	100
7	7 300	7 260	120
8	7 400	7 380	120
9	7 400	7 500	120
10	7 600	7 620	120
11	7 800		
12	7 900		

如果需要预测该类房地产2010年1月的价格，则计算方法如下：由于最后一个移动平均数7 620对应的时间是2009年10月，与2010年1月相差3个月，所以预测该类房地产2010年1月的价格为：

$$7\ 620+120\times 3=7\ 980\text{（元/平方米）}$$

（2）加权移动平均法。加权移动平均法是对各期的房地产价格赋予不同的权数，求其移动平均值，再采用上述简单移动平均法的方法进行估算。至于在估价时如何加权，一般需要根据房地产价格的变动趋势以及房地产估价师的估价经验来确定。

8.1.3　长期趋势法的作用

长期趋势法主要用于推测、判断房地产的未来价格，例如用于假设开发法中预测开发完成后的房地产价值。此外还有一些其他作用，例如：①用于收益法中预测未来的租金、经营收入、运营费用、空置率、净收益等；②用于市场法中对可比实例的成交价格进行市场状况调整；③用来比较、分析两宗（或两类）以上房地产价格的发展趋势或潜力；④用来填补某些房地产历史价格资料的缺乏。

真题精选（2007年—判断）：房地产价格上涨或下降趋势的强弱与房地产目前价格的高低无关，价格较低的房地产其价格上涨趋势可能更强劲。（　　）

（答案为√）

8.2　路线价法

城镇街道两侧的商业用地，临街状况不同，价值会有很大的差异。如果需要快速地评估多宗土地的价值，可以采用路线价法。

8.2.1　路线价法的基本原理

1. 路线价法的概念

路线价法是在特定街道上设定标准临街深度，从中选取若干标准临街宗地求其平均价格，将此平均价格作为路线价，然后利用临街深度价格修正率或其他价格修正率来求取该街道其他临街土地价值的方法。

2. 路线价法的理论依据

路线价法实质上是市场法的派生方法，其理论依据是替代原理。在路线价法中，“标准宗地”可视为市场法中的可比实例，“路线价”可视为可比实例的价格。路线价法与市场法的区别在于：①市场法需要做“交易情况修正”和“市场状况调整”；而路线价法可以不做这两方面的修正和调整，因为路线价已是正常价格，路线价所对应的日期就是估价时点；②市场法仅评估一个估价对象的价值，而路线价法可以同时评估多宗临街土地的价值。

3. 路线价法的适用的对象和条件

路线价法主要适用于城镇街道两侧商业用地的估价。路线价法是一种快速、省力，可以同时对大量宗地进行估价的方法，特别适用于城市土地课税、土地重划、城市房屋拆迁补偿或其他需要在大范围内同时评估多宗土地价值的场合。

运用路线价法估价的前提条件是街道较规整，两侧临街土地排列整齐。

8.2.2　路线价法的估价程序与方法

运用路线价法估价一般分6个步骤：①划分路线价区段；②设定标准临街深度；③选取标准临街宗地；④调查评估路线价；⑤制作价格修正率表；⑥计算临街土地的价值。

1. 划分路线价区段

一个路线价区段是指具有同一路线价的地段。在划分路线价区段时，土地条件大致相同的地段应划为同一路线价区段，原则上以地价有显著差异的地点为区段界，通常是从十字路口或丁字路口中心处划分，路口与路口之间的地段为一个路线价区段，一条街道通常只设一个路线价。但对于特别繁华，土地条件变化较大的街道，也可以分设路线价；非繁华地区也可延长至数个街道。在同一街道上，两侧的繁华状况有显著差异时，同一路线价区段也可附设两种不同的路线价，这时应视为两个路线价区段。

2. 设定标准临街深度

标准临街深度是街道对地价影响的转折点，由此点面向街道的方向，地价逐渐升高，由此点背离街道的方向，地价可视为基本不变。在实际估价中，设定标准临街深度的方法通常采取临街各宗土地深度的众数。如某个路线价区段内土地的临街深度大多为 20 米，则标准临街深度应设为 20 米。这不仅使路线价具有代表性，还减少计算工作量。

3. 选取标准临街宗地

标准临街宗地是路线价区段内具有代表性的宗地。选取标准宗地的具体要求是：①一面临街；②土地形状为矩形；③临街深度为标准临街深度；④临街宽度为标准临街宽度（临街各宗地宽度的众数）；⑤用途、容积率等具有代表性。

4. 调查评估路线价

路线价是附设在街道上的若干标准临街宗地的平均价格，可为土地单价，也可为楼面地价。评估路线价时，通常选取一定数量的标准临街宗地，运用收益法、市场法等，分别求取土地单价或楼面地价，然后求其算术平均数、中位数、众数等，即得该路线价区段的路线价。

5. 制作价格修正率表

价格修正率表有临街深度价格修正率表和其他价格修正率表。

（1）制作临街深度价格修正率表。临街土地的价值随其背离街道的深度而递减，称为“深度价格递减现象”，临街深度价格修正率表正是基于这一现象制作的。制作深度价格修正率表以“四三二一”法则为典型代表，此法则认为每一等份的土地价值与其深度有相应的比例关系，如图 8-1 所示。将临街深度 100 英尺[㊀]的土地，划分为与街道平行的四等份，随着距离街道的远近不同，价值有所不同。从街道方向算起，第一个 25 英尺等份的价值占整块土地价值的 40%，第二个 25 英尺等

㊀ 1 英尺 =0. 304 8 米。

份的价值占整块土地价值的30%，依此类推，第三、第四个25英尺等份的价值分别占整块土地价值的20%、10%。如果超过100英尺，则以“九八七六”法则来补充，即超过100英尺的第一、二、三、四个25英尺的价值，分别为临街深度100英尺土地价值的9%、8%、7%、6%。据此，可以制定单独深度价格修正率、累计深度价格修正率和平均深度价格修正率（如表8-5所示）。

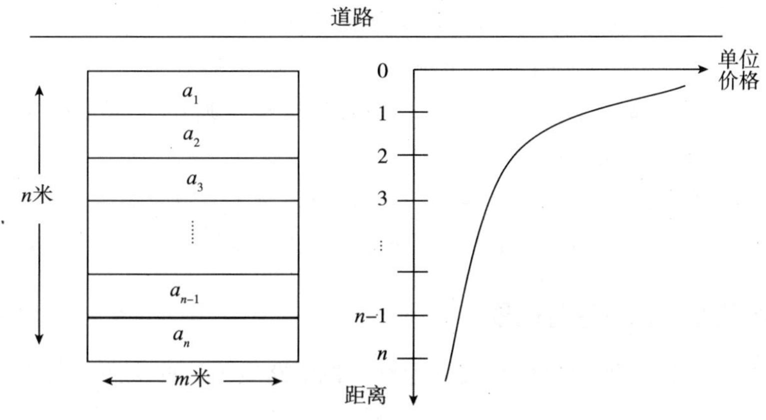

图 8-1　临街深度价格递减图

表 8-5　临街深度价格修正率表

临街深度（英尺）	25	50	75	100	125	150	175	200
“四三二一”法则（%）	40	30	20	10	9	8	7	6
单独深度价格修正率（%）	40	30	20	10	9	8	7	6
累计深度价格修正率（%）	40	70	90	100	109	117	124	130
平均深度价格修正率（%）	160	140	120	100	87.2	78.0	70.8	65.0

注：表中的平均深度价格修正率，是将上述临街深度100英尺的平均价格修正率25%乘以4转换为100%，同时为保持与其他数字的关系不变，其他数字也相应乘以4所得。

（2）制作其他价格修正率表。在一个路线价区段内的各宗地，因其形状、宽度等差异表现出价格不同，因此计算三角形等形状的土地价值，还需要制作其他价格修正率表。

6. 计算临街土地的价值

运用路线价法计算临街土地的价值，需要弄清路线价和临街深度价格修正率的含义、标准临街宗地的条件等。路线价的含义不同，临街深度价格修正率及运用的公式也有所不同。

（1）如果估价对象是一面临街的矩形土地，有下列情形：

1）当以标准临街宗地的总价作为路线价时，应采用累计深度价格修正率（Σ单独深度价格修正率），计算公式为：

$$V(\text{总价}) = \text{路线价} \times \sum \text{单独深度价格修正率} \times \frac{\text{临街宽度}}{\text{标准宽度}}$$

$$V(\text{单价}) = \frac{V(\text{总价})}{\text{估价对象土地面积}}$$

2）当以标准临街宗地的单价作为路线价时，应采用平均深度价格修正率，计算公式为：

$$V(\text{单价}) = \text{路线价} \times \text{平均深度价格修正率}$$

$$V(\text{总价}) = V(\text{单价}) \times \text{估价对象土地面积}$$

（2）如果估价对象为非一面临街、非矩形的土地，则在上述公式的基础上，要做价格调整，计算公式如下：

$$V(\text{单价}) = \text{路线价} \times \text{平均深度价格修正率} \times \text{其他价格修正率}$$

$$V(\text{总价}) = V(\text{单价}) \times \text{土地面积}$$

8.2.3 路线价法的应用举例

下面以标准临街宗地的单价路线价为例，说明路线价法的应用。各类宗地情况如图8-2所示。

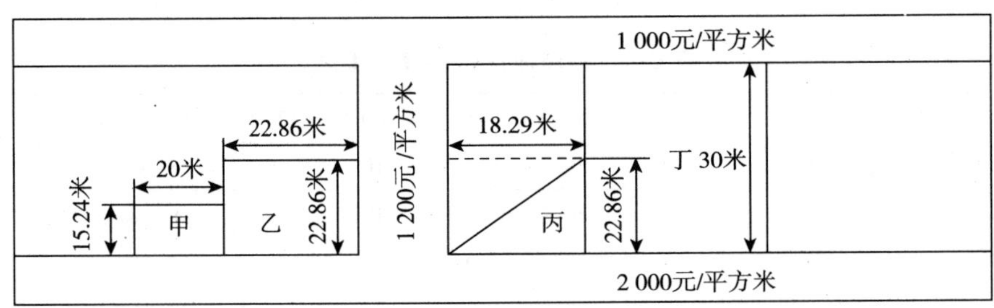

图8-2 各类临街宗地示例

1. 一面临街的矩形土地价值的计算

计算一面临街矩形土地的价值，是利用所在区段的路线价乘以深度价格修正率求得。如果计算总价，再乘以土地面积。

【例8-4】如图8-2中的宗地甲为一临街深度15.24米（即50英尺）、临街宽度20米的矩形土地，其所在区段的路线价为1 500元每平方米。该宗土地的单价和总价分别是多少？

【解】以标准临街宗地的单价作为路线价时，应采用平均深度价格修正率。根据表8-5查出临街深度价格修正率为140%，得出：

$$V(\text{单价}) = 1\ 500 \times 140\% = 2\ 100(\text{元/平方米})$$

$$V(\text{总价}) = V(\text{单价}) \times 20 \times 15.24 = 64(\text{万元})$$

2. 矩形街角地的价值计算

街角地是指位于十字路口或丁字路口的土地。对于街角地的估价，一般先求取“正街”（高价街）的价值，再求取“旁街”（低价街）的影响加价，将两者之和作为该街角地的总价。这种方法被称为“正旁两街分别轻重估价法”。

【例 8-5】如图 8-2 中的宗地乙为，一块矩形街角地，两条街的路线价分别为 2 000 元每平方米和 1 200 元每平方米，临正街和旁街的深度均为 22.86 米（即 75 英尺），旁街影响加价率为 20%，请计算该块土地的单价和总价。

【解】该块土地的单价和总价计算如下：

$$V(\text{单价}) = 2\,000 \times 120\% + 1\,200 \times 120\% \times 20\% = 2\,688(\text{元/平方米})$$

$$V(\text{总价}) = 2\,688 \times 22.86 \times 22.86 = 140.47(\text{万元})$$

3. 直角三角形土地价值的计算

计算直角三角形土地的价值，通常是先将该三角形土地做辅助线，使其成为一面临街的矩形土地，然后依照一面临街的矩形土地的计算方法，再乘以三角形土地价格修正率，便得到该三角形土地的价值。如果需要计算总价，则再乘以该三角形土地的面积即可。

【例 8-6】如图 8-2 中的宗地丙为一块直角三角形的土地，路线价为 2 000 元每平方米。即临街宽度 18.29 米，临街深度 22.86 米，即 75 英尺。临街深度 75 英尺的三角形土地价格的修正率为 62.5%，试计算该块三角形土地的价值。

【解】根据表 8-5，临街深度为 75 英尺的平均深度价格修正率为 120%，则有：

$$\begin{aligned}\text{该三角形土地的总价} &= 2\,000 \times 120\% \times 62.5\% \times (18.29 \times 22.86 \div 2)\\ &= 31.36\ (\text{万元})\end{aligned}$$

4. 前后两面临街的矩形土地价值的计算

对于前后两面临街的矩形土地，通常采取“重叠价值估价法”，即先确定前街（高价街）与后街（低价街）影响深度的分界线，依此分界线分别求取前街与后街的地价，最后将两者合计，即为全部土地的价格。

【例 8-7】如图 8-2 中的宗地丁为一块前后两面临街的矩形土地，总深度 30 米，前街路线价为 2 000 元每平方米，后街路线价为 1 000 元每平方米。试采用“重叠价值估价法”计算前街和后街影响深度。

【解】该矩形土地的前街和后街影响深度计算如下：

$$\begin{aligned}\text{前街影响深度} &= \frac{30 \times 2\,000}{1\,000 + 2\,000}\\ &= 20\ (\text{米})\end{aligned}$$

$$\text{后街影响深度} = 30 - 20 = 10\ (\text{米})$$

真题精选 **(2007 年—判断)**：由于路线价是若干标准临街宗地的平均价格，因

此在采用路线价法估价时，一般不做因素修正。(　　)

（答案为×）

8.3 基准地价修正法

8.3.1 基准地价修正法的基本原理

基准地价修正法也称为基准地价系数修正法，是在政府确定并公布了基准地价的地区，利用有关调整系数，将估价对象宗地所处土地级别或地价区段的基准地价调整为估价对象价格的方法。

基准地价修正法离不开基准地价。所谓基准地价，是以某个城镇为对象，在该城镇的一定区域范围内，根据“用途相同、位置相邻、地价相近”的原则，划分土地级别或地价区段，在该土地级别或地价区段内，调查、评估出一定使用期限的建设用地使用权在某一时点的平均价格。

每个城镇的基准地价都有其特定的内涵，包括估价时点（基准日期）、土地用途、土地使用权性质、土地使用期限、土地条件和容积率等（见表8-6）。

表8-6　某城市基准地价标准

（价格单位：元/平方米；基准日期：2008年1月1日）

<table>
<tr><th rowspan="2">土地级别</th><th rowspan="2" colspan="2">商业用地（40年）</th><th colspan="3">住宅用地</th><th colspan="5">工业用地（50年）</th></tr>
<tr><th colspan="2">50年</th><th>70年</th><th>市本级</th><th colspan="2">苏家屯</th><th colspan="2">沈北</th></tr>
<tr><td>一级</td><td colspan="2">10 764</td><td colspan="2">3 981</td><td>4 084</td><td>998</td><td colspan="2">491</td><td colspan="2">481</td></tr>
<tr><td rowspan="2">二级</td><td rowspan="2" colspan="2">6 497</td><td rowspan="2" colspan="2">3 374</td><td rowspan="2">3 462</td><td rowspan="2">796</td><td>一类</td><td>412</td><td>一类</td><td>401</td></tr>
<tr><td>二类</td><td>371</td><td>二类</td><td>359</td></tr>
<tr><td rowspan="2">三级</td><td>一类</td><td>5 165</td><td rowspan="2" colspan="2">2 712</td><td rowspan="2">2 783</td><td rowspan="2">717</td><td rowspan="2" colspan="2">288</td><td>一类</td><td>319</td></tr>
<tr><td>二类</td><td>4 298</td><td>二类</td><td>288</td></tr>
<tr><td>四级</td><td colspan="2">2 606</td><td colspan="2">2 088</td><td>2 142</td><td>602</td><td></td><td></td><td></td><td></td></tr>
<tr><td rowspan="2">五级</td><td>一类</td><td>1 925</td><td rowspan="2" colspan="2">1 480</td><td rowspan="2">1 518</td><td>480</td><td></td><td></td><td></td><td></td></tr>
<tr><td>二类</td><td>1 685</td><td></td><td></td><td></td><td></td><td></td></tr>
<tr><td rowspan="2">六级</td><td>一类</td><td>1 473</td><td>一类</td><td>1 280</td><td>1 313</td><td></td><td></td><td></td><td></td><td></td></tr>
<tr><td>二类</td><td>1 303</td><td>二类</td><td>1 132</td><td>1 161</td><td></td><td></td><td></td><td></td><td></td></tr>
<tr><td>七级</td><td></td><td>967</td><td></td><td>880</td><td>903</td><td></td><td></td><td></td><td></td><td></td></tr>
<tr><td>八级</td><td></td><td>692</td><td></td><td>611</td><td>626</td><td></td><td></td><td></td><td></td><td></td></tr>
<tr><td>九级</td><td></td><td>573</td><td></td><td>519</td><td>533</td><td></td><td></td><td></td><td></td><td></td></tr>
</table>

基准地价修正法的基本原理是替代原理，即在正常市场条件下，具有相似土地条

件和使用功能的土地，在正常的房地产市场中，应当具有相似的价格。通过比较待估宗地与基准地价的土地条件、区域条件、使用年期、容积率等方面的差异大小，对照因素修正系数表，选取适宜的修正系数，对基准地价进行修正、调整，即可得到待估宗地地价。

8.3.2　基准地价修正法的适用性及估价步骤

基准地价修正法适用于完成基准地价评估的城镇土地估价，即该城市具备基准地价成果图和相应的修正体系成果。此法可在短期内快速地评估多宗土地的价格，但一般是作为辅助方法而非主要方法。

运用基准地价修正法评估宗地价格，一般包含以下步骤：

（1）搜集有关基准地价的资料。

（2）查出估价对象宗地所在土地级别或地价区段的基准地价。

（3）进行市场状况调整。将基准地价在基准日期的价值，调整为在估价时点的价值（与市场法中市场状况调整的内容和方法相同）。

（4）土地状况调整。将估价对象宗地的状况，包括位置、土地使用期限、土地条件、容积率、土地形状、临街状况等，与在评估基准地价时设定的有关条件或状况进行比较，将基准地价调整为在估价对象宗地状况下的价格（与市场法中房地产状况调整的内容和方法类似）。

（5）将基准地价和调整系数代入公式，求出待估宗地价格。公式为：

$$\text{待估宗地地价} = \text{待估宗地所处地段的基准地价} \times \text{市场状况调整系数} \times \text{土地状况调整系数}$$

【例 8-8】某待估宗地规划用途为住宅，土地级别为四级，土地总面积为 34 068 平方米，土地使用权年限为 70 年，规划容积率为 4，试用基准地价修正法求取该宗土地在 2010 年 1 月 1 日的价格。

【解】根据该市城区基准地价表，获知四级住宅用地的基准地价为 2 142 元每平方米，基准日期为 2008 年 1 月 1 日。

（1）求取市场状况调整系数。根据该市住宅用地地价指数表，得知在基准日期 2008 年 1 月 1 日和在估价时点 2010 年 1 月 1 日的地价指数分别为 100.6 和 101.4，确定市场状况调整系数为 $101.4 \div 100.6 = 1.007$。

（2）求取土地状况调整系数。根据该市“住宅用地使用年期修正系数表”得出年期修正系数为 1；根据“住宅用地容积率修正表”得出容积率修正系数为 1.02；根据“宗地面积修正系数表”得出宗地面积修正系数为 1.03；根据“宗地形状修正表”得出宗地形状修正系数为 1.02；根据“区位因素修正系数表”得出区位因素修正系数为 0.975。将以上系数综合为一个系数即土地状况调整系数，土地状况调整系数为 $1 \times 1.02 \times 1.03 \times 1.02 \times 0.975 = 1.04$。

待估土地的价格为：

土地单价 =2 142 ×1.007 ×1.04 =2 243.27（元/平方米）

土地总价 =2 243.27 ×34 068 ÷10 000 =7 642.37（万元）

值得说明的是：对于宗地估价而言，基准地价修正法只是在政府确定并公布了基准地价的地区可以选择的估价方法之一，除采用基准地价修正法之外，还可以直接运用市场法、成本法、收益法、假设开发法等来评估。例如利用待开发土地建造商品住宅或写字楼、商店、宾馆等，适用假设开发法估价；对于新近开发或改造的土地，如征用农地或城市拆迁改造后进行“三通一平”的土地，适用成本法估价；对于已有建筑物如写字楼、商场、宾馆等的宗地，适用收益法（土地剩余技术）估价。更重要的一点，不论宗地的类型如何，只要该类宗地有较发达的交易市场存在，可以找到较多的交易案例，均适用市场法估价。

真题精选（2007 年—多选）：评估基准地价或利用基准地价评估宗地价格，必须明确基准地价的内涵。基准地价的内涵包括（　　）。

A. 基准日期　　B. 土地开发程度　　C. 基准地价修正体系

D. 土地用途　　E. 基准地价公布日期

（答案为 ABD）

8.4 高层建筑地价分摊

8.4.1 高层建筑地价分摊的意义

在现代城市中，由于土地稀缺、地价上涨，加之建筑技术日益发展，多层、高层建筑物越来越多。在城市中心商业区，建筑物不仅多层、高层化，而且出现了立体化。与此同时，随着房地产交易活动的日益发展和产权多元化，出现了同一幢建筑物内同时存在多个所有者的情况，如高层住宅或公寓，通常为多户居民“区分所有”。但是，整幢建筑物占用的土地是同一块，在实物形态上不可分割。所以，拥有建筑物的所有者共同拥有该块土地的使用权。在现实生活中，有时需要确定每一位所有者占有的土地份额，例如，在建筑物寿命结束时或者建筑物被火灾烧毁后，大家决定将该块土地出售，但售出后的地价收益如何分配，就需要确定每人占有的土地份额；再譬如，在建筑物使用过程中，政府要征收土地税费，该土地税费在建筑物的所有者之间如何分摊，也需要知道每人占有的土地份额是多少。由此可见，合理确定建筑物所有者占有的土地份额，关系到土地的权利和义务问题。这一问题，可以通过对高层建筑地价分摊得以解决。

通过高层建筑地价分摊可以求取：①各部分占有的土地份额；②各部分分摊的土地面积；③各部分分摊的地价数额。

8.4.2 高层建筑地价分摊的方法

高层建筑地价分摊的方法有：按照建筑物面积分摊、按照房地价值分摊和按照土地价值分摊等。

1. 按照建筑物面积分摊

按照建筑物面积分摊的方法，是根据建筑物各部分的建筑物面积占整个建筑物面积的比例，来推断其占有的土地份额。即某部分占有的土地份额为该部分的建筑物面积除以建筑物总面积。具体公式为：

$$某部分占有的土地份额=\frac{该部分的建筑物面积}{建筑物总面积}$$

$$某部分分摊的土地面积=土地总面积\times某部分占有的土地份额$$

$$\begin{aligned}某部分分摊的地价数额&=土地总价值\times某部分占有的土地份额\\&=楼面地价\times该部分的建筑物面积\end{aligned}$$

【例8-9】某幢楼房的土地总面积为500平方米，总建筑面积1 000平方米，某人拥有其中80平方米的建筑面积。请按照建筑面积分摊的方法计算该人占有的土地份额及分摊的土地面积。

【解】

$$\begin{aligned}该人占有的土地份额&=\frac{80}{1\ 000}\\&=8\%\end{aligned}$$

$$该人分摊的土地面积=500\times8\%=40（平方米）$$

按照建筑面积分摊的优点是简便、可操作性强。不足之处在于：不同部分的房地产价值不同，但却分摊了等量地价。它主要适用于各层用途相同且价格差异不大的建筑物，如用途单一的住宅楼、办公楼等。

2. 按照房地价值分摊

按照房地价值分摊是根据建筑物各部分的房地价值占房地总价值的比例，来推断其占有的土地份额。即某部分占有的土地份额为该部分的房地价值除以房地总价值。具体公式为：

$$某部分占有的土地份额=\frac{该部分的房地价值}{房地总价值}$$

$$某部分分摊的土地面积=土地总面积\times某部分占有的土地份额$$

$$某部分分摊的地价数额=土地总价值\times某部分占有的土地份额$$

【例8-10】某幢大厦为六层综合楼，其中一至三层为商场，四至六层为写字楼，商场为甲公司拥有，写字楼为乙公司拥有。该大厦的土地价值为3 500万元，房地总价值为5 000万元，其中商场的房地价值为3 000万元，写字楼的房地价值为2 000万元。请按照房地价值进行分摊的方法计算甲、乙公司占有的土地份额及分摊的地价数额。

【解】(1)

$$\text{甲公司占有的土地份额} = 3\ 000 \div 5\ 000 = 60\%$$

$$\text{甲公司分摊的地价数额} = 3\ 500 \times 60\% = 2\ 100\ (\text{万元})$$

(2)

$$\text{乙公司占有的土地份额} = 2\ 000 \div 5000 = 40\%$$

$$\text{乙公司分摊的地价数额} = 3\ 500 \times 40\% = 1\ 400\ (\text{万元})$$

按照房地价值分摊比按建筑面积分摊更符合实际情况，主要适用于各部分的房地价值差异不大的建筑物。

3. 按照土地价值分摊

按照土地价值分摊，是根据建筑物各部分的土地价值占土地总价值的比例，来推断其占有的土地份额。即某部分占有的土地份额为该部分的土地价值除以土地总价值。具体公式为：

$$\text{某部分占有的土地份额} = \frac{\text{该部分的土地价值}}{\text{土地总价值}} = \frac{\text{该部分的房地价值} - \text{该部分的建筑物价值}}{\text{房地总价值} - \text{建筑物总价值}}$$

$$\text{某部分分摊的土地面积} = \text{土地总面积} \times \text{该部分占有的土地份额}$$

$$\text{某部分分摊的地价数额} = \text{土地总价值} \times \text{该部分占有的土地份额} = \text{该部分的房地价值} - \text{该部分的建筑物价值}$$

【例8-11】某幢大厦的房地总价值为5 000万元，其中建筑物总价值为2 000万元。某人拥有该大厦的某一部分，该部分的房地价值为100万元，建筑物价值为40万元。请按照土地价值进行分摊的方法计算此人占有的土地份额。

【解】

$$\text{该人占有的土地份额} = \frac{100 - 40}{5\ 000 - 2\ 000} = 2\%$$

上述分摊方法不仅适用于高层建筑物的地价分摊，而且适用于同一层的不同部位分别为不同人所有、房地价值不相等的地价分摊。例如，在繁华地段，临街部分的房屋比里面的非临街房屋价值高，在房屋分别为多人所有的情况下，就需要进行地价分摊，确定各自的土地占有份额。

真题精选 (2006年—多选)：高层建筑地价分摊的方法有（ ）。

A. 按建筑物价值进行分摊 B. 按房地价值进行分摊 C. 按土地价值进行分摊

D. 按建筑面积进行分摊 E. 按楼面地价进行分摊

（答案为 BCD）

本章小结

本章主要介绍了长期趋势法、路线价法、基准地价修正法以及高层建筑地价分摊方法等四种估价方法。长期趋势法是依据一系列已知房地产价格数据来推测、判断房地产的未来价值，此方法还可用于收益法中预测未来的收益与费用，用于市场法中对可比实例的成交价格进行市场状况调整等。路线价法是求取临街若干标准宗地的平均价格，再配合深度价格修正率表，计算出与该道路临街的其他土地价格的一种估价方法，适宜城市繁华的商业街道两侧的土地。基准地价修正法是利用有关调整系数，将估价对象宗地所处土地级别或地价区段的基准地价调整为估价对象宗地价格的方法。高层建筑地价分摊的方法有按照建筑物面积分摊、按照房地价值分摊和按照土地价值分摊等方法，可以计算各部分占有的土地份额、分摊的土地面积和分摊的地价数额。

房地产估价师考试模拟试题

一、单项选择题

1. 采用长期趋势法估价所适用的对象，主要是那些（　　）。
   A. 价格在不断上涨的房地产　　B. 价格在不断下降的房地产
   C. 价格呈有规律变化的房地产　　D. 价格并无明显的季节波动的房地产
2. 加权移动平均法是将估价时点前若干时期的房地产价格的实际值经过（　　）之后，再采用类似简单移动平均法的方法进行趋势估计。
   A. 修匀　　B. 修正　　C. 平滑　　D. 加权
3. 长期趋势法主要用于对房地产未来价格的推测、判断，如用于（　　）中预测未来开发完成后的房地产价值。
   A. 比较法　　B. 成本法　　C. 收益法　　D. 假设开发法
4. 路线价法在实际估价时，设定的标准深度通常是路线价区段内临街各宗土地的临街深度的（　　）。
   A. 算术平均数　　B. 加权平均数　　C. 中位数　　D. 众数
5. 对于（　　），其临街深度虽然各不相同，只要先查出其所在区段的路线价，再根据临街深度查出相应的深度价格修正率，就可计算此宗土地的价格，而不必再考虑其他价格修正率。
   A. 一面临街的矩形地　　B. 前后两面临街的矩形地
   C. 矩形街角地　　D. 三角地
6. 如果一幢建筑物内各层用途相同且价格差异不大，对于这种类型的建筑物，如用途单一的住宅楼、办公楼，其地价一般可以按（　　）分摊。

A. 土地价值　B. 建筑物价值　C. 房地价值　D. 建筑面积

7. 路线价法主要适用于城市（　　）土地的估价。

A. 居住用地　B. 工业用地　C. 公益事业用地　D. 商业街道两侧

※8. 随着临街深度的递增，临街深度价格修正率递增的是（　　）。

A. 单独深度价格修正率　B. 累计深度价格修正率

C. 平均深度价格修正率　D. 加权深度价格修正率

※9. 城市基准地价是根据用途相似、地块相连、地价相近的原则划分地价区段，调查评估的各地价区段在某一时点的（　　）。

A. 最低价格　B. 平均价格　C. 出让地价　D. 标定地价

※10. 在运用长期趋势法测算房地产未来价格时，当房地产价格的变动过程是持续上升或者下降的，并且各期上升或下降的幅度比率大致接近，则宜选用（　　）方法进行测算。

A. 平均增减量法　B. 平均发展速度法

C. 移动平均法　D. 指数修匀法

二、多项选择题

1. 长期趋势法评估房地产价格适用的条件是：（　　）。

A. 同一供求范围内存在较多的类似房地产的交易

B. 拥有估价对象或类似房地产的较长时期的历史价格资料

C. 那些既无收益又很少发生交易的房地产

D. 估价对象或类似房地产的历史价格资料要真实

E. 那些有收益或有潜在收益的房地产

2. 运用平均增减量法对房地产进行估价的条件是：（　　）。

A. 同一供求范围内存在较多的类似房地产的交易

B. 房地产价格变动过程是持续上升或持续下降的

C. 那些有收益或潜在收益的房地产

D. 房地产价格各期上升或下降的数额大致比较接近

E. 那些既无收益又很少发生交易的房地产

3. 运用平均发展速度法进行房地产估价的条件是：（　　）。

A. 同一供求范围内存在较多的类似房地产的交易

B. 房地产价格的变动过程是持续上升或持续下降的

C. 那些有收益或潜在收益的房地产

D. 房地产价格各期上升或下降的幅度大致比较接近

E. 那些既无收益又很少发生交易的房地产

4. 长期趋势法主要用于对房地产未来价格的推测、判断，如：(　　)。
A. 用于假设开发法中预测未来开发完成后的房地产价值
B. 用于比较法中对可比实例价格进行交易日期修正
C. 用于收益法中对未来净收益等的预测
D. 用来填补某些房地产历史价格资料的缺乏
E. 用来比较、分析两宗（或两类）以上房地产价格的发展趋势或潜力

5. 在路线价法评估地价时，不需要做“交易情况修正”和“市场状况调整”，其原因是：(　　)。
A. 因为还需要划分路线价区段
B. 因为所求得的标准宗地的平均水平价格已经是正常价格
C. 因为还要作深度价格修正
D. 因为还要作其他价格修正
E. 因为求得的路线价所对应的日期，与要求取的其他临街土地价值的日期一致，都是估价时点上的价格。

6. 运用路线价法对土地价格进行估价的前提条件是：(　　)。
A. 道路比较规整　　B. 各宗土地的排列比较整齐
C. 有妥善合理的深度价格修正率表　　D. 有妥善合理的其他价格修正率表
E. 土地交易情况比较活跃

7. 标准宗地是路线价区段内具有代表性的宗地。选取标准宗地的具体要求有以下几项：(　　)。
A. 一面临街，且土地形状为矩形
B. 临街深度为标准深度，临街宽度为标准宽度
C. 用途为所在区段具有代表性的用途
D. 建筑容积率为所在区段具有代表性的容积率
E. 土地使用权年限、土地生熟程度等也应具有代表性

8. 路线价是附设在道路上的若干标准宗地的平均水平价格，通常为（　　）。
A. 土地单价　　B. 土地总价　　C. 楼面地价
D. 用货币表示　　E. 用相对数表示

※9. 长期趋势法除了用于推测、判断房地产的未来价格，还可用于（　　）。
A. 假设开发法中开发完成后的房地产价值的预测
B. 收益法中未来租金、运营费用的预测
C. 成本法中对先前发生费用的正确性的校核
D. 市场比较法中对房地产状况进行调整
E. 某些缺乏房地产历史价格资料的填补

10. 高层建筑的地价分摊，可供选择的分摊方法有：(　　)。

A. 按建筑层次进行分摊　　B. 按建筑面积进行分摊
C. 按使用面积进行分摊　　D. 按土地价值进行分摊
E. 按房地价值进行分摊

三、判断题

1. 运用平均增减量法进行房地产估价的一般条件是，房地产价格的变动过程比较稳定，其变动是不大的。(　　)
2. 加权移动平均法是将估价时点后若干时期的房地产价格的实际值经过加权之后，再采用类似简单移动平均法的方法进行趋势估计。(　　)
3. 长期趋势法一般多用于比较法中对可比实例价格进行交易日期修正，而不适宜于用来比较、分析两宗（或两类）以上房地产价格的发展趋势或潜力。(　　)
4. 在同一条道路上，只能附设一种路线价。(　　)
5. 高层建筑地价分摊的关键是，确定一栋建筑物的各个所有者应占有的土地份额。(　　)
6. 计算前后两面临街矩形土地的价格，通常是采用“正旁两街分别轻重估价法”。(　　)
7. 街角地是指位于十字路口或丁字路口的土地。计算街角地的价格，通常是采用“重叠价值估价法”。(　　)

※8. 移动平均法是对原有价格按照时间序列进行修匀，即采用逐项递移方法分别计算一系列移动的时序价格平均数，形成一个新的派生平均价格的时间序列，借以消除价格短期波动的影响，显现出价格变动的基本发展趋势。(　　)

9. 最为简单且又容易理解的深度价格递减率是“四三二一”法则，并以“九八七六”法则为补充。(　　)
10. 路线价法特别适用于土地课税、土地整理、征地拆迁或者其他需要在大范围内对多宗土地进行估价的场合。(　　)

四、计算题

1. 通过市场调研，获得某类房地产2002年至2006年的价格分别为3 405元每平方米、3 565元每平方米、3 730元每平方米、3 905元每平方米、4 075元每平方米，请采用平均增减量法预测该类房地产2008年的价格。

2. 已知临街矩形地块甲的总价为36万元，临街宽度为20英尺，临街深度为75英尺。现有一相邻矩形地块乙，临街宽度为30英尺，临街深度为125英尺。请运用“四三二一”法则，测算地块乙的总地价。

3. 一前后临街、总深度为50米的矩形宗地，其前街路线价为5 000元/平方米，后街路线价为3 800元每平方米。如果按“重叠价值估价法”，该宗地的前街影响深度是多少？

4. 某幢大厦的总建筑面积为 10 000 平方米，房地产总价值为 7 000 万元。其中土地总价值为 3 000 万元。李某拥有该大厦其中一部分，该部分的建筑面积为 250 平方米，房地产价值为 150 万元。若按照土地价值进行分摊，则李某占有的土地份额是多少？

第三部分
房地产估价报告

第 9 章

房地产估价报告概述与报告写作示例

学习目标

掌握房地产估价报告的写作要求及组成内容，熟悉估价报告的形式。

技能要求

能够撰写房地产估价报告。

9.1 房地产估价报告概述

9.1.1 房地产估价报告的含义

房地产估价报告是估价师提交给委托方的书面文件，是估价过程和估价成果的综合反映。通过估价报告，不仅可以了解房地产估价的最后结果，而且能够了解整个估价过程的技术路线、使用方法和评估依据，是估价师提供给委托方的“产品”。

房地产估价报告的作用主要体现在以下几方面：①结束估价委托，向委托方说明估价工作已经完成；②提供估价结果；③说明估价报告中的有关情况，如限定估价结果的应用条件，明确估价机构和估价人员的责任界限；④详细记载估价过程，体现估价结果的科学性，增强可信度，一旦发生估价争议，可以为估价机构提供申述依据。

9.1.2 房地产估价报告的形式

房地产估价报告一般采用书面形式，分为叙述式报告和表格式报告。

（1）表格式报告通常用于成片估价或多宗房地产估价且单宗房地产的价值较低的情况，如旧城区居民房屋拆迁估价、成批房地产处置估价、居民预购商品住宅的抵押估价等。成套住宅抵押估价报告也可以采取表格形式。表格式估价报告示例见第 9.2.2 节。

（2）叙述式报告是最常见的报告形式，它使估价师有机会论证和解释其分析意见和结论，使估价结果更具有说服力，被认为是估价师履行估价责任的最佳方式。

叙述式估价报告示例见第9.2.1节。

9.1.3 房地产估价报告的要求

房地产估价报告总的要求是全面、公正、客观地记述估价过程和结论。估价报告应完整地反映估价所涉及的事实、推理过程和结论，正文内容和附件资料应齐全、配套，使估价报告使用者能够理解估价结果；估价报告应站在中立的立场上对影响估价对象价值的因素进行客观的介绍、分析和评论，得出的结论应有充分的依据；要选择有代表性、能反映事情本质特征的资料来说明情况和表达观点。

估价报告的质量要求，既包括估价结果合理、估价方法正确、估价参数准确等内在质量，还包括文字表述水平、文本格式及印刷质量等外在质量，两者不可偏废。

估价报告的写作要求，主要有对词义、语句的要求、防止错字漏字等，还有段落、结构安排，文字说明、图表的结合使用，专业术语规范等问题。

（1）对词义的要求——准确、鲜明、中性、标准。

1）用词要准确。用词准确是对词义的基本要求，要善于根据内容表达的需要，在众多同义词、近义词中选用最确切的词语，以准确地表现事物的特征和作者的意图。例如："这里有可能成为繁华商业区"、"预计这里将成为繁华商业区"和"这里必然会成为繁华商业区"，在这三种表达方式中，由于用词的强度不同，表达的意思也有很大差异。

2）语义要鲜明。在房地产估价报告中会经常使用表达分寸的词语，比如范围、程度、条件等，使用这类词语要恰当，不能含混不清、模棱两可。不能使用"大概"、"可能"等字样，特别是估价结论，不能模棱两可。例如，某房地产估价报告陈述估价结果时这样表达："估价对象房地产每平方米建筑面积的价格大约在5 800元左右"，"大约"一词出现在估价结论中是不妥当的，不妨说："估价对象房地产每平方米建筑面积的价格在5 790 ~5 810元之间，"这样的表述可以确定价格的变动范围。

3）尽量使用中性的词汇。估价报告用词的褒贬要得当，不可带有强烈的感情色彩，避免使用过于华丽的词语。例如："该公司上下努力、团结奋进、勇于开拓、奋力拼搏，在过去几年中取得了令人瞩目的成绩"，这种带有感情色彩的评语不十分恰当，应该改用比较中性的、冷静的、叙述性的语气。例如改为："从财务报告可见，该公司过去几年的经营业绩比较理想"，（可具体引用财务报告的一些主要指标，例如利润率、资产负债率等)，用数据说话比较有说服力。再如："该地区发展潜力与其他地区相比，不可同日而语"，这样过分褒此贬彼的做法也是不可取的。

4）用词要标准。不可用非标准的用语，比如将"素质"写为"质素"（中国香港的习惯用法)，或是用动词作形容词："这个小区的价位比附近同档次的小区低，非常吸引"（应为："非常有吸引力"）。

（2）对语句的要求——概括、得当、严密。

1）语句简洁、概括性强。估价报告应使用简洁的文字对估价所涉及的内容进行高度概括，还要注意语句的完整性，清楚地表达所要陈述的内容。

2）语句搭配得当。语义上要符合情理，符合语法规则，语句之间的意思要衔接、连贯，不能脱节。

3）逻辑严密。不能出现自相矛盾的现象，造成逻辑混乱。逻辑混乱的情况主要有：一是前后没有照应，如前面定下的报酬率是13%，后面又采用15%；二是数据来源没有出处或是有错，如房地产税、营业税的税率错误；三是判断推理没有充足的理由，如简单地下结论，却没有充足的理由支持该结论。

（3）对字的要求——文字正确，数字无缺漏。以下是一些容易混淆的字，需要特别注意：

坐（非座）落　　坐（非座）标　　签订（非定）

订（非定）货　　好像（非象）　　想象（非像）

图像（非象）　　其他（非它）　　部分（非份）

身份（非分）　　成分（非份）　　内涵（非含）

账（非帐）目　　撤销（非消）　　抵消（非销）

另外，估价报告的纸张、封面设计、排版、装订应有较好的质量，尽量做到图文并茂。

9.1.4　房地产估价报告的组成

依据《房地产估价规范》的规定，房地产估价报告通常由八大部分组成：①封面；②目录；③致估价委托人函；④注册房地产估价师声明；⑤估价的假设和限制条件；⑥估价结果报告；⑦估价技术报告；⑧附件。

1. 封面

封面的内容一般包括：①标题（估价报告名称）；②估价项目名称；③委托人（名称或者姓名）；④估价机构（名称）；⑤注册房地产估价师（姓名和注册号）；⑤估价作业日期（估价的起止日期，具体是估价委托书出具日期至估价报告出具日期）；⑦估价报告编号。

2. 目录

目录通常按照前后次序列出估价报告各个组成部分的名称及其对应的页码，以便于委托人或估价报告使用者对估价报告的框架和内容有一个总体了解，并容易查找到感兴趣的内容。

3. 致估价委托人函

致估价委托人函是估价机构正式向估价委托人报告估价结果及呈送估价报告的

信件。说明估价机构接受估价委托人的委托，选派哪些估价师，根据什么估价目的，遵循公认的估价原则，按照严谨的估价程序，运用哪些估价方法，对估价对象在什么日期的什么价值进行了专业分析、测算和判断，估价结果总价和单价分别是多少，以及估价报告使用期限等。

4. 注册房地产估价师声明

注册房地产估价师声明是注册房地产估价师对估价报告的合法性、真实性、合理性以及估价的独立、客观、公正性等问题做出的说明或保证。所有参加估价项目的注册房地产估价师都应当在该声明中签名。该声明对签名的注册房地产估价师起警示作用。

5. 估价的假设和限制条件

房地产价值受许多因素的影响，在不同的前提条件下会有不同的价值。估价的假设和限制条件是说明估价必须予以明确的前提条件，以及估价对象的现实状况与设定的估价对象状况的不同之处。假设和限制条件主要包括：①本次估价的假设前提；②未经调查确认或无法调查的资料；③估价中未考虑的因素和一些特殊处理及其可能的影响；④本估价报告使用的限制条件。

估价假定的前提条件要依据事实和估价目的，不是委托人和估价师可以随意设定的。因此，如果不是估价目的的需要，对于确定性因素不得进行假设；对于不确定因素，估价师应当合理且有依据地作出假定。估价师不能为了迎合委托人的要求，有意编造估价的假设和限制条件。

6. 估价结果报告

估价结果报告通常包括以下事项：①标题；②估价委托人；③估价机构；④估价目的；⑤估价对象；⑥估价时点；⑦价值类型；⑧估价依据；⑨估价原则；⑩估价方法；⑪估价结果；⑫其他需要说明的事项；⑬估价人员；⑭估价报告的使用期限。

7. 估价技术报告

估价技术报告一般包括以下内容：①估价对象分析（包括最高最佳利用分析）；②市场背景分析；③估价方法选用分析；④估价的详细测算过程；⑤估价结果及其确定理由。

8. 附件

附件是把可能会打断叙述部分的一些重要资料放入其中，通常包括：①估价委托书；②估价对象位置示意图；③估价对象内、外部状况以及周围环境和景观的图片；④估价对象权属证明；⑤估价中引用的其他专用文件资料；⑥估价机构资质证书复印件、估价机构营业执照复印件；⑦注册房地产估价师的注册证书复印件。

真题精选 （2005 年—判断）：一份完整的估价报告通常由以下几部分组成：封面、目录、致委托人函、估价结果报告、估价技术报告和附件。(　　)

（答案为 ×）

9.2 房地产估价报告写作示例

9.2.1 表格式房地产估价报告写作示例

房地产估价报告

估价项目名称：××市××区××街××号×小区×幢×住宅的估价报告
委托人：×××
估价机构：××房地产估价有限责任公司
估价报告编号：××评字〔××××〕第×××号

房地产估价结果报告

一、委托人			
名称/姓名	×××	身份证号	××××××××
住所		××市××区××路××号	
二、估价机构			
名称	××房地产估价有限责任公司		
住所	××区××路××号		
资质证书号	×××		
联系人	×××	联系人	×××
三、估价对象概况			
房屋所有权人	×××	房屋所有权证号	×××
幢号	29	房号	1-6-1
坐落	××区××大街××号	建筑年代	1995年至1998年
结构	砖混	建筑面积	136平方米
户型	三室二厅	朝向	南北
总层数	12	所在楼层	第7层
外墙	瓷砖	内墙	白色涂料
门	防盗门	窗	铝合金窗
天棚	石膏板吊顶	地面	防滑地砖
下水	√	上水	√
煤气	煤气管道	暖气	暖气供暖
供电	√	其他	
四、估价目的：为委托人出售住房提供市场价值参考			
五、估价时点：××××年××月××日			
六、估价依据：（略）			
七、估价原则：合法原则、替代原则、最高最佳使用原则、估价时点原则			
八、估价方法：市场法、收益法			
九、估价结果：			

（续）

单价	4 805.88 元/平方米
总价	¥65.36 万元　　　　人民币（大写）：陆拾伍万叁仟陆佰圆整
十、注册房地产估价师	
签名（盖章）：	×××（注册号×××）
	×××（注册号×××）
十一、估价作业期：自××××年××月××日至××××年××月××日	
十二、估价报告应用有效期：报告出具之日起一年内有效。	

估价机构（盖章）：

法定代表人（签章）：×××

××××年××月××日

附件（略）。

9.2.2　叙述式房地产估价报告写作示例

房地产估价报告

估价项目名称：××区××大街××号——××公寓 2 号楼土地使用权及地上建筑物（停建）房地产价格评估

委托人：××银行

估价机构：北京市×××房地产评估有限责任公司

注册房地产估价师：×××（注册号××）、×××（注册号××）

估价作业日期：2006 年 04 月 27 日至 2006 年 06 月 01 日

估价报告编号：×××（2006）评字第××号

目　　录

致委托人函

××银行：

承蒙贵方的委托，我公司对位于北京市××区××大街××号——××公寓2号楼的土地使用权及地上建筑物（停建）房地产价格进行了评估。此次评估目的是确定房地产价值，为委托人以估价对象进行房地产交易工作提供价格参考依据。估价时点为2006年5月21日。

在整个估价过程中，注册房地产估价师本着独立、客观、公正的原则，在对估价对象进行了实地查看、广泛收集有关市场信息和估价对象信息的基础上，全面分析了影响估价对象市场价格的因素，运用成本法、收益法、市场法、假设开发法等估价方法对估价对象进行了评估，确定估价对象房地产市场价值为12 323万元，大写金额为壹亿贰仟叁佰贰拾叁万元整。

北京市×××房地产评估有限责任公司

法定代表人：×××

二〇〇六年六月一日

注册房地产估价师声明

我们郑重声明：

一、我们在本估价报告中陈述的事实是真实和准确的。

二、本估价报告中的分析、意见和结论是我们自己公正的专业分析、意见和结论，但受到本估价报告中已说明的假设和限制条件的限制。

三、我们与本估价报告中的估价对象没有利害关系，与有关当事人也没有个人利害关系。

四、我们依照中华人民共和国国家标准《房地产估价规范》进行分析，形成意见和结论，撰写本估价报告。

五、我们已亲自对本估价报告中的估价对象进行了实地查看。

六、参加本次估价的注册房地产估价师：

×××（签名）（注册号：××××××）

×××（签名）（注册号：××××××）

估价的假设和限制条件

一、估价的假设前提

我们评估的是估价对象的现时市场价格，是指在估价时点对估价对象进行销售的正常合理价格，它依据如下假设：

1. 任何有关估价对象运作方式、程序符合国家和地方法律、法规。

2. 在估价时点的房地产市场为公开、平等、自愿的交易市场。

3. 在估价时点不受任何权利限制，在公开市场可以合法地进行转让。

4. 存在自愿销售的卖主，不考虑特殊买家的额外出价。

5. 有一段合理洽谈时间，通盘考虑房地产性质和市场情形进行议价。

二、未经调查确认或无法调查确认的资料数据

1. 根据《国有土地使用证》（市东涉外国用（99）字第××号）、《北京市城镇国有土地使用权出让合同》（京房地出让［合］字（95）第××号）及其附件记载，本次评估设定估价对象的现状土地用途为公寓。

2. 注册房地产估价师只对估价对象房屋进行一般性查看，未接受进行结构、设施品质的检测要求，由于估价对象房屋已闲置多年，注册房地产估价师不能确定该建筑现状是否存在质量缺陷或安全隐患等方面的问题。

3. 对于估价对象的房地产产权，注册房地产估价师仅以委托人提供的《国有土地使用证》（市东涉外国用（99）字第××号）、《北京市城镇国有土地使用权出让合同》（京房地出让［合］字（95）第××号）（估价对象属于停建工程，因此没有办理房屋所有权证）等文件复印件予以界定，产权人为北京××有限公司。

4. 估价对象的建筑面积、土地使用权面积，分别以委托人提供的《房屋土地测绘技术报告书》（××测绘技术有限责任公司2004年12月30日）、《国有土地使用证》（市东涉外国用（99）字第××号）记载的数据为依据。如与国家有关测绘部门最终确认的面积有差异，本报告结果应作相应调整。

5. 关于他项权利的披露。根据《国有土地使用证》（市东涉外国用（99）字第××号）记载，估价对象设置了抵押，抵押权人为北京市海淀区农村信用合作社联合社，权利价值15 000万元，抵押期限自2005年12月23日至2006年12月22日止。本报告的估价结果未考虑抵押权的存在对房地产价值的影响。

三、估价中未考虑的因素及一些特殊处理

1. 本报告对估价对象市场价格的把握，仅相对于估价时点市场状况以及估价对象的现状而言，并未考虑市场价格波动、税费率的变化、国家经济政策发生变化以及其他不可抗力等因素对估价对象价值的影响，使用者在运用本报告的结果时应予充分考虑。

2. 估价对象至今只取得了1996年的主体验收合格文件，尚未办理《房屋所有权证》，本报告的估价结果未考虑办理房屋所有权证可能发生的费用。

3. 根据《国有土地使用证》（市东中外国用（95）字第××号）、《北京市城镇国有土

地使用权出让合同》（京房地出让［合］字（95）第××号）和《建设工程规划许可证》（（95）规建字××号）记载，××区××大街××号院土地用途为商业办公及公寓，总出让金5 396.85万元，1号楼和2号楼总建筑面积45 910平方米。由于北京××有限公司无法提供各个用途土地的出让金额，在此我们根据总出让金和总建筑面积测算出原土地出让金均价为1 175.53元每平方米，并以此为假设前提计算估价对象因用途改变而需补交的出让金额，若改变建设用途确需补交土地出让金，具体金额应依据北京市地价评审委员会审定结果为准。

4. 由于对估价对象建成写字楼的改造方案具有一定的特殊性，因此改造方案的描述及续建成本的测算，采用清华大学建筑设计院出具的设计方案要点及估算表作为此次估价依据。本次测算是设定其在规划上许可、技术上可行前提下进行的。

四、估价的限制条件

1. 本报告估价结果为2006年5月21日的市场价格，随着时间及市场情况的变化，该价格需作相应的调整。如使用本报告估价结果的时间与报告的估价日期相差12个月或以上，我公司对应用此结果给有关方面造成的损失不承担任何责任。

2. 本报告仅为委托人进行投资提供价格参考依据，如果改变估价目的或若用于其他用途对使用者造成的损失，我公司不承担任何责任。

3. 委托人和北京××有限公司所提供的资料是此次估价的重要依据，注册房地产估价师未向政府有关部门核实和查证，对于该资料的真实性和准确性由委托人负责，对由此而引起的后果及相关责任，我公司不承担任何责任。

4. 报告中数据全部采用电算化连续计算得出，由于在报告中计算的数据均按四舍五入保留两位小数或取整，因此，可能出现个别等式左右不完全相等的情况，但不影响计算结果及最终评估结论的准确性。

5. 本报告和估价结果的使用权归委托人所有，本公司对估价结果有最终解释权。

6. 未经我公司允许，本估价报告全部或部分内容不得公开发表。

房地产估价结果报告

一、委托人（略）

二、估价机构

北京市×××房地产评估有限责任公司

单位地址：北京市××区×××胡同24号院

资质级别：建设部壹级

资质证书：建房估证字【2005】×××号

法人代表：×××

联系人：×××

三、估价对象

（一）估价对象界定

估价对象是指位于北京市××区××大街××号的××公寓 2 号楼土地使用权及地上建筑物（停建），见表 9-1 所示。

表 9-1　估价对象状况一览表

项目名称	××公寓 2 号楼
项目位置	××区××大街××号
建筑结构	框架剪力墙
楼层	地上 12 层，无地下
土地使用权类型	出让
土地使用权用途	公寓
土地使用面积（平方米）	5 550
土地使用权终止日期	2065 年 10 月 30 日
总建筑面积（平方米）	15 032. 27（主体 14 805. 48，锅炉房 226. 79）
建筑年代	1995 年至 1998 年由旧厂房改造为现状，尚未完工且闲置多年
国有土地使用证	市东涉外国用（99）字第××号
房屋所有权人与土地使用权人	北京××有限公司

（二）估价对象概况

1. 估价对象四至

估价对象位于北京市××区××大街××号西院，东至××大街××号东院，南至××大街 22 号，西至小夹道，北至嵩祝寺。

2. 建筑物历史背景

该楼为原牡丹集团东风电视机厂生产组装车间，始建于 1974 年，原设计为六层框架结构，局部七层。

该楼于 20 世纪 90 年代中期进行了结构改造：1995 年 11 月由清华建筑设计院完成改造设计，1997 年完成改造施工，后由于使用功能改变于 1998 年再次进行修改，即在每层增设了一局部夹层（公寓楼格局形式），总体上形成目前的十二层结构形式。此次改造期间对一层及二层部分框架柱、顶层框架梁进行了加固处理；在局部区域增设了现浇混凝土剪力墙、电梯井及楼梯间、承重柱和建筑面积约 5 000 平方米的夹层楼板；此外还对局部区域的预制圆孔板进行了拆除，改为现浇混凝土板。建筑物主体结构改造基本完成，闲置至今。

3. 建筑物现状

建筑物周边为水泥砂浆及沥青地面，地上停车位约 50 个。外立面为白色小块瓷砖兼有粉色瓷砖点缀，墙面有瓷砖脱落现象。内墙为水泥墙面，部分砌块外露。地面及楼梯间为水泥面，尚未抹平。顶棚未作处理，管线外露。外窗为中空双玻黑色铝合金窗，但折旧较大。

估价对象现保存有个别精装修标准样板间，楼道吊顶有筒灯、烟感喷淋。入户门为防盗门和实木门，大厅、卧室、书房为米黄色木地板，墙面刷白色涂料，卫生间瓷砖铺地面、铺墙面、铝合金吸音吊板，厨房为瓷砖铺地面、铺墙面。由于样板间长期闲置，装修有折旧现象。

建筑物原设计消防采用自动报警及喷淋系统。供暖及空调通风系统冬季采用暖气供暖，热源由锅炉房提供；夏季采用分体空调系统。各类管线、暖气片已安装到户，上述设施为原设计标准，部分管线已预留，但因长期闲置，在质量和功能上已不能满足当前的使用要求。

四、估价目的

确定估价对象房地产市场价格，为委托人以估价对象进行房地产交易提供价格参考依据。

五、估价时点：2006 年 5 月 21 日

六、价值定义

本报告的估价结果是指估价对象具备转让、出租、抵押的权利，房屋在维持现状并正常使用的条件下，于估价时点 2006 年 5 月 21 日的土地使用权及地上建筑物（停建）的房地产市场价格。

七、估价依据

本次评估的估价依据包括中华人民共和国全国人大及其常委会、国务院、国家建设部、国土资源部以及北京市人民政府有关部门颁布的有关法规和政策文件，委托人提供的有关资料等。具体资料如下：

1. 《中华人民共和国土地管理法》；
2. 《中华人民共和国城市房地产管理法》；
3. 《北京市基准地价》；
4. 《房地产估价规范》；
5. 委托人提供的涉及估价对象的有关法律文件、图表和资料；
6. 我公司掌握的有关市场资料及注册房地产估价师实地查看所获取的材料。

八、估价原则

我们在估价时遵循了以下原则：

（一）合法原则：房地产估价必须以房地产合法使用为前提。

（二）最高最佳使用原则：能给估价对象带来最高收益的使用，这种使用，是在法律上允许、技术上可能、财务上可行。

（三）替代原则：房地产价格遵循替代规律，有相同效用、有替代可能的房地产会相互影响和竞争，使其价格相互牵制而趋于一致。

（四）估价时点原则：由于房地产市场是不断变化的，在不同估价时点，同一宗房地产往往具有不同的价格水平，对估价对象房地产市场情况及其自身情况的界定，均以其在估价时点已知或假设状况为准。

九、估价思路和方法

房地产估价常用方法有市场法、收益法、成本法、假设开发法和基准地价系数修正法等，评估过程中应根据估价对象的实际情况选择适合的估价方法。

此次评估运用了三种技术路线，分别是：采用成本法兼用基准地价法测算估价对象价格，采用假设开发法兼用收益法、市场法从改建为写字楼角度测算估价对象市场价格，采用假设开发法兼用市场法从续建为公寓角度测算估价对象市场价格。

具体分析如下：

1. 估价对象属于独立的整幢楼宇，并且尚未竣工，适用成本法测算。成本法是指以现时开发建造估价对象房地产或者类似房地产所需的各项必要费用之和为基础，再加上正常利润得出房地产价格的方法。其中土地使用权价格用基准地价法测算。

2. 估价对象属于停建工程，可继续建设装修或可改变用途进行改建，使用假设开发法测算。假设开发法是将预测的估价对象开发完成后的价值，减去未来的正常开发成本、税费和利润等，以此求取估价对象的客观合理价格或价值的方法。

估价对象投资方向和现状用途分别是写字楼和公寓，因此从改建为写字楼后的价值和续建为公寓后的价值两个角度分别进行假设开发的测算能更加客观的反映估价对象的合理价格。

（1）估价对象改建为写字楼后的价值，由于市场中有类似的写字楼项目出售、出租，交易价格较透明，因此可以用市场法和收益法综合测算。市场法是指在求取估价对象的房地产价格时，将估价对象与在较近时期内交易的类似房地产加以比较对照，从交易价格修正得出估价对象房地产价格的一种方法。收益法是将预期的房地产未来各期的正常净收益折算到估价时点上的现值，求其之和得出估价对象房地产市场价格的方法。以估价对象改建为写字楼后的价值，扣除应补交的土地出让金和改建费用，即为估价对象的市场价格。

（2）估价对象续建为公寓后的价值，采用市场法测算。市场中有类似的二手公寓出售，交易价格较透明，可作为转让实例，采用市场法测算能较准确地反映估价对象的比准价格。以估价对象续建为公寓后的价值，扣除续建费用，即为估价对象的市场价格。

3. 采用成本法测算估价对象价格，采用假设开发法从改建为写字楼角度测算估价对象市场价格，采用假设开发法从续建为公寓角度测算估价对象市场价格三种技术路线从不同角度反映了房地产价格，根据估价对象的特点、房地产市场行情，根据最高最佳使用原则并结合估价师的经验，采用加权平均的方法求取房地产市场价格。

十、估价结果

在整个估价过程中，注册房地产估价师本着公平、公正、客观的原则，在对估价对象进行了实地查看、广泛收集有关市场信息和估价对象信息的基础上，全面分析了影响估价对象市场价格的因素，并运用科学的估价方法对估价对象的房地产市场价格进行了评估。最终确定估价对象的房地产市场价格，如表 9-2 所示：

表 9-2 估价对象房地产市场价格

	单价（元/平方米）	建筑面积（平方米）	总价（万元）
合 计	8 197	15 032. 27	12 323

十一、估价人员

×××（注册房地产估价师 注册号：××××××××××）

×××（注册房地产估价师 注册号：××××××××××）

十二、估价作业日期

2006 年 4 月 27 日至 2006 年 6 月 1 日

十三、估价报告使用期限

本报告使用期限为一年（2006 年 6 月 1 日至 2007 年 5 月 31 日）

房地产估价技术报告

一、个别因素分析

1. 估价对象四至

估价对象位于北京市××区××大街××号西院，东至××大街××号东院，南至××大街 22 号，西至小夹道，北至嵩祝寺。

2. 估价对象概况

××银行委托评估的估价对象是指位于北京市××区××大街××号的××公寓 2 号楼，如表 9-3 所示。

表 9-3 估价对象状况一览表

项目名称	××公寓 2 号楼
项目位置	××区××大街××号
建筑结构	框架剪力墙
楼层	地上 12 层，无地下
土地使用权类型	出让
土地使用权用途	公寓
土地使用面积（平方米）	5 550
土地使用权终止日期	2065 年 10 月 30 日
总建筑面积（平方米）	15 032. 27（主体 14 805. 48，锅炉房 226. 79）
建筑年代	1995 年至 1998 年由旧厂房改造为现状，尚未完工且闲置多年
国有土地使用证	市东涉外国用（99）字第××号
房屋所有权人与土地使用权人	北京××有限公司

3. 估价对象建筑物状况（略）

二、区域因素分析

（一）地理位置：估价对象位于北京市××区××大街××号西院，东至××大街××号东院，南至××大街 22 号，西至小夹道，北至嵩祝寺。

（二）交通便捷度：估价对象东隔××1 号楼（现××银行），临近××大街及××街，向北约 500 米为××大街，向南约 500 米为××大街，道路等级较低。周边公交线路有 8 路、60 路、112 路，道路通达性和便捷性较好。估价对象不直接临街，其出入口为建筑东侧与××1 号楼之间的夹道。

（三）公共配套设施：商务配套主要有中国进出口银行等。生活配套设施如购物场所、邮电局、饭店等较齐全但距估价对象有一定距离。周边公共配套设施基本满足商务活动和日常生活的需要。

（四）周边环境：估价对象位于北京市××区中心地带。北临文化遗迹嵩祝寺，西南方向约 1 公里有故宫博物院、景山公园，距离东南方向 1.5 公里左右是北京市著名的王府井商业街。估价对象区域的文化气氛浓郁、商业气氛较弱。周边新建的建筑物较少，以旧有建筑物、或改建建筑物为主。

（五）基础设施状况：估价对象位于北京市市中心，市政基础设施齐全，区域土地的水、电、气、暖、通讯、宽带等管网均已接通。

三、市场背景分析

北京是全国政治、经济、文化的中心，也是全国性交通枢纽，铁路四通八达，空中航线、公路交通十分便利。北京作为首都的特殊地位及其良好的投资环境吸引了大量的投资者进驻北京，北京的房地产市场需求始终保持着较高的水平。北京 2008 奥运会的申办成功、中国加入世界贸易组织等事件在一定程度上刺激了北京房地产市场，特别是外国公司重新审视其在中国的市场运作，对扩大投资抱有积极的态度，而且市政府加大对市政基础设施建设的力度，这些因素为房地产市场带来了良好的预期。

估价对象位于××大街附近，已经脱离×××商业中心的辐射影响。所在区域道路等级较低，新建高层建筑少，周边房地产以居住及旧有办公用房为主，办公集聚度一般，商业繁华度处于较低水平，土地级别为居住一级、综合二级、商业三级。此区域新建居住项目均为高档次住宅，且数量较少。周边写字楼可大致分为中低、中高两个档次。中低档写字楼所占比例较大，建筑为多层砖混结构，普遍已经进行过二次装修、改造，但装修档次不高，配套落后；中高档以新建写字楼、商务酒店式写字楼为主，其特点是办公环境好，装修档次高，配套全。

四、最高最佳使用分析

根据《国有土地使用证》（市东涉外国用（99）字第××号）记载，估价对象的用途为居住。根据对估价对象的个别因素和区位条件的分析，其最高最佳使用用途为居住或综合。

五、估价测算过程

（一）采用成本法测算估价对象价格

估价对象属于独立的整幢楼宇，并且尚未竣工，适用成本法测算。成本法是求取估价对象在估价时点的重新购建价格，然后扣除折旧，以此估算估价对象的客观合理价格或价值的方法。重新购建价格中包括：土地使用权价格，建筑安装工程费、红线内市政工程费、专业人士费、管理费、投资利息以及投资利润。

1. 土地使用权价格（采用基准地价修正法）

北京市基准地价是指各土地级别内，土地开发程度为宗地外通路、通电、通讯、通上水、通下水、通燃气、通热力及宗地内土地平整（简称“七通一平”）或宗地外通路、通电、通讯、通上水、通下水及宗地内土地平整（简称“五通一平”），在平均容积率条件下，同一用途的完整土地使用权平均价格。基准地价的表示形式为楼面熟地价，同时公布楼面毛地价；楼面熟地价是指各土地级别内，完成“通平”的土地在平均容积率条件下，每建筑面积分摊的完整土地使用权的平均价格；楼面毛地价是指各土地级别内，在平均容积率条件下，政府收取的某种用途法定最高出让年限内的土地出让金、市政基础设施配套建设费的平均楼面价格，如表 9-4 所示。

楼面熟地价的计算公式为：

$$\text{楼面熟地价} = \text{适用的楼面熟地价} \times \text{期日修正系数} \times \text{年限修正系数} \times \text{容积率修正系数} \times \text{因素修正系数}$$

表 9-4 北京市基准地价表（单位：元/建筑平方米）

土地用途	价格类型	土地级别									
		一级	二级	三级	四级	五级	六级	七级	八级	九级	十级
商业	基准地价（楼面熟地价）	7 210~9 750	5 680~7 680	4 530~6 130	3 720~5 090	2 720~4 000	1 970~2 900	1 150~1 980	530~1 180	250~540	140~260
	楼面毛地价	2 660~4 900	1 680~3 120	1 500~2 420	1 240~1 860	970~1 450	720~1 090	500~740	360~540	180~380	90~190
综合	基准地价（楼面熟地价）	5 540~8 250	4 440~6 000	3 620~4 940	2 650~3 900	1 960~2 790	1 290~2 080	880~1 320	430~900	200~450	140~260
	楼面毛地价	1 640~4 500	1 460~2 200	1 130~1 690	880~1 320	660~990	500~740	400~600	250~470	140~260	90~150
居住	基准地价（楼面熟地价）	4 740~7 000	3 800~5 760	2 730~4 590	2 090~3 600	1 500~2 790	1 060~1 820	630~1 080	330~650	180~370	140~260
	楼面毛地价	1 710~3 000	900~2 100	550~1 300	400~930	300~680	190~430	150~350	120~280	100~220	90~150

（续）

土地用途	价格类型	土地级别									
		一级	二级	三级	四级	五级	六级	七级	八级	九级	十级
工业	基准地价（楼面熟地价）	1 200 ~ 1 800	1 000 ~ 1 220	850 ~ 1 050	600 ~ 900	420 ~ 680	310 ~ 510	220 ~ 330	150 ~ 240	100 ~ 170	/
	楼面毛地价	420 ~ 850	430 ~ 530	340 ~ 440	270 ~ 360	195 ~ 300	135 ~ 225	100 ~ 160	60 ~ 100	20 ~ 60	/

北京市基准地价内涵如下：

（1）土地开发程度：居住用途一至六级土地开发程度为“七通一平”；

（2）平均容积率：居住一至六级平均容积率为 2；

（3）基准日期：基准地价的基准日期为 2002 年 1 月 1 日；

（4）土地使用年限：居住用途最高使用年限为 70 年；

（5）适用的基准地价：估价对象现状用途为居住，是北京市基准地价区类划分标准中的居住一级地价区，土地使用权楼面熟地价在 4 740 ~ 7 000 元每平方米之间。计算高低限的平均值，确定楼面熟地价为 5 870 元每平方米；

（6）期日修正系数：基准地价的基准日期为 2002 年 1 月 1 日，基准日期至估价时点期间，估价对象所在区域土地使用权价格基本没有变化，所以不需要修正；

（7）因素修正系数的确定，参见表 9-5：

表 9-5　北京市居住一级基准地价因素修正系数表

影响因素	调整幅度	修正系数
A. 商业繁华度	-2 ~ 2%	-2.00%
B. 交通便捷度	-4 ~ 4%	-2.00%
C. 区域土地利用方向	-2 ~ 2%	0.00%
D. 临街状况	-2 ~ 2%	-2.00%
E. 宗地形状及可利用程度	-1.6 ~ 1.6%	1.50%
F. 公共服务、基础设施状况	-2.4 ~ 2.4%	-1.00%
G. 自然和人文环境状况	-4 ~ 4%	3.00%
H. 与商业中心的接近程度	-2 ~ 2%	0.00%
合计	-20 ~ 20%	-2.50%

备注：A. 商业繁华度：指距离商业中心的距离、商业设施的种类规模与集聚程度、经营类型、客流的数量与质量。B. 交通便捷度：指公交条件、距离火车站等交通疏散中心距离、区域道路密集程度。C. 区域土地利用方向：指周边土地利用方向的一致性。D. 临街道路状况：指临街道路类型、级别、人行道宽度和交通管制。E. 宗地形状及可利用程度：指宗地形状对土地利用的影响程度。F. 公共服务、基础设施状况：指公共设施和水、电、热、通信等各种基础设施的配套完善程度。

因素修正系数 = 1 − 2.5% = 97.5%

（8）年限修正系数：基准地价界定的居住用途土地使用权年限为 70 年，估价对象土地使用权终止日期为 2065 年 10 月 30 日，土地剩余使用年限为 59.48 年。

$$年限修正系数 = (1-[1/(1+r)^n]) \div (1-[1/(1+r)^m]) = 0.994$$

式中 r——土地报酬率（取 8.00%）；

n——宗地剩余使用年限（59.48 年）；

m——法定最高出让年限（70 年）。

（9）容积率修正系数的确定：按照城市规划管理部门给定的宗地容积率（R），查相应的《容积率修正系数表》确定容积率修正系数。估价对象现状容积率约为 2.71，确定容积率修正系数为 0.932。

（10）估价对象楼面熟地价的确定

$$\text{楼面熟地价} = \text{适用的楼面熟地价} \times \text{期日修正系数} \times \text{年限修正系数} \times \text{容积率修正系数} \times \text{因素修正系数}$$

$$楼面熟地价 = 5\,870 \times 1 \times 0.994 \times 0.932 \times 0.975 = 5\,302 \text{ 元/平方米}$$

2. 建筑安装工程费

根据北京市建筑工程概预算定额标准，估价对象的建筑结构的建筑安装工程费约为 1 800 元每平方米。

3. 红线内市政工程费

红线内市政包括供暖、给水、排水、弱电、道路、绿化等，参考目前市政工程建设标准，类似于估价对象的红线内市政工程费大约为建筑安装工程费的 10%，由此可测算红线内市政工程费：

$$1\,800 \times 10\% = 180 \text{ 元/平方米}$$

4. 专业人士费

包括工程的工程设计、勘察、可行性研究等以及不可预见费，该费用约占建筑安装工程费及红线内市政工程费的 10%：

$$(1\,800 + 180) \times 10\% = 198 \text{ 元/平方米}$$

5. 管理费

管理费是指在建设施工过程中的发生人员工资、福利等，该项费用占建筑安装工程费和红线内市政工程费的 8%，则管理费为：

$$(1\,800 + 180) \times 8\% = 158.40 \text{ 元/平方米}$$

上述 4 项费用合计为 2 336.40 元/平方米。

6. 投资利息

利率按年贷款利率 6.03% 计算。类似于估价对象的正常建造期为 2 年，其中土地开发期为 0.5 年、建设期 1.5 年。各项费用均匀投入，则投资利息为：

$$土地投资利息：5\,302 \times [(1 + 6.03\%)^{0.5/2+1.5} - 1] = 658.70 \text{ 元/平方米}$$

建筑物投资利息：$2336.40\times[(1+6.03\%)^{1.5/2}-1]=104.89$ 元/平方米

投资利息：$658.70+104.89=763.59$ 元/平方米

7. 投资利润

根据北京市同类房地产投资的平均利润率水平状况，估价对象的实际情况，设定估价对象整个建设周期的客观开发利润，以上述土地使用权价格、建安工程费、红线内外市政工程费、专业人士费及管理费之和为基数，投资利润率取 10.00%，则投资利润为：

土地投资利润：$5\,302\times10.00\%=530.20$ 元/平方米

建筑物投资利润：$2\,336.40\times10.00\%=233.64$ 元/平方米

投资利润：$530.20+233.64=763.84$ 元/平方米

8. 建筑物现值的确定

成本法中的成新折扣法是根据建筑物的建成年代、新旧程度等，确定建筑物的成新率，直接求取建筑物的现值。根据注册房地产估价师实地查看，并结合委托人和资产占有方的介绍，估价对象于 1998 年改造为现状，根据建设部、财政部制定的《房地产单位会计制度——会计科目和会计报表》（1992 年 6 月 5 日建综［1992］349 号印发），钢筋混凝土结构（包括框架大板与框架轻板）的说明，非生产用房的年限为 60 年，截止估价时点，估价对象房屋剩余耐用年限约为 52 年。求取建筑物的成新率的计算公式为：

（1）该建筑物的成新率 $=n\div(t+n)\times100\%$

$t=$ 建筑物已使用过的年限为 8 年；

$n=$ 建筑物剩余的年限为 52 年；

$$该建筑物的成新率=52\div(8+52)\times100\%=86.67\%$$

（2）求取最终建筑物的现值，其计算公式为：

$$V=C\times q$$

式中　$V=$ 建筑物现值

$C=$ 建筑物重新购建价格（估价对象建筑物现状价值为上述建安工程费、红线内外市政工程费、专业人士费及管理费、建筑物投资利息、建筑物投资利润之和）

$q=$ 建筑物的成新率（%）

$$\begin{array}{c}最终建筑物\\现状价值单价\end{array}=(1\,800+180+198+158.40+104.89+233.64)\times86.67\%$$

$$=2\,318.27\ 元/平方米$$

9. 估价对象房地产价值的确定

$$\begin{array}{c}最终估价对象\\的价值单价\end{array}=\begin{array}{c}建筑物现状\\价值单价\end{array}+\begin{array}{c}土地使用\\权价格\end{array}+\begin{array}{c}土地投\\资利息\end{array}+\begin{array}{c}土地投\\资利润\end{array}$$

$$=2\,318.27+5\,302+658.70+530.20$$

$$=8\,809.17\ 元/平方米$$

最终估价对象现状价值总价 = 8 809.17 × 15 032.27 = 13 242 万元人民币

（二）从改建为写字楼角度测算估价对象市场价格

根据改造方案要点，估价对象现状主楼所有夹层拆除；主楼 4 至 12 轴设为办公及设备用房；主楼一至四轴楼板及剪力墙拆除，设为立体机械停车库；主楼 12 至 16 轴梁、板、柱、剪力墙及四层以上部分均拆除，四层屋顶改为网架屋顶，共设三层会议室；基地面积为 1 875 平方米，总建筑面积为 9 036 平方米；主楼为六层；前面附属楼为八层（由于是砖混结构，不宜对这一部分的结构再行改造）；主楼顶上还加有一层设备层；结构形式为框架—剪力墙结构；大会议室按观演空间设计，共有池座一层，楼座两层，总面积为 533 平方米，可设 732 座；停车库设为立体机械停车库，设六个出口，停车总数为 132 辆，如表 9-6 所示。

表 9-6 各楼层面积表

	办公及设备用房（平方米）	会议室（平方米）	停车库（平方米）	前附楼（平方米）	小计（平方米）
一层	966	358	301	504	2 129
二层	759	156	301	504	1 720
三层	847	99	301	504	1 751
四层	847	—	301	504	1 652
五层	786	—	—	—	786
六层	786	—	—	—	786
设备层	212	—	—	—	212
合　计	5 203	613	1 204	2 016	9 036

改建方案的室内外装修设计如下：

外墙面：背槽式瓷板干挂幕墙（重量轻，强度高）；

外墙窗：断桥隔热铝合金中空玻璃窗；

天棚：T 型铝合金龙骨，面层采用铝合金板；

隔断墙：采用双排 T 型龙骨，岩棉填充，双层 AT 板刮胶；

会议室层顶：采用轻型钢架，保温隔声屋面加芯板；

楼地面：会议室采用地毯，办公用房采用复合木地板，卫生间采用瓷砖。

A. 采用收益法测算改建完成后的写字楼市场价格

收益法是指运用适当的报酬率，将预期的房地产未来各期的正常净收益折算到估价时点上的现值，求其之和得出估价对象房地产市场价格。

1. 年租金毛收入

经对估价对象周边相类似的物业调查分析，确定估价对象可出租建筑面积的租金水平。整个区域类似中高档次写字楼每天每平方米租金 4 元至 6 元。实例如表 9-7。

表 9-7 写字楼租金实例

物业名称	位置	租金
平安发展大道	东城区东四十条	5 元/天·平方米
御都友谊大厦	东城区东安门大街	5 元/天·平方米
柏景大厦	东城区灯市口大街	5 元/天·平方米

最终取其平均值确定估价对象的租金为每天每建筑平方米 5 元，在市场上有一定的竞争力，办公面积、会议室面积等在计算租金时统一按可出租的办公用房面积，即 7 832 平方米计算；车库收益按停车位计算，停车总数为 132 辆，根据当前市区写字楼车位出租情况，估价对象的车位租金为每月每个车位 600 元，在市场上有一定的竞争力。则估价对象的年租金毛收入为：

$$(5\times7\ 832\times365+600\times12\times132)\div10\ 000=1\ 524.38\text{ 万元}$$

2. 年有效租金收入

考虑出租代理费用、出租空置率、租赁缓租期、租金交付拖欠等情况的影响，每年每套房屋总收益损失的租金按 1.5 个月计算，则年有效租金收入为：

$$1\ 524.38\text{ 万元}\times(1-1.5/12)=1\ 333.83\text{ 万元}$$

3. 年客观运营费用

（1）房产税

按年有效租金收入的 12% 计算：

$$1\ 333.83\text{ 万元}\times12\%=160.06\text{ 万元}$$

（2）营业税、城市建设维护税和教育费附加

按年有效租金收入的 5.5% 计算：

$$1\ 333.83\text{ 万元}\times5.5\%=73.36\text{ 万元}$$

（3）物业维修费用

根据目前物业维修的统计资料，维修费用约占年有效租金收入的 2%，则物业维修理费为：

$$1\ 333.83\text{ 万元}\times2\%=26.68\text{ 万元}$$

（4）土地使用税

按 4 元每平方米（土地面积）计算，土地使用税为：

$$5\ 550\times4\div10\ 000=2.22\text{ 万元}$$

（5）物业管理费（含公共水电费、垃圾处理费、物业公司工作人员工资等）

按年有效租金收入的 5% 计算：

$$1\ 333.83\text{ 万元}\times5\%=66.69\text{ 万元}$$

（6）年客观运营成本

$$\text{年客观运营成本}=\text{上述 5 项之和}=329.01\text{ 万元}$$

4. 年净收益

年净收益 = 年有效租金收入 - 年客观运营成本 = 1 333.83 万元 - 329.01 万元 = 1 004.82 万元

5. 确定报酬率

报酬率实质上是一种投资收益率，即报酬率应等同于与获取估价对象产生的净收益具有同等风险投资的收益率。虽然目前北京房地产投资的风险较以往有所增加而投资收益率有所下降，但相对其他行业仍然具有较高的投资收益率。由于房地产本身的固有特性以及房地产存在的地域性，使不同区位、不同类型、不同时期的房地产投资收益率会存在一定的差异。经过调查计算分析，估价对象所在区域为北京市最中心地带，房价回落的可能性很小，但同时总房价款较高，因此仍具有一定的投资风险，最终确定投资收益率为8%。

6. 采用收益法测算的房地产市场价格

$$p = a/r \times [1 - 1/(1 + r)^n]$$

式中 p ——房地产市场价格；

α——年净收益（1 004.82 万元/年）；

r ——报酬率（8%）；

n ——收益年限（综合土地使用年限 50 年）。

根据上述公式以及分析取得的数据，采用收益法测算出估价对象房地产市场价格为总价 12 292 万元，单价 13 603 元每平方米。

B. 采用市场法测算改建完成后的写字楼市场价格

市场法是指在求取估价对象的房地产价格时，将估价对象与在较近时期内交易的类似房地产加以比较对照，从交易价格修正得出估价对象房地产价格的一种方法。

1. 可比实例选择

选择三个与估价对象的用途相近、交易类型相同、区域及个别因素条件相近、交易情况正常的交易的实例，以它们的价格作比较，结合影响房地产的因素，进行因素修正，求取估价对象的价格。由于估价对象周边新建出售的写字楼项目较少，选取实例时以同一地价区位的写字楼为参照。

具体实例如下：

实例 A：金宝通汇大厦

位于东城区建国门内金宝街 18 号，金宝街东段路南。金宝通汇大厦左右邻街无其他办公建筑，其商业、办公气氛主要受金宝街西段众多商务大厦影响。公共配套、基础设施齐全。交通便利，有 24 路、44 路、713 路、820 路到达，距东二环线较近。项目占地 3 347 平方米，总建筑面积 17 056 平方米。建筑共 9 层，有底商，为新建建筑，目前主体结构及外立面装修均已完成，正进行内部装修，尚未有企业入住。抛光大理石外立面，采暖通风系统采用中央空调。物业管理费拟定为每月每平方米 10 元。2006 年 5 月的市场价格为 15 500 元每平方米。

实例 B：盈地大厦

位于东城区朝阳门内大街 298 号，北邻朝阳门内大街，西距东四北大街约 50 米。地段商业气氛较好，公共配套、基础设施齐全。公交线路有 110 路、111 路、106 路、112 路、202 路、807 路、846 路等。大厦为建成并已使用项目，共地上 9 层，地下 3 层，含商业和写字楼。商业部分名称为盈通购物城，现正在招商。项目占地 6 500 平方米，总建筑面积 48 000 平方米。建筑物外立面铺米花石材，部分为淡绿色玻璃幕墙。公共部分精装修，淡绿色玻璃外窗，采用中央空调系统。办公物业管理费为每月每平方米 23 元，由专业物业管理公司进行管理。2006 年 5 月写字楼的市场价格为 15 000 元每平方米。

实例 C：金域中心

位于东城区朝阳门内大街以南，北距朝阳门内大街约 50 米，东距东二环约 100 米，西邻朝内小街。项目东有新建成的凯恒中心、北有中海油大厦，区域商务气氛浓郁，公共配套设施齐全。交通便利公交线路多，有 112 路、115 路、109 路等，距环线地铁朝阳门站约 100 米。项目总建筑面积 12 万平方米，共分九个组团，规模巨大。建筑物地下 2 层地上 7 至 12 层不等，一至二层为商业。底商层高 4. 5 米，二层商业及办公部分层高 3. 9 米。配有美国约克和瑞士威克特中央空调系统、美国艾顿自控系统，美国 GIC 通讯系统、日本 BOLIN 安防系统等先进楼宇配套，通宽带及有线电视。建筑外立面采用抛光大理石与褐色玻璃幕墙相间，公共部分精装修。2006 年 5 月的市场价格为 15 000 元每平方米。

2. 编制比较因素条件说明表

估价对象与可比实例的比较因素条件详述见表 9-8。

表 9-8　比较因素条件说明表

比较因素 \ 估价对象与可比实例	待估宗地	实例 A	实例 B	实例 C
位置	××区××大街××号	东城建国门内金宝街 18 号	东城区朝阳门内大街 298 号	东城区朝阳门内大街
土地使用期限（年）	50	50	50	50
交易日期	2006 年 5 月	2006 年 5 月	2006 年 5 月	2006 年 5 月
土地用途	综合	综合	综合	综合
交易情况	正常	正常	正常	正常
交易价格（元/平方米）	待估	15 500	15 000	15 000

（续）

比较因素 \ 估价对象与可比实例		待估宗地	实例 A	实例 B	实例 C
区域因素	交通便捷度	位于市中心有多条公交线路	位于二环内有多条公交线路	位于二环内有多条公交线路	位于二环内有地铁及多条公交线路
	商业繁华度与办公聚集度	有少量写字楼	以西有大量商业和写字楼	商业物业多、办公气氛一般	新建高档项目多、商务气氛好
	区域土地利用方向	土地利用方向较好	土地利用方向好	土地利用方向好	土地利用方向好
	公共设施状况	较齐全	齐全	齐全	齐全
	基础设施状况	齐全	齐全	齐全	齐全
个别因素	临街状况	不临街	一面临街	一面临街	三面临街
	临街道路情况	北河沿大街	金宝街	朝阳门内大街、东四北大街	朝阳门内大街、朝内小街
	项目知名度与美誉度	普通知名度	不知名	知名度高、美誉度一般	知名度、美誉度较高
	建筑档次	中档	中档	中档	高档
	总建筑面积（平方米）	9 036	17 056	48 000	120 000
	建筑内部设施情况	基本设施	基本设施	基本设施	高档设施
	物业管理状况	自有物业管理	自有物业管理	专业物业管理	专业物业管理

3. 编制比较因素条件指数表

根据估价对象与可比实例各种因素具体情况，编制比较因素条件指数表。比较因素指数确定见表 9-9。

表 9-9 比较因素条件指数表

比较因素 \ 估价对象与可比实例	估价对象	实例 A	实例 B	实例 C
土地使用期限	100	100	100	100
交易日期	100	100	100	100
土地用途	100	100	100	100
交易情况	100	100	100	100

（续）

比较因素 \ 估价对象与可比实例		估价对象	实例 A	实例 B	实例 C
区域因素	交通便捷度	100	100	100	101
	商业繁华度	100	102	101	102
	区域土地利用方向	100	101	101	101
	公共设施状况	100	101	101	101
	基础设施状况	100	100	100	100
个别因素	临街状况	100	101	101	102
	临街道路情况	100	102	103	103
	项目知名度与美誉度	100	99	101	102
	建筑档次	100	100	100	101
	总建筑面积（平方米）	100	100	101	103
	建筑内部设施情况	100	100	100	102
	物业管理状况	100	100	101	101

4. 编制因素比较修正系数表

根据比较因素条件指数表，编制因素比较修正系数表 9-10：

表 9-10　因素比较修正系数表

比较因素 \ 估价对象与可比实例		实例 A	实例 B	实例 C
土地使用期限		100/100	100/100	100/100
交易日期		100/100	100/100	100/100
土地用途		100/100	100/100	100/100
交易情况		100/100	100/100	100/100
区域因素	交通便捷度	100/100	100/100	100/101
	商业繁华度	100/102	100/101	100/102
	区域土地利用方向	100/101	100/101	100/101
	公共设施状况	100/101	100/101	100/101
	基础设施状况	100/100	100/100	100/100

（续）

比较因素 \ 估价对象与可比实例		实例 A	实例 B	实例 C
个别因素	临街状况	100/101	100/101	100/102
	临街道路情况	100/102	100/103	100/103
	项目知名度与美誉度	100/99	100/101	100/102
	建筑档次	100/100	100/100	100/101
	总建筑面积（平方米）	100/100	100/101	100/103
	建筑内部设施情况	100/100	100/100	100/102
	物业管理状况	100/100	100/101	100/101
比准价格		14 606	13 583	12 428

5. 选取交易实例时，根据估价对象的实际用途，采用了中高档写字楼作为实例。但是估价对象在商业与办公集聚度等区域因素及临街方面均劣于实例。因此市场法测算的价格低于可比实例的平均价格。

根据注册房地产估价师的估价经验和市场状况，采用加权平均求取房价，权重分别为金宝通汇大厦 0. 4、盈地大厦 0. 3、金域中心 0. 3。则采用市场法测算的结果为：

办公部分单价：14 606 ×0. 4 +13 583 ×0. 3 +12 428 ×0. 3 =13 646 元/平方米

6. 根据当前市区写字楼车位出售情况，价格从 15 万元至 20 万元不等，估价对象属于立体车库，且其位置决定需要其提供停车服务的物业较少，车位售价应取低限，每个 15 万元。

7. 改建后写字楼的总建筑面积变更为 9 036 平方米，其中办公部分建筑面积（包括办公及设备用房、会议室、前附楼）为 7 832 平方米，总停车位 132 个。则改建后写字楼价格为：

总价：13 646 ×7 832 ÷10 000 +15 ×132 =12 668 万元

单价：12 668 ÷9 036 =14 019 元/平方米

C、改建完成后的写字楼市场价格估价结果的确定

收益法和比较法从不同角度反映了房地产价格，估价对象为投资收益型房地产，因此收益法与市场法测算的房地产市场价格较为接近。根据的估价对象的特点以及目前房地产市场行情，结合估价师的经验，取上述两种评估方法测算结果的平均值作为最终的评估结果。测算的结果见表 9-11。

表 9-11 两种评估方法评估结果一览表

评估方法	总价（万元）	单价（元/平方米）	权重
收益法	12 292	13 603	0. 5
市场法	12 668	14 019	0. 5
写字楼市场价格	12 480	13 811	1

改建完成后的写字楼单价：13 603 ×0.5 +14 019 ×0.5 =13 811 元/平方米

改建完成后的写字楼总价：13 811 ×9 036 ÷10 000 =12 480 万元

D. 假设开发法测算估价对象市场价格

1. 补交出让金

根据《国有土地使用证》（市东中外国用（95）字第××号）、《北京市城镇国有土地使用权出让合同》（京房地出让［合］字（95）第××号）和《建设工程规划许可证》（(95）规建字××号）记载，东城区××大街××号建筑面积 45 910 平方米（不含古建），土地用途为商业办公及公寓，总出让金 5 396.85 万元。由于资产占有方北京××有限公司无法提供各个用途土地的出让金额，在此我们根据总出让金和总建筑面积测算出原楼面毛地价为 1 175.53 元每平方米，并以此为假设前提计算因用途改变而需补交的出让金额。

估价时点时，估价对象用地应交楼面毛地价由市场法测算，可比实例为综合二级类别，测算过程具体如下：

（1）可比实例选择

选择三个与估价对象的用途相近、交易类型相同、区域及个别因素条件相近、交易情况正常的土地出让交易实例，以它们的价格作比较，结合影响土地价格的因素，进行因素修正，求取待估土地的价格。

具体实例如下：

实例 A：海运仓危改 B2 国华大厦用地。

位于东城区海运仓，总占地面积 9 502 平方米，地上建筑面积 56 990 平方米，2004 年土地楼面价格为 1 800 元每平方米。

实例 B：中国石油大厦 1、2 期用地

位于东直门内大街，总占地面积 22 519.88 平方米，地上建筑面积 144 959 平方米，2004 年土地楼面价格为 1 800 元每平方米。

实例 C：东营房住宅小区用地

位于东城区东营房，总占地面积 9 573 平方米，地上建筑面积 66 053.7 平方米，含居住、商业、办公，2004 年综合用地土地楼面价格为 1 600 元每平方米。

（2）编制比较因素条件说明表

估价对象与可比实例的比较因素条件详述见表 9-12：

表 9-12　比较因素条件说明表

比较因素 \ 估价对象与可比实例	待估宗地	实例 A	实例 B	实例 C
位置	东城区北河沿大街	东城区海运仓	东直门内大街	东城区东营房

（续）

比较因素 \ 估价对象与可比实例		待估宗地	实例 A	实例 B	实例 C
土地使用年限（年）		50	50	50	50
交易日期		2006 年	2004 年	2004 年	2004 年
土地用途		综合	综合	综合	综合
交易情况		正常	正常	正常	正常
楼面毛地价（元/平方米）		待估	1 800	1 800	1 600
区域因素	交通便捷度	较好	较好	较好	一般
	区域土地利用方向	较好	较好	较好	一般
	临街道路状况	一般	较好	较好	一般
	宗地形状及可利用度	较好	较好	较好	较好
	基础设施状况	较好	较好	较好	较好
个别因素	商业繁华度	一般	较好	较好	一般
	临街状况	不临街	一面临街	一面临街	三面临街
	临街宽度和深度	较差	较好	较好	一般
	土地面积（平方米）	5 550	9 502	22 519. 88	9 573
	容积率	2. 71	6. 00	6. 44	6. 9
	地价区类	二类	二类	二类	二类

（3）编制比较因素条件指数表

根据估价对象与可比实例各种因素具体情况，编制比较因素条件指数表。比较因素指数见表 9-13。

表 9-13 比较因素条件指数表

比较因素 \ 估价对象与可比实例	待估宗地	实例 A	实例 B	实例 C
土地使用期限	100	100	100	100
交易日期	100	100	100	100
土地用途	100	100	100	100
交易情况	100	100	100	100

（续）

比较因素 \ 估价对象与可比实例		待估宗地	实例 A	实例 B	实例 C
区域因素	交通便捷度	100	100	100	98
	区域土地利用方向	100	100	100	98
	临街道路状况	100	101	101	100
	宗地形状及可利用度	100	100	100	100
	基础设施状况	100	100	100	100
个别因素	商业繁华度	100	102	102	100
	临街宽度和深度	100	102	102	101
	土地面积（平方米）	100	101	102	101
	容积率	100	97	96	95
	地价区类	100	100	100	101

（4）编制因素比较修正系数表

根据比较因素条件指数表，编制因素比较修正系数表 9-14。

表 9-14　因素比较修正系数表

比较因素 \ 估价对象与可比实例		实例 A	实例 B	实例 C
土地使用期限		100/100	100/100	100/100
交易日期		100/100	100/100	100/100
土地用途		100/100	100/100	100/100
交易情况		100/100	100/100	100/100
区域因素	交通便捷度	100/100	100/100	100/98
	区域土地利用方向	100/100	100/100	100/98
	临街道路状况	100/101	100/101	100/100
	宗地形状及可利用度	100/100	100/100	100/100
	基础设施状况	100/100	100/100	100/100
个别因素	商业繁华度	100/102	100/102	100/100
	临街宽度和深度	100/102	100/102	100/101
	土地面积（平方米）	100/101	100/102	100/101
	容积率	100/97	100/96	100/95
	地价区类	100/100	100/100	100/100
修正后的地面出让金		1 748	1 749	1 719
比准价格		1 739		

（5）上述三个实例中与估价对象的相关性强度相近，采用算术平均求取，则测算的结果为：

正常楼面毛地价：(1 748 + 1 749 + 1 719) ÷ 3 = 1 739 元/平方米

则需补交楼面毛地价 = 正常楼面毛地价 − 原楼面毛地价

= 1 739 − 1 175.53 = 563.47 元/平方米

补交地价总额为 563.47 × 9 036 ÷ 10 000 = 509.15 万元

2. 建筑安装工程费

（1）改造方案

根据清华建筑设计院出具的改造方案要点，估价对象现状主楼所有夹层拆除；主楼4至12轴设为办公及设备用房；主楼1至4轴楼板及剪力墙拆除，设为立体机械停车库；主楼12至16轴梁、板、柱、剪力墙及4层以上部分均拆除，四层屋顶改为网架屋顶，共设3层会议室；本方案占地面积为1 875平方米，总建筑面积为9 036平方米；主楼为6层；前面附属楼为8层（由于是砖混结构，不宜对这一部分的结构再行改造）；主楼屋顶上还加有一层设备层；结构形式为框架—剪力墙结构；大会议室按观演空间设计，共有池座一层，楼座两层，总面积为533平方米，可设732座；停车库设为立体机械停车库，设6个出口，停车总数为132辆。

实施基本步骤：首先拆除1995～1997年新建的夹层部分，1～4轴、12～15轴、A～F轴五层及五层以上部分；再对3～5轴，11～13轴的剪力墙进行拆除，最后拆除1～4轴、12～15轴、A～F轴楼板和中间的梁柱，并且对不满足结构安全性要求的部位进行加固处理。拆除加固完成后，对1～4轴，A～F轴范围内委托专业厂家安装机械停车设备；对12～15轴，A～F轴形成的四层通高室内无柱空间按照剧院模式设置一层池座、两层楼座，并且按会议室声学要求进行室内装修；同时对其他部位的办公室进行装修。主要的设备用房设于首层的A～C轴、4～12轴。如表9-15所示。

表9-15 各楼层面积表

	办公及设备用房（平方米）	会议室（平方米）	停车库（平方米）	前附楼（平方米）	小计（平方米）
一层	966	358	301	504	2 129
二层	759	156	301	504	1 720
三层	847	99	301	504	1 751
四层	847	—	301	504	1 652
五层	786	—	—	—	786
六层	786	—	—	—	786
设备层	212	—	—	—	212
合 计	5 203	613	1 204	2 016	9 036

改建方案的室内外装修设计如下：

外墙面：背槽式瓷板干挂幕墙（重量轻，强度高）；

外墙窗：断桥隔热铝合金中空玻璃窗；

天棚：T 型铝合金龙骨，面层采用铝合金板；

隔断墙：采用双排 T 型龙骨，岩棉填充，双层 AT 板刮胶；

会议室层顶：采用轻型钢架，保温隔声屋面加芯板；

楼地面：会议室采用地毯，办公用房采用复合木地板，卫生间采用瓷砖。

（2）改造预算

根据清华建筑设计院出具的《××2 号楼改造估算表》，改建工程预算费用为 31 695 861 元，估价对象的继续建安装修工程费为 3 540 元每平方米。详见表 9-16。

表 9-16　改造估算表

项目名称	单位造价	工程量	估价费（元）	利润	税金	小计
一、拆除费用同拆除余下废料相抵消			0	0	0	0
二、土建部分	894 元/m²	9 036m²	7 316 116	512 128	248 747	8 076 992
1. 外墙背槽式瓷板干挂幕墙	380 元/m²	6 003m²	2 281 140	159 680	77 559	2 518 379
2. 断桥中空玻璃铝合金窗	802 元/m²	848m²	680 096	47 607	23 123	750 826
3. 楼地面工程	103 元/m²	9 036m²	930 708	65 150	31 644	1 027 502
4. 铝合金天棚	115 元/m²	9 036m²	1 039 140	72 740	35 331	1 147 211
5. 龙骨式隔墙	300 元/m²	4 712m²	1 413 600	98 952	48 062	1 560 614
6. 脚手架	25 元/m²	9 036m²	225 900	15 813	7 680	249 394
7. 大型垂直运输费	42 元/m²	9 036m²	379 512	26 566	12 903	418 981
8. 水电费	10 元/m²	9 036m²	90 360	6 325	3 072	99 757
9. 会议室钢架屋顶	770 元/m²	358	275 660	19 296	9 372	304 329
三、加固改造	500 元/m²	9 036m²	4 518 000	316 260	153 612	4 987 872
四、立体停车库	5 万元/车位	132 辆	6 600 000	462 000	22 400	7 286 400
五、电梯	50 万元/部	4 部	2 000 000	140 000	68 000	2 208 000
六、中央空调系统	450 元/m²	9 036m²	4 066 200	284 634	138 251	4 489 085
七、强、弱电工程	320 元/m²	9 036m²	2 891 520	202 406	9 832	3 192 238
八、火灾报警系统	30 元/m²	9 036m²	271 080	18 976	9 217	299 272
九、自动喷淋系统	80 元/m²	9 036m²	722 880	50 601	24 578	798 060
十、给排水工程	65 元/m²	9 036m²	587 340	41 113	19 970	648 423
总计：	3 540 元/m²	9 036m²	28 973 136	2 028 115	694 606	31 695 861

本估价表未计入项目：会议室的内装修、音响及灯光系统。

3. 红线内市政工程费

上述预算价格中包含了续建工程的红线内市政工程费，此处不再重复计算。

4. 专业人士费

包括工程的工程设计、勘察、可行性研究等以及不可预见费，该费用约占建筑安装工程费及红线内市政工程费的10%：

$$3\ 540 \times 10\% = 354 \text{ 元/平方米}$$

5. 管理费

管理费是指在建设施工过程中发生的人员工资、福利等，该项费用占建筑安装工程费和红线内市政工程费的8%，则管理费为：

$$3\ 540 \times 8\% = 283.20 \text{ 元/平方米}$$

上述4项费用合计为4 177.20元每平方米。

6. 投资利息

利率按年贷款利率6.03%计算。类似于估价对象的正常继续建造装修期为1年，各项费用均匀投入，则投资利息为：

$$4\ 177.20 \times [(1+6.03\%)^{1/2}-1] = 124.10 \text{ 元/平方米}$$

7. 投资利润

根据北京市同类房地产投资的平均利润率水平状况，估价对象的实际情况，设定估价对象整个建设周期的客观开发利润，以上述建安工程费、红线内外市政工程费、专业人士费及管理费之和为基数，利润率取10%，则投资利润为：

$$4\ 177.20 \times 10\% = 417.72 \text{ 元/平方米}$$

8. 估价对象改建费用

估价对象改建费用单价：4 177.20 + 124.10 + 417.72 = 4 719.02 元/平方米

9. 估价对象价格测算结果

估价对象价格 = 改建完成后的写字楼价值 - 改建费用 - 应补交的出让金

估价对象单价 = 13 811 - 4 719.02 - 563.47 = 8 528.50 元/平方米

估价对象总价 = 8 528.50 × 9 036 ÷ 10 000 = 7 706 万元

（三）从续建为公寓角度测算估价对象市场价格

公寓的续建工程主要包括部分未完工的土建工程、装修工程、设施设备工程等。

续建公寓的基本设施情况：供暖及空调通风冬季采用暖气供暖，热源由锅炉房提供；夏季采用分体空调系统。消防设自动报警及喷淋系统，地面停车位约50个。

续建公寓的建成后主要部分装修设计标准见表9-17。

表 9-17　主要部分内装修一览表

	地面	踢脚	墙裙	墙面	顶棚
客厅、卧室、餐厅	单层长条硬木	硬木		彩喷	纸面石膏板吊顶上做彩喷
卫生间	防滑地砖			艺术瓷砖（到顶）	T 型铝合金龙骨，矿棉吸收板吊顶
厨房	防滑地砖			艺术瓷砖（到顶）	纸面石膏板吊顶上做彩喷
阳台	防滑地砖	地砖			涂料
走廊	防滑地砖		木墙裙	彩喷	矿棉吸收板吊顶
门厅、电梯厅	磨光花岗岩			彩喷	矿棉吸收板吊顶
楼梯间、前室	防滑地砖	地砖		乳胶漆	涂漆
门卫值班室	防滑地砖	地砖		涂漆	涂漆

A. 采用市场法测算续建完成后的公寓市场价格

市场法是指在求取估价对象的房地产价格时，将估价对象与在较近时期内交易的类似房地产加以比较对照，从交易价格修正得出估价对象房地产价格的一种方法。

1. 可比实例选择

选择三个与估价对象的用途相近、交易类型相同、区域及个别因素条件相近、交易情况正常的二手房交易实例，以它们的价格作比较，结合影响房地产的因素，进行因素修正，求取估价对象的价格。

具体实例如下：

实例 A：元嘉国际公寓

位于东城区东四十条，总建筑面积约 35 000 平方米，其中包括酒店式服务公寓、底商、地下停车场及其相应配套服务设施，交通便利公交线路多临近地铁，距东二环约 200 米。2006 年 5 月精装修公寓的二手房市场价格为 13 627 元每平方米。

实例 B：恒基中心汇豪阁公寓

位于东城区建国门内大街，北京站附近，交通便利公交线路多临近地铁，公寓为酒店式管理，精装修，2006 年 5 月公寓的二手房市场价格为 13 043 元每平方米。

实例 C：巷上家园

位于东城区钟楼北桥东北向安德路，有底商。交通便利，公交线路较多。容积率 4.9，绿化率 30.27%，2006 年 5 月简装修公寓的二手房市场价格为 11 280 元每平方米。

2. 编制比较因素条件说明表

估价对象与可比实例的比较因素条件详见表 9-18。

表 9-18 比较因素条件说明表

比较因素 \ 估价对象与可比实例		待估宗地	实例 A	实例 B	实例 C
位置		××区××大街××号	东城区东四十条	东城区建国门内大街	东城区钟楼北桥东北角
剩余土地使用年限（年）		60	65	60	66
交易日期		2006 年 5 月	2006 年 5 月	2006 年 5 月	2006 年 5 月
土地用途		居住	居住	居住	居住
交易情况		正常	正常	正常	正常
交易价格（元/平方米）		待估	13 627	13 043	11 280
区域因素	交通便捷度	较好	较好	好	较好
	商业繁华度	一般	一般	较好	一般
	区域土地利用方向	一般	一般	一般	一般
	公共设施状况	较好	好	好	较好
	基础设施状况	较好	较好	较好	较好
个别因素	临街道路状况	一般	较好	较好	一般
	停车状况	地上停车，车位不足	地上地下停车，车位充足	地下停车，车位充足	地下停车，车位较充足
	装修档次	普通装修	精装修	精装修	简单装修
	楼层状况	共 12 层	共 18 层	共 24 层	共 14 层
	物业管理状况	较好	较好	较好	较好

3. 编制比较因素条件指数表

根据估价对象与可比实例各种因素具体情况，编制比较因素条件指数表。比较因素指数确定见表 9-19。

表 9-19 比较因素条件指数表

比较因素 \ 估价对象与可比实例	待估宗地	实例 A	实例 B	实例 C
土地使用期限	100	101	100	101
交易日期	100	100	100	100
土地用途	100	100	100	100
交易情况	100	100	100	100

（续）

比较因素 \ 估价对象与可比实例		待估宗地	实例 A	实例 B	实例 C
区域因素	交通便捷度	100	100	101	100
	商业繁华度	100	100	101	100
	区域土地利用方向	100	100	100	100
	公共设施状况	100	101	101	100
	基础设施状况	100	100	100	100
个别因素	临街道路状况	100	101	101	100
	停车状况	100	104	102	101
	装修档次	100	102	102	100
	楼层状况	100	100	100	100
	物业管理状况	100	100	100	100

4. 编制因素比较修正系数表

根据比较因素条件指数表，编制因素比较修正系数表 9-20。

表 9-20 因素比较修正系数表

比较因素 \ 估价对象与可比实例		实例 A	实例 B	实例 C
土地使用年限		100/101	100/100	100/101
交易日期		100/100	100/100	100/100
土地用途		100/100	100/100	100/100
交易情况		100/100	100/100	100/100
区域因素	交通便捷度	100/100	100/101	100/100
	商业繁华度	100/100	100/101	100/100
	区域土地利用方向	100/100	100/100	100/100
	公共设施状况	100/101	100/101	100/100
	基础设施状况	100/100	100/100	100/100
个别因素	临街道路状况	100/101	100/101	100/100
	停车状况	100/104	100/102	100/101
	装修档次	100/102	100/102	100/100
	楼层状况	100/100	100/100	100/100
	物业管理状况	100/100	100/100	100/100

（续）

比较因素＼估价对象与可比实例	实例 A	实例 B	实例 C
修正后的价格	12 468	12 048	11 058
比准价格	11 919		

5. 上述三个实例中与估价对象的相关性强度依次为元嘉国际公寓、恒基中心汇豪阁公寓、巷上家园，根据注册房地产估价师的估价经验和市场状况，采用加权平均求取，权重分别为：元嘉国际公寓取 0.4，恒基中心汇豪阁公寓 0.3，巷上家园取 0.3，则测算的结果为：

续建完成后的公寓单价：$0.4\times12\ 468+0.3\times12\ 048+0.3\times11\ 058=11\ 919$ 元/平方米

续建完成后的公寓总价：$11\ 919\times15\ 032.27\div10\ 000=17\ 917$ 万元

B. 假设开发法测算估价对象市场价格

1. 建筑安装工程费

根据北京市建筑工程概预算定额标准以及原设计方案，估价对象的继续建安装修工程费为 1 000 元每平方米。

2. 红线内市政工程费

红线内市政包括供暖、给水、排水、弱电、道路、绿化等，参考目前市政工程建设标准，类似于估价对象的红线内市政工程费大约为建筑安装工程费的 10%，由此可测算红线内市政工程费：

$$1\ 000\times10\%=100\text{ 元/平方米}$$

3. 专业人士费

包括工程的工程设计、勘察、可行性研究等以及不可预见费，该费用约占建筑安装工程费及红线内市政工程费的 10%：

$$(1\ 000+100)\times10\%=110\text{ 元/平方米}$$

4. 管理费

管理费是指在建设施工过程中发生的人员工资、福利等，该项费用占建筑安装工程费和红线内市政工程费的 8%，则管理费为：

$$(1\ 000+100)\times8\%=88\text{ 元/平方米}$$

上述 4 项费用合计为 1 298 元每平方米。

5. 投资利息

利率按年贷款利率 6.03% 计算。类似于估价对象的正常继续建造装修期为 1 年，各项费用均匀投入，则投资利息为：

$$1\ 298\times\left[(1+6.03\%)^{\frac{1}{2}}-1\right]=38.56\text{ 元/平方米}$$

6. 投资利润

根据北京市同类房地产投资的平均利润率水平状况，估价对象的实际情况，设定估价对象整个建设周期的客观开发利润，以上述建安工程费、红线内外市政工程费、专业人士费及管理费之和为基数，利润率取 10.00%，投资利润为：

1 298 ×10.00% =129.80 元/平方米

7. 估价对象续建费用

估价对象续建费用单价：1 298 +38.56 +129.80 =1 466 元/平方米

8. 估价对象价格测算结果

估价对象价格 = 续建完成后的公寓价值 − 续建费用

估价对象单价 =11 919 −1 466 =10 453 元/平方米

估价对象总价 =10 453 ×15 032.27 ÷10 000 =15 713 万元

（四）估价结果的确定

估价结果运用了三种技术路线测算，分别是：采用成本法兼用基准地价法测算估价对象价格，采用假设开发法兼用收益法、市场法从改建为写字楼角度测算估价对象市场价格，采用假设开发法兼用市场法从续建为公寓角度测算估价对象市场价格。

三种评估技术路线从不同角度反映了房地产价格，测算的结果见表 9-21。

表 9-21 三种评估技术路线评估结果一览表

评估方法	单价（元/平方米）	建筑面积（平方米）	总价（万元）	权重
成本法	8 809	15 032.27	13 242	0.4
假设开发法一（写字楼）	8 528	9 036	7 706	0.3
假设开发法二（公寓）	10 453	15 032.27	15 713	0.3
评估价格	8 197	15 032.27	12 323	1

三种估价路线测算出的方法价格差别较大，分析原因有以下内容：

（1）设定建成后为写字楼时扣除的续建成本较大，根据对目前周边写字楼市场价值的估算，续建后增值空间并不明显，而续建成本的价值偏高，导致现状房地产价格较低，同时续建方案中对写字楼的建筑面积由现状的 15 032.27 平方米，变更为 9 036 平方米，导致房地产的总价同样降低。

（2）目前北京市房地产市场的居住房地产价格增势明显，通过对该区域的市场调查分析，该区域的公寓与写字楼的销售价格差别较小，而由于两种类型的房地产的续建成本差别较大，也导致最终价格差异性明显。

根据估价对象的特点以及目前房地产市场行情，结合估价师的经验，采用加权平均求取最终评估结果，权重分别为：0.4，0.3，0.3，测算的结果为：

总价：13 242 万 ×0.4 +7 706 万 ×0.3 +15 713 万 ×0.3 =12 323 万元

平均单价：12 323 万元 ÷15 032.27 =8 197 元/平方米

六、最终测算结果

最终确定估价对象的房地产市场价格，如表 9-22：

表 9-22

	单价（元/平方米）	建筑面积（平方米）	总价（万元）
合计	8 197	15 032.27	12 323

附件（略）

注：上述报告选自《全国房地产估价师执业资格考试用书——房地产估价案例与分析》（2009）

实训题

以小组为单位，选择学校附近某一宗房地产，对其进行价格评估，并撰写房地产估价报告。

附录 A

房地产估价报告规范格式

一、封面

（标题）房地产估价报告

估价项目名称：（说明本估价项目的全称）

委托方：（说明本估价项目的委托单位的全称，个人委托的为个人的姓名）

估价方：（说明本估价项目的估价机构的全称）

估价人员：（说明参加本次估价项目的估价人员的姓名）

估价作业日期：（说明参加本次估价的起止年月日，即正式接受估价委托的年月日至完成估价报告的年月日）

估价报告编号：（说明本估价报告在本估价机构内的编号）

二、目录

（标题）目录

一、致委托方函

二、估价师声明

三、估价的假设与限制条件

四、估价结果报告

（一）

（二）

……

五、估价技术报告（可不提供给委托方，供估价机构存档和有关部门查阅等）

（一）

（二）

……

六、附件

(一)

(二)

……

三、致委托方函

(标题) 致委托方函

致函对象（为委托方的全称）

致函正文（说明估价对象、估价目的、估价时点、估价结果）

致函落款（为估价机构的全称，并加盖估价机构公章，法定代表人签名、盖章）

致函日期（为致函的年月日）

四、估价师声明

(标题) 估价师声明

我们郑重声明：

1. 我们在本估价报告中陈述的事实是真实的和准确的。

2. 本估价报告中的分析、意见和结论是我们自己公正的专业分析、意见和结论，但受到本估价报告中已说明的假设和限制条件的限制。

3. 我们与本报告中的估价对象没有（或有已载明的）利害关系，也与有关当事人没有（或有已载明的）个人利害关系或偏见。

4. 我们依照中华人民共和国国家标准《房地产估价规范》进行分析，形成意见和结论，撰写本估价报告。

5. 我们已（或没有）对本估价报告中的估价对象进行了实地查勘（在本声明中清楚地说明哪些估价人员对估价对象进行了实地查勘，哪些估价人员没有对估价对象进行实地查勘）。

6. 没有人对本估价报告提供了重要专业帮助（若有例外，应说明提供重要专业帮助者的姓名）。

7. （其他需要声明的事项）。

参加本次估价的注册房地产估价师签名、盖章（至少有一名）。

五、估价的假设和限制条件

(标题) 估价的假设和限制条件

（说明本次估价的假设前提，未经调查确认或无法调查确认的资料数据，估价中未考虑的因素和一些特殊及其可能的影响，本估价报告使用的限制条件）

六、估价结果报告

（标题）房地产估价结果报告

（一）委托方（说明本估价项目的委托单位的全称、法定代表人和住所，个人委托的为个人的姓名和住所）

（二）估价方（说明本估价项目的估价机构的全称、法定代表人、住所、估价资格等级）

（三）估价对象（概要说明估价对象的状况，包括物质实体状况和权益状况。其中，对土地的说明应包括：名称，坐落，面积、形状，四至，周围环境，景观，基础设施完备程度，土地平整程度，地势，地质，水文状况，规划限制条件，利用现状，权属状况；对建筑物的说明应包括：名称，坐落，面积，层数，建筑结构，装修，设施设备，平面布置，工程质量，建成年月，维护，保养，使用情况，公共配套设施完备程度，利用现状，权属状况）

（四）估价目的（说明本次估价的目的和应用方向）

（五）估价时点（说明所评估的客观合理价格或价值对应的年月日）

（六）价值定义（说明本次估价采用的价值标准或价值内涵）

（七）估价依据（说明本次估价依据的房地产估价规范，国家和地方的法律、法规，委托方提供的有关资料，估价机构和估价人员掌握和搜集的有关资料）

（八）估价原则（说明本次估价遵循的房地产估价原则）

（九）估价方法（说明本次估价的思路和采用的方法以及这些估价方法的定义）

（十）估价结果（说明本次估价的最终结果，应分别说明总价和单价，并附大写金额。若用外币表示，应说明估价时点中国人民银行公布的人民币市场汇率中间价，并注明所折合的人民币价格）

（十一）估价人员（列出所有参加本次估价的人员的姓名、估价资格或职称，并由本人签名、盖章）

（十二）估价作业日期（说明本次估价的起止年月日）

（十三）估价报告应用的有效期（说明本估价报告应用的有效期，可表达为到某个年月日止，也可表达为多长年限，如一年）

七、估价技术报告

（标题）房地产估价技术报告

（一）个别因素分析（详细说明、分析估价对象的个别因素）

（二）区域因素分析（详细说明、分析估价对象的区域因素）

（三）市场背景分析（详细说明、分析类似房地产的市场状况，包括过去、现在和可预见的未来）

（四）最高最佳使用分析（详细分析、说明估价对象最高最佳使用）

（五）估价方法选用（详细说明估价的思路和采用的方法及其理由）

（六）估价测算过程（详细说明测算过程，参数确定等）

（七）估价结果确定（详细说明估价结果及其确定的理由）

八、附件

（标题）附件

估价对象的位置图，四至和周围环境图，土地形状图，建筑平面图，外观和内部照片，项目有关批准文件，产权证明，估价中引用的其他专用文件资料，估价人员和估价机构的资格证明等。

九、制作要求

估价报告应做到图文并茂，所用纸张、封面、装订应有较好的质量。纸张大小应采用 A4 纸规格。

附录B

房地产估价常用公式

一、市场法公式

1. 交易情况修正公式

（1）百分率法修正公式：

$$可比实例的成交价格 \times \frac{1}{1 \pm S\%} = 可比实例正常市场价格$$

或者

$$可比实例的成交价格 \times \frac{100}{100 \pm S} = 可比实例正常市场价格$$

（2）交易税费非正常负担的修正公式：

正常成交价格－应由卖方负担的税费＝卖方实际得到的价格

正常成交价格＋应由买方负担的税费＝买方实际付出的价格

2. 市场状况调整公式

可比实例在成交日期时价格×（$1 \pm T\%$）＝可比实例在估价时点时的价格

或者

$$可比实例在成交日期的价格 \times \frac{100 \pm T}{100} = 可比实例在估价时点的价格$$

（1）价格指数法公式：

1）利用定基价格指数：

$$可比实例在其成交日期的价格 \times \frac{估价时点的价格指数}{成交日期的价格指数} = 可比实例在估价时点的价格$$

2）利用环比价格指数：

$$可比实例在其成交日期的价格 \times 成交日期的下一时期的价格指数 \times 再下一时期的价格指数 \times \cdots \times 估价时点的价格指数 = 可比实例在估价时点的价格$$

（2）价格变动率法公式：

1）利用逐期递增或递减价格变动率：

$$\text{可比实例在其成交日期的价格} \times (1 \pm \text{价格变动率})^{\text{期数}} = \text{可比实例在估价时点的价格}$$

2）利用期内平均上升或下降的价格变动率：

$$\text{可比实例在其成交日期的价格} \times (1 \pm \text{价格变动率} \times \text{期数}) = \text{可比实例在估价时点的价格}$$

3. 房地产状况调整公式（百分率法）

$$\text{可比实例在其自身状况下的价格} \times \text{房地产状况调整系数} = \text{可比实例在估价对象房地产状况下的价格}$$

即

$$\text{可比实例在其自身状况下的价格} \times \frac{1}{1 \pm R\%} = \text{可比实例在估价对象房地产状况下的价格}$$

或者

$$\text{可比实例在其自身状况下的价格} \times \frac{100}{100 \pm R} = \text{可比实例在估价对象房地产状况下的价格}$$

（1）直接法公式：

$$\text{可比实例在其自身状况下的价格} \times \frac{100}{(\quad)} = \text{可比实例在估价对象房地产状况下的价格}$$

（2）间接法公式：

$$\text{可比实例在其自身状况下的价格} \times \frac{100}{(\quad)} \times \frac{(\quad)}{100} = \text{可比实例在估价对象房地产状况下的价格}$$

4. 求取比准价格公式（百分率下系数连乘）

$$\text{比准价格} = \text{可比实例成交价格} \times \text{交易情况修正系数} \times \text{市场状况调整系数} \times \text{房地产状况调整系数}$$

（1）直接法公式：

$$\begin{aligned}\text{比准价格} &= \text{可比实例成交价格} \times \text{交易情况修正系数} \times \text{市场状况调整系数} \times \text{房地产状况调整系数} \\ &= \text{可比实例成交价格} \times \frac{100}{(\quad)} \times \frac{(\quad)}{100} \times \frac{100}{(\quad)} \\ &= \text{可比实例成交价格} \times \frac{\text{正常市场价格}}{\text{实际成交价格}} \times \frac{\text{估价时点价格}}{\text{成交日期价格}} \\ &\quad \times \frac{\text{对象状况价格}}{\text{实例状况价格}}\end{aligned}$$

（2）间接法公式：

$$\text{比准价格} = \text{可比实例成交价格} \times \text{交易情况修正系数} \times \text{市场状况调整系数} \times \text{标准化调整系数} \times \text{房地产状况调整系数}$$

$$=\text{可比实例成交价格}\times\frac{100}{(\quad)}\times\frac{(\quad)}{100}\times\frac{100}{(\quad)}\times\frac{(\quad)}{100}$$

$$=\text{可比实例成交价格}\times\frac{\text{正常市场价格}}{\text{实际成交价格}}\times\frac{\text{估价时点价格}}{\text{成交日期价格}}$$

$$\times\frac{\text{标准状况价格}}{\text{实例状况价格}}\times\frac{\text{对象状况价格}}{\text{标准状况价格}}$$

二、收益法公式

1. 报酬资本化法公式

（1）最一般的公式：

$$V=\frac{A_1}{1+Y_1}+\frac{A_2}{(1+Y_1)(1+Y_2)}+\frac{A_3}{(1+Y_1)(1+Y_2)(1+Y_3)}+\cdots$$

$$+\frac{A_n}{(1+Y_1)(1+Y_2)\cdots(1+Y_n)}$$

$$=\sum_{i=1}^{n}\frac{A_i}{\prod_{j=1}^{i}(1+Y_j)}$$

（2）净收益每年不变的公式：

1）收益年限为有限年的公式：

$$V=\frac{A}{Y}\left[1-\frac{1}{(1+Y)^n}\right]$$

2）收益年限为无限年的公式：

$$V=\frac{A}{Y}$$

（3）净收益在前若干年有变化的公式：

1）收益年限为有限年的公式：

$$V=\sum_{i=1}^{t}\frac{A_i}{(1+Y)^i}+\frac{A}{Y(1+Y)^t}\left[1-\frac{1}{(1+Y)^{n-t}}\right]$$

2）收益年限为无限年的公式：

$$V=\sum_{i=1}^{t}\frac{A_i}{(1+Y)^i}+\frac{A}{Y(1+Y)^t}$$

（4）净收益按一定数额递增的公式：

1）收益年限为有限年的公式：

$$V=\left(\frac{A}{Y}+\frac{b}{Y^2}\right)\left[1-\frac{1}{(1+Y)^n}\right]-\frac{b}{Y}\times\frac{n}{(1+Y)^n}$$

2）收益年限为无限年的公式：

$$V=\frac{A}{Y}+\frac{b}{Y^2}$$

（5）净收益按一定数额递减的公式：

$$V=\left(\frac{A}{Y}-\frac{b}{Y^2}\right)\left[1-\frac{1}{(1+Y)^n}\right]+\frac{b}{Y}\times\frac{n}{(1+Y)^n}$$

（6）净收益按一定比率递增的公式：

1）收益年限为有限年的公式：

$$V=\frac{A}{Y-g}\left[1-\left(\frac{1+g}{1+Y}\right)^n\right]$$

2）收益年限为无限年的公式：

$$V=\frac{A}{Y-g}$$

（7）净收益按一定比率递减的公式：

1）收益年限为有限年的公式：

$$V=\frac{A}{Y+g}\left[1-\left(\frac{1-g}{1+Y}\right)^n\right]$$

2）收益年限为无限年的公式：

$$V=\frac{A}{Y+g}$$

（8）预知未来若干年后的价格的公式：

1）一般公式：

$$V=\sum_{i=1}^{t}\frac{A_i}{(1+Y)^i}+\frac{V_t}{(1+Y)^t}$$

2）净收益每年不变的公式：

$$V=\frac{A}{Y}\left[1-\frac{1}{(1+Y)^t}\right]+\frac{V_t}{(1+Y)^t}$$

2. 出租型房地产净收益的公式

净收益 = 潜在毛租金收入 + 其他收入 − 空置和收租损失 − 运营费用
= 潜在毛收入 − 空置和收租损失 − 运营费用
= 有效毛收入 − 运营费用

3. 报酬率公式（累加法）

报酬率 = 无风险报酬率 + 投资风险补偿率 + 管理负担补偿率 + 投入金缺乏流动性补偿率 − 投资带来的优惠率

4. 直接资本化法公式

（1）利用资本化率将年收益转换为价值的公式：

$$V = \frac{NOI}{R}$$

（2）利用收益乘数将年收益转换为价值的公式：

$$\text{房地产价值} = \text{年收益} \times \text{收益乘数}$$

5. 投资组合公式

（1）土地与建筑物组合：

$$R_0 = \frac{V_L \times R_L + V_B \times R_B}{V_L + V_B}$$

（2）抵押贷款与自有资金的组合：

$$R_0 = M \times R_M + (1 - M) R_E$$

6. 剩余技术公式

（1）土地价值公式：

$$V_L = \frac{A_0 - V_B \times R_B}{R_L}$$

（2）建筑物价值公式：

$$V_B = \frac{A_0 - V_L \times R_L}{R_B}$$

（3）自有资金权益价值公式：

$$V_E = \frac{A_0 - V_M \times R_M}{R_E}$$

（4）抵押贷款价值公式：

$$V_M = \frac{A_0 - V_E \times R_E}{R_M}$$

三、成本法公式

1. 最基本公式

$$\text{房地产价值} = \text{重新购建价格} - \text{折旧}$$

2. 新开发房地公式

$$\text{新开发房地价值} = \text{土地取得成本} + \text{开发成本} + \text{管理费用} + \text{销售费用} + \text{投资利息} + \text{销售税费} + \text{开发利润}$$

3. 新建建筑物价值公式

$$\text{新建筑筑物价值} = \text{建筑物建设成本} + \text{管理费用} + \text{销售费用} + \text{投资利息} + \text{销售税费} + \text{开发利润}$$

4. 新开发土地公式

$$\text{新开发土地价值} = \text{土地取得成本} + \text{土地开发成本} + \text{管理费用} + \text{销售费用} + \text{投资利息} + \text{销售税费} + \text{开发利润}$$

5. 旧房地公式

旧的房地价值 = 房地重新购建价格 − 建筑物的折旧

= 土地重新购建价格 + 建筑物重新购建价格 − 建筑物折旧

6. 旧建筑物公式

旧建筑物价格 = 建筑物重新购建价格 − 建筑物折旧

7. 经济寿命、剩余经济寿命、有效年龄的关系

经济寿命 = 剩余经济寿命 + 有效年龄

8. 年折旧额的计算公式

$$D_i = D = \frac{C - S}{N} = \frac{C(1 - R)}{N}$$

9. 年折旧率公式

$$\begin{aligned} d &= \frac{D}{C} \times 100\% \\ &= \frac{C - S}{C \times N} \times 100\% \\ &= \frac{1 - R}{N} \times 100\% \end{aligned}$$

10. 建筑物现值的计算公式

$$\begin{aligned} V &= C - E_t \\ &= C - (C - S)\frac{t}{N} \\ &= C\left[1 - (1 - R)\frac{t}{N}\right] \\ &= C(1 - d \times t) \end{aligned}$$

11. 成新折扣法公式

$$V = C \times q$$

四、假设开发法公式

1. 最基本的公式

待开发房地产价值 = 开发完成后房地产价值 − 后续必要支出及应得利润

后续必要支出及应得利润 = 取得待开发房地产应缴税费 + 后续开发成本 + 后续管理费用 + 后续销售费用 + 后续投资利息 + 后续销售税费 + 后续开发利润

2. 求生地价值的公式

1）在生地上建设房屋的公式：

生地价值 = 开发完成后房地产价值 − 取得生地应缴税费 − 由生地建成房屋的成本 − 管理费用 − 销售费用 − 投资利息 − 销售税费 − 开发利润

2）将生地开发成熟地的公式：

生地价值 = 开发完成后熟地价值 − 取得生地应缴税费 − 由生地开发成熟地的成本 − 管理费用 − 销售费用 − 投资利息 − 销售税费 − 开发利润

3. 求毛地价值的公式

1）在毛地上建设房屋的公式：

毛地价值 = 开发完成后房地产价值 − 取得毛地应缴税费 − 由毛地建成房屋的成本 − 管理费用 − 销售费用 − 投资利息 − 销售税费 − 开发利润

2）将毛地开发成熟地的公式：

毛地价值 = 开发完成后熟地价值 − 取得毛地应缴税费 − 由毛地开发成熟地的成本 − 管理费用 − 销售费用 − 投资利息 − 销售税费 − 开发利润

4. 求熟地价值的公式

熟地价值 = 开发完成后房地产价值 − 取得熟地应缴税费 − 由熟地建成房屋的成本 − 管理费用 − 销售费用 − 投资利息 − 销售税费 − 开发利润

5. 求在建工程价值的公式

在建工程价值 = 续建完成后房地产价值 − 取得在建工程应缴税费 − 续建成本 − 管理费用 − 销售费用 − 投资利息 − 销售税费 − 续建利润

6. 求旧房价值的公式

旧房价值 = 重新改造或改变用途后房地产价值 − 取得旧房应缴税费 − 重新改造或改变用途的成本 − 管理费用 − 销售费用 − 投资利息 − 销售税费 − 利润

7. 适用于销售房地产的公式

待开发房地产的价值 = V_P − 后续必要支出及应得利润

8. 适用于租赁或营业房地产的公式

待开发房地产的价值 = V_R − 后续必要支出及应得利润

五、其他估价方法公式

1. 长期趋势法

（1）直线趋势法公式：

$$Y = a + bX$$

（2）平均增减量法公式：

$$V_i = P_0 + d \times i$$

（3）平均发展速度法公式：

$$V_i = P_0 \times t^i$$

2. 路线价法

（1）一面临街的矩形土地公式

1）以标准临街宗地的总价作为路线价：

$$V（总价）=路线价 \times \sum 单独深度价格修正率 \times \frac{临街宽度}{标准宽度}$$

$$V（单价）=\frac{V（总价）}{估价对象土地面积}$$

2）以标准临街宗地的单价作为路线价：

$$V(单价)=路线价 \times 平均深度价格修正率$$

$$V(总价)=V(单价) \times 估价对象土地面积$$

（2）非一面临街非矩形土地公式

$$V(单价)=路线价 \times 平均深度价格修正率 \times 其他价格修正率$$

$$V(总价)=V(单价) \times 土地面积$$

3. 基准地价修正法

$$\begin{matrix}待估宗地\\地价\end{matrix}=\begin{matrix}待估宗地所处\\地段的基准地价\end{matrix}\times\begin{matrix}市场状况\\调整系数\end{matrix}\times\begin{matrix}土地状况\\调整系数\end{matrix}$$

附录C

全国房地产估价师执业资格考试全真试题

2007年全国房地产估价师执业资格考试试卷之三
《房地产估价理论与方法》

一、单项选择题（共35题，每题1分。每题的备选答案中只有一个最符合题意，请在答题卡上涂黑其相应的编号。）

1. 房地产估价从某种意义上讲是（　　）房地产的价值。

A. 发明　　B. 发现　　C. 创造　　D. 稳定

2. 不同的房地产估价师对同一估价对象在同一估价目的、同一估价时点下的评估价值通常不完全相同，这主要是因为（　　）。

A. 掌握的有关信息不同　　B. 作出的估价师声明不同

C. 估价对象状况不同　　D. 委托人不同

3. 下列关于中国内地房地产估价师与中国香港测量师资格互认的表述中，错误的是（　　）。

A. 中国内地房地产估价师与中国香港测量师资格互认协议书于2003年11日签署

B. 中国内地房地产估价师与中国香港测量师资格互认颁证大会于2004年8月举办

C. 中国内地房地产估价师与中国香港测量师资格互认协议书签署后，中国内地房地产估价师自动成为中国香港测量师

D. 中国内地房地产估价师与中国香港测量师资格互认是中国内地与中国香港最早实现资格互认的专业技术人员资格之一

4. 某夫妻共有一套成本价购买的房改房，现因离婚进行财产分割的需要而委托房地产估价机构评估该套房改房的价格，则较合理的估价结果是（　　）。

A. 现时该房改房上市交易的正常价格扣除受让方应缴纳的土地使用权出让金

B. 现时该房改房上市交易的正常价格

C. 现时该房屋的房改成本价

D. 当时该房屋的房改成本价

5. 在使用假设开发法评估在建工程价值时，利用直接成本利润率估算开发利润的公式为开发利润 = (　　) × 直接成本利润率。

A. 后续开发成本 + 管理费用

B. 后续开发成本 + 管理费用 + 销售费用

C. 待开发房地产价值 + 后续开发成本

D. 待开发房地产价值 + 后续开发成本 + 取得待开发房地产的税费

6. 判定一宗房地产是否为收益性房地产，关键是看该房地产（　　）。

A. 目前是否有经济收入　　B. 过去是否带来了经济收益

C. 是否具有产生经济收益的能力　　D. 目前的收入是否大于运营费用

7. 某套住宅总价 30 万元，套内建筑面积 125 平方米，套内墙体面积 20 平方米，分摊的共有建筑面积 25 平方米，则该住宅每平方米建筑面积的价格为（　　）元。

A. 1 765　　B. 2 000　　C. 2 069　　D. 2 400

8. 房地产估价师从某个特定投资者的角度出发评估出的价值属于（　　）。

A. 市场价值　　B. 清算价值　　C. 快速变现价值　　D. 投资价值

9. 下列关于不同类型价值的高低关系的表述中，错误的是（　　）。

A. 原始价值高于账面价值　　B. 投资价值高于市场价值

C. 谨慎价值低于市场价值　　D. 快速变现价值低于市场价值

10. 某期房预计两年后竣工交付使用，目前与其类似在现房价格为 4 500 元每平方米，出租的年末净收益为 500 元每平方米。假设年折现率为 8%，风险补偿估计为现房价格的 3%，则该期房目前的价格为（　　）元每平方米。

A. 3 473　　B. 4 365　　C. 4 500　　D. 4 635

11. 根据房地产市场租金与租约租金差额的现值之和求出的价值是（　　）。

A. 有租约限制下的价值　　B. 共有房地产的价值

C. 无租约限制下的价值　　D. 承租人权益的价值

12. 引起真正的房地产自然增值的原因是（　　）。

A. 装修改造　　B. 需求增加　　C. 通货膨胀　　D. 改进物业管理

13. 下列情况中会导致房地产价格上升的是（　　）。

A. 上调贷款利率　　B. 收紧房地产开发贷款

C. 开征房地产持有环节的税收　　D. 增加土地供应

14. 某宗房地产规划用途为商业，现状为超市，年净收益为 18 万元，预计改为服装店后的年净收益为 20 万元，除此无其他更好的用途，则根据（　　）应按服装店用途进行估价。

A. 合法原则　　B. 最高最佳使用原则

C. 估价时点原则　　　　　　　　　D. 替代原则

15. 下列关于房地产估价本质的表述中，错误的是（　　）。

A. 房地产估价是模拟市场定价而不是替代市场定价

B. 房地产估价是提供价值意见而不是作价格保证

C. 房地产估价会有误差而且不能有误差范围限制

D. 房地产估价是评估房地产的价值而不是价格

16. 下列关于房地产估价原则的表述中，错误的是（　　）。

A. 独立、客观、公正原则属于普适性原则

B. 合法原则属于一般性原则

C. 最高最佳使用原则属于技术性原则

D. 谨慎原则属于一般性原则

17. 以房地产抵押贷款为目的的估价，其估价时点原则上为（　　）。

A. 签订估价委托合同之日　　　　　B. 发放抵押贷款之日

C. 完成估价对象实地查看之日　　　D. 未来处置抵押房地产之日

18. 甲、乙两宗相邻土地，价格均为50万元，若将该两宗土地合并为一宗土地，合并后的市场价格为150万元。在这种情况下，如果乙宗地的拥有者购买甲宗地，则甲宗地的拥有者合理的索价范围是（　　）万元。

A. 0～50　　B. 50～75　　C. 50～100　　D. 100～150

19. 为评估某房地产2007年9月1日的市场价格，选取的可比实例资料是交易日期为2007年3月1日，合同交易价格为4 000元每平方米，约定建筑面积为95每平方米，合同约定面积误差在6%以内不增加付款，实际产权登记面积为100每平方米。自2007年1月1日起至2007年9月1日，当地该类房地产价格平均每月比上月上涨0.3%，则就上述情况对该可比实例成交价格进行处理后的单价为（　　）元每平方米。

A. 3 868.92　　B. 4 000.00　　C. 4 072.54　　D. 4 286.89

20. 某地区房地产交易中买方和卖方应交纳的税费分别为正常交易价格的3%和6%，某宗房地产建筑面积为120平方米，买卖双方商定，买方付给卖方30万元，并由买方交纳所有的税费。则该宗房地产的正常成交单价为（　　）元每平方米。

A. 2 427.18　　B. 2 500.00　　C. 2 575.00　　D. 2 659.57

21. 为估算某建筑物的重新购建价格，经测算其土建工程直接费为780元每平方米，安装工程直接费为450元每平方米（其中人工费为50元每平方米），装饰装修工程直接费为900元每平方米（其中人工费为45元每平方米），又知该地区土建工程综合费率为土建工程直接费的15%，安装工程综合费率为安装工程人工费的75%，装饰装修工程综合费率为装饰装修工程人工费的72%，税金为35%，则该建筑物的建筑安装装饰工程费为（　　）元每平方米。

A. 2 204. 55　　B. 2 397. 99　　C. 3 237. 60　　D. 3 345. 64

22. 某房地产的重建价格为 2 000 万元，已知在建造期间中央空调系统因功率大较正常情况多投入 150 万元，投入使用后每年多耗电费 0. 8 万元。假定该空调系统使用寿命为 15 年，估价对象房地产的报酬率为 12%，则该房地产扣除该项功能折旧后的价值为（　　）万元。

A. 1 838. 00　　B. 1 844. 55　　C. 1 845. 87　　D. 1 850. 00

23. 某估价对象为一旧厂房改造的超级市场，建设期为 2 年，该厂房建成 5 年后补办了土地使用权出让用续期，土地使用期限为 40 年，土地使用权出让合同约定土地使用期间届满不可续期。建筑物经济寿命为 50 年。假设残值率为零，采用直线法计算建筑物折旧时年折旧率为（　　）。

A. 2. 00%　　B. 2. 13%　　C. 2. 22%　　D. 2. 50%

24. 某宗房地产是于 3 年前通过出让方式取得，当时获得的土地使用期限为 50 年并约定不可续期，判定其未来每年的净收益基本稳定。预计该宗房地产在正常情况下未来 4 年的净收益分别为 31 万元、29 万元、30. 5 万元、29. 5 万元，报酬率为 8%。用未来数据资本化公式法计算该宗房地产的收益价格为（　　）万元。

A. 358. 85　　B. 360. 49　　C. 362. 93　　D. 365. 29

25. 某商品住宅总价为 98 万元，首付款为 30%，其余为抵押贷款，贷款期限为 15 年，按月等额还本利息，贷款年利率为 7. 5%，自有资金资本化率为 8%。则其综合资本化率为（　　）。

A. 7. 65%　　B. 8. 75%　　C. 9. 42%　　D. 10. 19%

26. 某公司购买一宗房地产，土地使用期限为 40 年，不可续期，至今已使用了 8 年。该宗房地产当时在正常情况下第一年获得净收益 6 万元，以后每年净收益增长 2%，从第 8 年开始，净收益保持稳定，该宗房地产的报酬率为 7%。则该宗房地产的现时收益价格为（　　）万元。

A. 85. 45　　B. 87. 16　　C. 88. 50　　D. 88. 90

27. 某在建工程规划建筑面积为 12 400 平方米，土地使用期限为 40 年，从开工之日起计算。项目建设期为 2 年，建成后半年可全部出租，按可出租面积计算的月租金为 60 元每平方米，可出租面积为建筑面积的 65%，正常出租率为 90%，运营费用为有效毛收入的 25%。目前项目已建设 1 年，约完成了总投资的 60%。假设报酬率为 8%，折现率为 14%，则该在建工程续建完成后的房地产价值现值为（　　）万元。

A. 2 281. 83　　B. 2 474. 60　　C. 3 798. 30　　D. 4 119. 18

28. 运用假设开发法中的现金流量折现法估价时，无须做的是（　　）。

A. 估算后续开发经营期

B. 估算后续开发的各项支出、收入

C. 估算后续开发各项支出、收入在何时发生

D. 估算开发期中的利息和利润

29. 通过市场调研，获得某类房地产2002年至2006年的价格分别为3 405元每平方米、3 565元每平方米、3 730元每平方米、3 905元每平方米、4 075元每平方米，则采用平均增减量法预测该类房地产2008年的价格为（　　）元每平方米。

A. 4 075. 0　　B. 4 242. 5　　C. 4 410. 0　　D. 4 577. 5

30. 某幢大厦的总建筑面积为10 000平方米，房地产总价值为7 000万元。其中土地总价值为3 000万元。王某拥有该大厦其中一部分，该部分的建筑面积为250平方米，房地产价值为150万元。若按照土地价值进行分摊，则王某占有的土地份额为（　　）。

A. 1. 67%　　B. 2. 33%　　C. 2. 75%　　D. 3. 33%

31. 设临街深度价格修正率见下表。

临街深度（米）	≤4	4～8	8～12	12～16	16～18	>18
平均深度价格修正率（%）	130	125	120	110	100	40

另设，旁街对街角地的影响深度以4. 5米为一级距，旁街影响加价率依次旁街路线价的40%、20%，则下图的宗地B的单价为（　　）元每平方米。

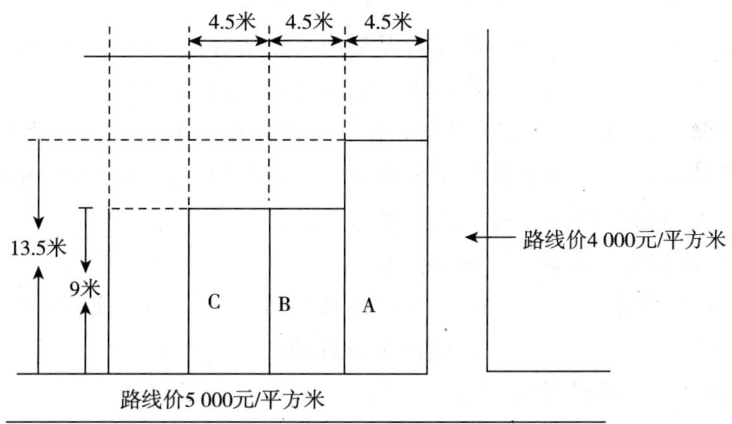

A. 6 400　　B. 6 800　　C. 6 960　　D. 7 600

32. 某房地产开发用地，其土地面积为10 000平方米，土地使用条件与规划限制所规定的容积率为1. 2，楼面地价为1 500元每平方米。后经规划调整，容积率提高到1. 6，楼面地价不变，则该房地产开发用地因容积率提高需补地价（　　）万元。

A. 375　　B. 450　　C. 500　　D. 600

33. 暂定期内的三级资质房地产估价机构，能承接的估价业务有（　　）。

A. 在建工程抵押估价业务

B. 城市房屋拆迁补偿估价业务

C. 该机构执行合伙人所拥有的房地产抵押估价业务

D. 正在使用中的星级宾馆抵押贷款评估业务

34. 下列关于实地查看估价对象的表述中，错误的是（　　）。

A. 房地产估价师应亲自到估价对象现场，对估价对象的坐落、用途等情况进行核对

B. 房地产估价师应亲自到估价对象现场，拍摄反映估价对象外观状况的影像资料，内部状况可不拍摄

C. 房地产估价师应亲自到估价对象现场，感受估价对象的位置、交通、环境景观等的优劣

D. 估价对象为已经消失的房地产，房地产估价师也应去估价对象原址进行必要的调查了解

35. 估价结果报告通常包括委托人、估价机构、估价对象，估价目的、估价时点、估价依据、估价原则、估价方法、估价结果、其他需要说明的事项、注册房地产估价师及其他参与估价的人员和（　　）。

A. 价值类型和定义、估价作业日期、估价的假设与限制条件

B. 价值类型和定义、估价对象分析、致委托人函

C. 价值类型和定义、估价的假设与限制条件、估价报告应用的限制

D. 价值类型和定义、估价作业日期、估价报告应用的限制

二、多项选择题（共 15 题，每题 2 分。每题的备选答案中，有两个或两个以上符合题意，请在答题卡上涂黑其相应得编号。全部选对的，得 2 分；错选或多选的。不得分，少选且选择正确的，每个选项得 0.5 分。）

1. 与非专业估价相比，专业估价的特点有（　　）。

A. 是一种专业意见　　B. 估计价格或价值　　C. 实行有偿服务

D. 承担法律责任　　E. 估价作业日期长

2. 房地产的独一无二特性导致了（　　）。

A. 难以出现相同房地产的大量供给

B. 房地产市场不能实现完全竞争

C. 房地产交易难以采取样品交易的方式

D. 房地产价格千差万别并容易受交易者个别因素的影响

E. 房地产价值量大

3. 根据求取建筑物重新购建价格中的建筑安装工程费的方法来区分，求取建筑物重新购建价格的方法有（　　）。

A. 单位比较法　　B. 市场提取法　　C. 分解法

D. 工料测量法　　E. 分部分项法

4. 在房地产抵押价值评估时，须扣除在估价时点估价师所熟知的法定优先受偿款。法定优先受偿款包括（　　）。

A. 划拨土地应补交的出让金

B. 已抵押担保的债权数额

C. 发包人拖欠承包人的建设工程价款

D. 强制执行费用

E. 估价费用

5. 工业房地产的区位影响因素主要考虑（　　）。

A. 临街状况　　B. 动力是否易于取得　　C. 废料处理是否方便

D. 接近大自然　　E. 产品原料的获取方便程度

6. 利用均衡原理判定建筑物是否为最佳，可以帮助房地产估价师确定估价对象的（　　）。

A. 最佳规模　　B. 最佳经营手段　　C. 最佳集约度

D. 最佳管理方式　　E. 最佳投资渠道

7. 城市房屋拆迁估价中，房地产估价师对被拆迁房屋面积的界定可来自于（　　）。

A. 被拆迁房屋的权属证书记载的面积

B. 拆迁人提供的被拆迁房屋的面积

C. 拆迁人与被拆迁人对被拆迁房屋面积的协商结果

D. 具有房产测绘资格的机构对被拆迁房屋面积的测量结果

E. 房地产管理部门权属档案记载的被拆迁房屋的面积

8. 某估价对象为一宗熟地，当进行可比实例权益状况调整时，应包括的内容有（　　）。

A. 后退道路红线距离　　B. 土地使用期限　　C. 基础设施完备程度

D. 容积率　　E. 合并的可能性

9. 征收集体土地下的土地取得成本中，征地补偿安置费用包括（　　）。

A. 土地补偿费

B. 安置补助费

C. 地上附着物和青苗的补偿费

D. 土地使用权出让金等土地有偿使用费用

E. 安排被征地农民的社会保障费用

10. 可用于报酬资本化法中转换为价值的收入或收益有（　　）。

A. 潜在毛租金收入　　B. 有效毛收入　　C. 净运营收益

D. 税前现金流量　　E. 税后现金流量

11. 假设开发法中开发完成后房地产出租或营业、自用的情况下，开发经营期为（　　）。

A. 开发期 + 经营期

B. 开发期 + 运营期

C. 开发期 + 经营期 - 前期 - 建造期

D. 开发期 + 运营期 - 前期 - 建造期

E. 前期 + 建造期 + 经营期

12. 长期趋势法除了用于推测、判断房地产的未来价格，还可用于（　　）。

A. 假设开发法中开发完成后的房地产价值的预测

B. 收益法中未来租金、运营费用的预测

C. 成本法中对先前发生费用的正确性的校核

D. 市场比较法中对房地产状况进行调整

E. 某些缺乏的房地产历史价格资料的填补

13. 下列估价事项中，仅根据估价目的来确定的有（　　）。

A. 估价对象　　B. 估价时点　　C. 价值类型

D. 估价方法　　E. 估价所需材料

14. 评估基准地价或利用基准地价评估宗地价格，必须明确基准地价的内涵。基准地价的内涵包括（　　）。

A. 基准日期　　B. 土地开发程度　　C. 基准地价修正体系

D. 土地用途　　E. 基准地价公布日期

15. 房地产估价报告中专门列出估价的假设和限制条件的目的是（　　）。

A. 说明估价报告的合法性、真实性

B. 说明估价的独立、客观、公正性

C. 规避估价风险

D. 保护估价报告使用者

E. 防止委托人提出高估或低估要求

三、判断题（共 15 题，每题 1 分。请根据判断结果，在答题卡上涂黑其相应的符号，用“√”表示正确，用“×”表示错误。不答不得分，判断错误扣 1 分，本题总分最多扣至零分。）

1. 某注册房地产估价师拟购买 A 市 C 区的一套多层住房，该估价师根据自己对该套住房实物、权益、区位等的勘查、分析，运用适当方法对该套住房进行了估价，并最终以接近于该估价值的价格成交。该估价师对该住房的估价是专业房地产估价。（　　）

2. 一般来说，不宜直接使用实际成交价格来判断估价结果的准确性。（　　）

3. 房地产权利包括物权和债权两大类，其中物权又包括自物权和他物权两类。自物权即所有权；他物权包括用益物权和担保物权，而用益物权又包括土地使用权和

地役权等。(   )

4. 某房地产的当前市场价值为1 000万元，抵押贷款余额为540万元，贷款成数为0.6，则该房地产现在再次抵押的价值应为276万元。(   )
5. 城市房屋拆迁是强制性的，其行为不符合市场价值形成中的交易双方自愿进行交易的条件，所以城市房屋拆迁估价应采用非市场价值标准。(   )
6. 在有较多土地供应者的情况下，地价水平主要取决于房地产价格水平。(   )
7. 一般来说，国内生产总值的增长会形成较多供给，引起房地产价格下降。(   )
8. 不论是何种估价目的，估价对象价值所依据的市场状况一定是估价时点时的状况，但估价对象状况不一定是估价时点时的状况。(   )
9. 在估价中选择4个可比实例，甲成交价格4 800元每平方米，建筑面积100平方米，首次付清24万元，其余半年后支付16万元，一年后支付8万元。乙成交价格5 000元每平方米，建筑面积120平方米，首付24万元，半年后付清余款36万元，丙成交价格4 700元每平方米，建筑面积90平方米，成交时候一次性付清。丁成交价格4 760元每平方米，建筑面积110平方米，成交时支付20万元，一年后付清余款32.36万元。已知折现率10%，这4个可比实例单价由高到低的排列顺序是丙乙甲丁。(   )
10. 建筑物重置价格是指采用与估价对象建筑物相同的建筑材料、建筑构配件、建筑设备和建筑技术及工艺等，在估价时点的财税制度和市场价格体系下，重新建造与估价对象建筑物相同的全新建筑物的必要支出和应得利润。(   )
11. 建筑物的经济寿命早于或与土地使用期限一起结束，应根据土地剩余使用期限确定收益期限。(   )
12. 对于有城市规划条件要求，但其城市规划设计条件尚未正式明确的地块，通常不适合采用假设开发法估价。(   )
13. 房地产价格上涨或下降趋势的强弱与房地产目前价格的高低无关，价格较低的房地产其价格上涨趋势可能更强劲。(   )
14. 由于路线价是若干标准临街宗地的平均价格，因此在采用路线价法估价时，一般不做因素修正。(   )
15. 某已抵押房地产因债权实现需要强制处分而由法院委托估价，则估价结果通常是该房地产完整权利下的价值。(   )

四、计算题（共2题，20分。要求列出算式、计算过程，需按公式计算的，要写出公式。仅有计算结果而无计算过程的，不得分。计算结果保留小数点后两位。请在答题纸上作答。）

1. 某在建工程的土地使用权是2004年12月31日通过出让方式获得的，用途为商业，土地使用期限为40年，土地面积为700平方米，容积率为1.5，土地取得费用为80万元，已付清。从获得土地使用权至正式动工，时间为1年。该工程正常施工期（不含装修）为2年，建安成本为每平方米建筑面积2 300元，管理费用为建安成本的3%。至2007年6月30日已完成主体结构，且已投入总开发成本的55%，剩余费用在施工期内均匀投入，折现率为13%。

该在建工程建成后的最佳用途为餐馆，建成时即投入40万元花一年时间装修（假定装修费用支出发生在该年末）。然后出租营业。预计第一年正常净收益为60万元，此后每年净收益以15%的比率增长，为保持这种正常收益增长，需要每隔4年在该年末进行一次大装修，正常大装修费用为40万元，当年净收益未扣除大装修费用。该类餐馆的报酬率为15%。

按当地有关规定，房地产开发项目（包括在建工程）在转让交易过程中，买方按售价的3%缴纳有关税费，同类房地产开发项目的销售费用和销售税费分别为售价的2%和6%。

请利用上述资料用现金流量折现法测算该在建工程2007年6月30目的正常购买总价。(10分)

2. 某公司于2005年3月1日在某城市水源地附近取得一宗土地使用权，建设休闲度假村。该项目总用地面积10 000平方米，土地使用期限40年，建筑总面积为20 000平方米，并于2007年9月1日完成，该公司申请竣工验收。根据环保政策要求，环保管理部门在竣工验收时要求该公司必须对项目的排污系统进行改造。请根据下列资料采用成本法评估该项目于2007年9月1目的正常市场价格。

(1) 假设在估价时点重新取得该项目建设用地，土地取得费用为1 000元每平方米。新建一个与上述项目相同功能且符合环保要求的项目开发成本为2 500元每平方米，销售费用为200万元，管理费用为开发成本的3%，开发建设期为2.5年，开发成本、管理费用、销售费用在第一年投入30%，第二年投入50%，最后半年投入20%，各年内均匀投入，贷款年利率为7.02%，销售税金及附加为售价的5.53%，投资利润率为12%。

(2) 经分析，新建符合环保要求的排污系统设备购置费和安装工程费分别为400万元和60万元，而已建成项目中排污系统设备购置费和安装工程费分别为200万元和40万元。对原项目排污系统进行改造，发生抵扣费用30万元，拆除后的排污系统设备可回收90万元。

(3) 原项目预计于2008年1月1日正常营业，当年可获得净收益500万元。由于排污系统改造，项目营业开始时间将推迟到2009年1月1日，为获得与2008年1月1且开始营业时可获得的相同的年净收益，该公司当年需额外支付运营费用100万元，之后将保持预计的盈利水平。

(4) 该类度假村项目的报酬率为8%。(10分)

2006年全国房地产估价师执业资格考试试卷之三
《房地产估价理论与方法》

一、单项选择题（共35题，每题1分。每题的备选答案中只有一个最符合题意，请在答题卡上涂黑其相应的编号。）

1. 下列不属于房地产区位因素的是（　　）。
   A. 交通　　B. 用途　　C. 环境　　D. 楼层
2. 某宗土地上有一幢8层高、各层建筑面积相同的住宅楼，建筑密度为50%。假设该住宅楼的总价为2 000万元，平均单价为5 000元每平方米，楼面地价为1 200元每平方米，则该宗土地的总价为（　　）万元。
   A. 96　　B. 192　　C. 240　　D. 480
3. 某套住宅的套内建筑面积为145平方米，套内使用面积为132平方米，应分摊的公共部分建筑面积为9平方米，按套内建筑面积计算的价格为3 500元每平方米，则该套住宅按建筑面积计算的价格为（　　）元每平方米。
   A. 3 000　　B. 3 277　　C. 3 295　　D. 3 599
4. 某城市居民人均月收入自2006年3月1日至2006年9月30日由1 200元增加到1 300元，某类商品住宅的需求量由16万套上升到20万套。则用中点法计算该类住宅需求的收入弹性为（　　）。
   A. 0. 36　　B. 1. 22　　C. 2. 78　　D. 3. 25
5. 下列关于比准价格、积算价格和收益价格关系的表述中，正确的是（　　）。
   A. 在房地产市场比较成熟且处于正常状态时，积算价格低于收益价格
   B. 在房地产市场存在泡沫时，收益价格大大高于积算价格
   C. 在房地产市场不景气时，积算价格（未扣除经济折旧）大大高于比准价格或收益价格
   D. 比准价格倾向于成交价格，积算价格倾向于最低买价，收益价格倾向于最高卖价
6. 某房地产现房价格为4 000元每平方米，预计从期房达到现房的两年时间内现房出租的租金收入为每年300元每平方米（年末收取），出租运营费用为每年50元每平方米。假设折现率为5%，风险补偿为200元每平方米，则该房地产的期房价格为（　　）元每平方米。
   A. 3 300　　B. 3 324　　C. 3 335　　D. 3 573
7. 某仓库房地产，建筑面积为800平方米，容积率为0. 8，对应的土地单价为850元每平方米，现拟变更为商业用地，容积率为2. 0，并已取得规划、国土等管理部门

的许可。假定改为商业用地后楼面地价为2 000元每平方米，则理论上应补地价的数额为（　　）万元。

A. 93.75　　B. 115　　C. 293.75　　D. 315

8. 房地产估价的技术性原则是为了使不同的估价人员对房地产估价的基本前提具有认识上的一致性，对同一估价对象在（　　）下的估价结果具有近似性。

A. 同一估价原则、同一估价时点　　B. 同一估价目的、同一估价方法

C. 同一估价目的、同一估价时点　　D. 同一估价原则、同一估价目的

9. 某房地产土地面积为500平方米，土地价格为2 000元每平方米；建筑面积为1 000平方米，成本法估算的建筑物重置价将为1 800元每平方米；市场上同类房地产的正常房地价格为2 500元每平方米，则该房地产中建筑物的实际价值比重置价格低（　　）元每平方米。

A. 200　　B. 300　　C. 700　　D. 1 000

10. 某宗地的面积为1 000平方米：采用市场法进行评估。通过三宗可比实例求出的比准价格分别为2 130元每平方米，2 190元每平方米和2 220元每平方米，如果赋予这三个价格的权重分别为0.3，0.4和0.3，则采用加权算术平均法得到的比准价格为（　　）元每平方米。

A. 2 160　　B. 2 175　　C. 2 181　　D. 2 205

11. 某房地产在2006年3月的价格为2 009元每平方米，现要调整为2006年9月的价格。已知该类房地产2006年3月至9月的价格指数分别为：99.4，94.8，96.6，105.1，109.3，112.7和118.3（均以上个月为基数100），则该房地产2006年9月的价格为（　　）元每平方米。

A. 2 700.8　　B. 2 800.1　　C. 2 800.8　　D. 2 817.7

12. 某宗房地产交易的成交价格为30万元人民币，其中首期支付30%，余款在一年后一次性付清。该房地产公摊面积为建筑面积的10%，套内建筑面积为100平方米，假定折现率为6%，则该房地产按照建筑面积计算的实际单价为（　　）元每平方米。

A. 2 593　　B. 2 619　　C. 2 727　　D. 2 862

13. 某宗房地产交易，买卖双方约定：买方付给卖方2 385元每平方米，买卖中涉及的税费均由买方负担。据悉，该地区房地产买卖中应由卖方缴纳的税费为正常成交价格的6.8%，应由买方缴纳的税费为正常成交价格的3.9%。若买卖双方又重新约定买卖中涉及的税费改由卖方负担，并在原价格基础上相应调整买方付给卖方的价格，则调整后买方应付给卖方的价格约为（　　）元每平方米。

A. 2 139　　B. 2 146　　C. 2 651　　D. 2 659

14. 在市场法中，对房地产状况进行间接比较调整，其中可比实例的房地产状况优于标准房地产状况，得102分；估价对象的房地产状况劣于标准房地产状况，得97

分，则房地产状况修正系数为（　　）。

A. 0.95　　B. 0.99　　C. 1.01　　D. 1.05

15. 下列各类房地产中，特别适用于成本法估价的是（　　）。

A. 某标准厂房　　B. 某酒厂厂房　　C. 某待出让土地　　D. 某写字楼

16. 某企业开发某土地，土地重新取得成本为 1 000 元每平方米，正常开发成本为 1 500 元每平方米，管理费用为前两项的 5%，投资利息占直接成本的 5%，销售费用为 100 元每平方米，直接成本利润率为 6%，则开发后的地价为（　　）元每平方米。

A. 1 840　　B. 2 840　　C. 2 966　　D. 3 000

17. 某宗房地产建筑物建成于 1991 年 10 月 1 日，经济寿命为 60 年。后于 1996 年 10 月 1 日补办了土地使用权出让手续，土地使用权出让年限为 50 年（从补办之日算起）。2006 年 10 月 1 日对该房地产进行评估。经计算，该房地产的土地重新购建价格为 2 000 万元，建筑物重新购建价格为 3 000 万元，残值率为 0。则在估价时点（2006 年 10 月 1 日）该房地产的评估价值为（　　）万元。

A. 4 091　　B. 4 182　　C. 4 250　　D. 5 000

18. 某幢写字楼，建筑物重新购建价格为 2 000 万元，经济寿命为 50 年，有效经过年数为 10 年。其中，门窗等损坏的修复费用为 10 万元；装修的重置价格为 200 万元。平均寿命为 5 年，有效经过年数为 4 年；设备的重置价格为 250 万元，平均寿命为 15 年，有效经过年数为 9 年。假设残值率均为零，则该幢写字楼的物质折旧额为（　　）万元。

A. 400　　B. 628　　C. 656　　D. 700

19. 某企业拥有一办公楼，建成于 1996 年 1 月，1998 年 1 月补办了土地使用权出让手续，出让年限为 50 年（自补办之日算起）。在 2006 年 1 月时，建筑物剩余尚可使用经济寿命为 45 年，则在计算建筑物折旧时，经济寿命应取为（　　）年。

A. 45　　B. 50　　C. 52　　D. 55

20. 某在建工程，土地使用权年限为 50 年，自取得权证日起开工。预计该项目建成后的建筑面积为 17 500 平方米，年净收益为 350 万元。目前该项目已建设 2 年，估计至项目建成还需 25 年。已知市场同类房地产报酬率为 7%，则评估该项目续建完成时的总价值为（　　）万元。

A. 3 758.57　　B. 3 942.03　　C. 3 966.10　　D. 4 769.85

21. 已知某收益性房地产的收益期限为 50 年，报酬率为 8% 的价格为 4 000 元每平方米：若该房地产的收益期限为 40 年，报酬率为 6%，则其价格最接近于（　　）元每平方米。

A. 3 816　　B. 3 899　　C. 4 087　　D. 4 920

22. 某商铺建筑面积为 500 平方米，建筑物的剩余经济寿命和剩余土地使用年限为 35

年；市场上类似商铺按建筑面积计的月租金为 120 元每平方米；运营费用率为租金收入的 25%；该类房地产的报酬率为 10%。该商铺的价值为（ ）万元。

A. 521 B. 533 C. 695 D. 711

23. 已知一年期国债利率为 3.31%，贷款利率为 5.43%，投资风险补偿为 2.23%，管理负担补偿为 1.32%，缺乏流动性补偿为 1.42%，所得税抵扣的好处为 0.5%，则报酬率为（ ）。

A. 7.78% B. 8.28% C. 13.21% D. 14.21%

24. 运用假设开发法评估某待开发房地产的价值时，若采用现金流量折现法计算，则该待开发房地产开发经营期的起点应是（ ）。

A. 待开发房地产开发建设开始时的具体日期

B. 待开发房地产建设发包日期

C. 取得待开发房地产的日期

D. 房地产开发完成并投入使用的日期

25. 下列关于假设开发法的表述中，不正确的是（ ）。

A. 假设开发法在形式上是评估新开发完成的房地产价格的成本法的倒算法

B. 运用假设开发法可测算开发房地产项目的土地最高价格、预期利润和最高费用

C. 假设开发法适用的对象包括待开发的土地、在建工程和不得改变现状的旧房

D. 假设开发法通常测算的是一次性的价格剩余

26. 现有某待开发项目建筑面积为 385 平方米，从当前开始开发期为 2 年。根据市场调查分析，该项目建成时可出售 50%，半年和一年后分别售出其余的 30% 和 20%，出售的平均单价为 28 507 元每平方米，若折现率为 15%，则该项目开发完成后的总价值的当前现值为（ ）万元。

A. 766 B. 791 C. 913 D. 1 046

27. 在运用长期趋势法测算房地产未来价格时，当房地产价格的变动过程是持续上升或者下降的，并且各期上升或下降的幅度比率大致接近，则宜选用（ ）方法进行测算。

A. 平均增减量法 B. 平均发展速度法 C. 移动平均法 D. 指数修匀法

28. 在房地产估价中，长期趋势法运用的假设前提是（ ）。

A. 过去形成的房地产价格变动趋势在未来仍然存在

B. 市场上能找到充分的房地产历史价格资料

C. 房地产市场在过去无明显的季节变动

D. 政府关于房地产市场调控的有关政策不会影响房地产的历史价格

29. 一前后临街、总深度为 50 米的矩形宗地，其前街路线价为 5 000 元每平方米，后街路线价为 3 800 元每平方米。如果按重叠价值估价法，该宗地的前街影响深度为（ ）米。

A. 22　　B. 28　　C. 38　　D. 50

30. 某块临街深度为50米、临街宽度为30英尺的矩形土地甲，总价为40万元。其相邻的矩形土地乙，临街深度为150英尺，临街宽度为15英尺，则运用“四三二一”法则计算土地乙的总地价为（　　）万元。

A. 23.4　　B. 28.6　　C. 33.4　　D. 46.8

31. 某居民楼总建筑面积为5 000平方米，房地总价值为1 000万元，其中土地总价值为500万元。某人拥有该居民楼的一套单元式住宅，建筑面积为150平方米，房地总价值为35万元。若按照土地价值进行分摊，该人占有的土地份额为（　　）。

A. 3%　　B. 3.5%　　C. 7%　　D. 4%

32. 下列影响房地产价格的因素中，不属于经济因素的是（　　）。

A. 房地产投机　　B. 物价变动　　C. 财政收支状况　　D. 居民收入水平

33. 随着临街深度的递增，临街深度价格的修正率递增的是（　　）。

A. 单独深度价格修正率　　B. 累计深度价格修正率

C. 平均深度价格修正率　　D. 加权深度价格修正率

34. 确定估价对象及其范围和内容时，应根据（　　），依据法律法规，并征求委托人同意后综合确定。

A. 估价原则　　B. 估价目的　　C. 估价方法　　D. 估价程序

35. 某房地产估价机构向委托人甲出具了估价报告，估价作业期为2005年5月20日至5月30日，估价报告应用有效期为1年。2006年5月20日，甲利用该估价报告向银行申请办理了16年的抵押贷款，则该估价报告的存档期应不少于（　　）年。

A. 15　　B. 16　　C. 17　　D. 20

二、多项选择题（共15题，每题2分。每题的备选答案中，有两个或两个以上符合题意，请在答题卡上涂黑其相应的编号。全部选对的，得2分；错选或多选的，不得分；少选且选择正确的，每个选项得0.5分。）

1. 下列属于土地使用管制的事项有（　　）。

A. 建筑物四周应留有一定的空地作为建筑物的绿地和交通

B. 取得的土地使用权不包括地下资源、埋藏物和市政公用设施

C. 某宗土地使用中，要求容积率为2.0

D. 甲乙两宗土地使用中，甲土地必须为乙土地留出通行道路

E. 某宗土地只能用于商业房地产开发

2. 某宗房地产是采用抵押贷款方式购买的，购买总价为50万元，首付款为房价的30%，余款在未来10年内以抵押贷款方式按月等额支付。银行贷款年利率为5.58%。则下列说法中正确的有（　　）。

A. 该房地产的实际价格等于名义价格　　B. 该房地产的名义价格为50万元

C. 该房地产的实际价格高于50万元　　D. 该房地产的实际价格为50万元

E. 该房地产不存在名义价格

3. 公开市场价值是指下列交易条件下最可能实现的价格（　　）。

A. 卖方和买方掌握必要的市场信息

B. 卖方具有必要的专业知识，并了解交易对象

C. 买方具有特殊的兴趣，并愿意给予附加出价

D. 卖方和买方追求各自利益的最大化

E. 卖方和买方急于完成交易

4. 根据适合原理，均衡原理以及收益递增递减原理，当房地产（　　）时，便为最高最佳使用。

A. 与外部环境最协调　　B. 达到规模递增

C. 内部构成要素的组合最适当　　D. 外部环境与内部因素相关联

E. 外部环境要素为最适当的组合

5. 市场法中实物状况比较和调整的内容包括（　　）。

A. 环境　　B. 地形地势　　C. 外部配套设施

D. 内部基础设施完备程度　　E. 装饰装修

6. 在考虑房地产交易程度的不同负担状况时，房地产正常的成交价格等于（　　）。

A. 卖方实际得到的价格/（1-应由卖方缴纳的税费比率）

B. 卖方实际得到的价格-应由卖方负担的税费

C. 买方实际付出的价格-应由买方负担的税费

D. 应由卖方负担的税费/应由卖方缴纳的税费比率

E. 买方实际付出的价格/（1-应由买方缴纳的税费比率）

7. 下列关于重新购建价格的说法中，正确的有（　　）。

A. 重新购建价格是指重新开发建设全新状况的估价对象所必需的支出

B. 重新购建价格是在估价时点的价格

C. 重新购建价格是客观的价格

D. 建筑物的重新购建价格是全新状况下的价格

E. 土地的重新购建价格是法定最高出让年限状况下的价格

8. 在运用成本法时最主要的有（　　）。

A. 区分计划成本和实际成本　　B. 区分实际成本和客观成本

C. 结合实际成本来确定评估价值　　D. 结合实际开发利润来确定评估价值

E. 结合市场供求分析来确定评估价值

9. 建筑物折旧分为物质折旧、功能折旧和经济折旧三大类。其中，属于经济折旧的有（　　）。

A. 功能落后　　B. 功能缺乏　　C. 环境污染

D. 交通拥挤　　E. 正常使用的磨损

10. 根据净收益求取的不同，收益法可分为（　　）。

A. 直接资本化法　B. 投资法　　C. 收益乘数法

D. 利润法　　E. 现金流量折现法

11. 假设开发法中，选择最佳的开发利用方式最重要的是要选择最佳用途。而最佳用途的选择要考虑土地位置的（　　）。

A. 可接受性　　B. 保值增值性　　C. 现实社会需要程度

D. 未来发展趋势　E. 固定性

12. 运用长期趋势法估价的一般步骤有（　　）。

A. 搜集估价对象或类似房地产的历史价格资料，并进行检查、鉴别

B. 整理搜集到的历史价格资料，画出时间序列图

C. 观察、分析时间序列，得出一定的模式

D. 以此模式去推测、判断估价对象在估价时点的价格

E. 对未来的价格进行分析和预测

13. 高层建筑地价分摊的方法有（　　）。

A. 按建筑物价值进行分摊　　B. 按房地价值进行分摊

C. 按土地价值进行分摊　　D. 按建筑面积进行分摊

E. 按楼面地价进行分摊

14. 影响房地产价格的经济因素主要有（　　）。

A. 经济发展状况、储蓄、消费、投资水平

B. 社会发展状况、房地产投机和城市化

C. 财政收支及金融状况、利率

D. 物价、汇率、居民收入

E. 人口数量、行政隶属变更、居民收入

15. 下列关于明确房地产估价时点的表述中，正确的有（　　）。

A. 对当前的价值进行评估，一般以实地查勘估价对象期间或估价作业期内的某个日期为估价时点

B. 城市房屋拆迁估价，估价时点一般为房屋拆迁许可证颁发之曰

C. 分期实施的房屋拆，应以房屋拆迁公告之日为估价时点

D. 房地产估价人员可以假定估价时点

E. 对原估价结果有异议而引起的复核估价，应以申请复核之日为估价时点

三、判断题（共15题，每题1分。请根据判断结果，在答题卡上涂黑其相应的符号，用√表示正确，用×表示错误。不答不得分，判断错误扣1分，本题总分最多扣至零分。）

1. 房地产价格是客观存在的，是不以个人意志为转移的，因此，房地产估价实际上

是房地产专业估价人员对房地产市场价格形成进行市场模拟的过程，所要揭示的是房地产的理论价格。(　　)

2. 甲乙是两块条件相同的相邻地块，甲土地单价为1 400元每平方米，容积率为4，土地使用年限为40年；乙土地单价为900元每平方米，容积率为2.5，土地使用年限为50年；则以楼面地价来判断投资甲地块较乙地块更经济（土地报酬率为6%），(　　)
3. 在一定时期内，对于开发周期较短的房地产，供给弹性相应地比较小；开发周期较长的房地产，供给弹性相应地比较大。(　　)
4. 均衡原理是以房地产内部构成要素与其外部环境是否协调均衡，来判断该房地产是否为最高最佳使用，它可以帮助确定最佳规模和最佳用途。(　　)
5. 某宗可比实例房地产2006年1月30日的价格为500美元每平方米，该类房地产以美元为基准的价格变动平均每月比上月下降0.7%，假设人民币与美元的市场汇率2006年1月30日为1美元=7.98元人民币，2006年9月30日为1美元=7.95元人民币，则将该可比实例调整为2006年9月30日的价格约为3 758元人民币每平方米。(　　)
6. 在建筑物折旧中，只有不可修复的功能落后，不存在可修复的功能落后。(　　)
7. 某建筑物建成于1996年10月1日，该建筑物所在地的土地使用权为1994年10月1日取得，土地使用权年期为40年；该类建筑物寿命为50年：残值率为0。则2006年10月1日该建筑物按直线法计算的成新率为80%。(　　)
8. 非住宅小区级的公共建筑的建设费用和住宅小区内的营业性用房与设施的建设费用均不能计入商品住宅的价格中。(　　)
9. 某宗房地产，其土地于2000年底取得，土地使用权年期为50年。该房地产建成于2001年底，2002年底至2005年底的净收益分别为83万元、85万元、90万元和94万元；预计2005年底可以稳定获得年净收益90万元。该类房地产的报酬率为10%，则2006年1月1日该房地产价值应为886万元。(　　)
10. 自有资金资本化率通常为未来第一年的税前现金流量与自有资金额的比率，可以由可比实例房地产的税前现金流量除以自有资金金额得到。(　　)
11. 假设开发法用于投资分析与用于估价的不同之处是：在选取有关参数和测算有关数值时，投资分析是站在一般投资者的立场上，而估价是站在某个特定投资者的立场上。(　　)
12. 移动平均法是对原有价格按照时间序列进行修匀，即采用逐项递移方法分别计算一系列移动的时序价格平均数，形成一个新的派生平均价格的时间序列，借以消除价格短期波动的影响：显现出价格变动的基本发展趋势。(　　)
13. 有一栋四层公寓，每层建筑面积相等，已知第二层的房地价值为第一层的105倍，第三层的房地价值为第四层的1.05倍，第四层的房地价值为第二层的91%。

按房地价值分摊法计算得出第三层占有的土地份额约为27%。(　　)

14. 一般而言，房地产价格与利率正相关，利率上升时房地产价格会上升，利率下降时房地产价格会下降。(　　)

15. 接受估价委托后，受托估价机构不得转让、变相转让受托的估价业务，并应明确至少一名合适的估价人员负责该估价项目。(　　)

四、计算题（共2题，20分。要求列出算式、计算过程，需按公式计算的，要写出公式。仅有计算结果而无计算过程的，不得分。计算结果保留小数点后两位。请在答题纸上作答。）

1. 某商店的建筑面积为1 000平方米，土地使用年限为40年，从2000年10月1日起计。2002年10月1日某公司与该商店所有权人签订了租赁合同，租期为20年，月租金为150元每平方米，租金支付方式为每2年一次性支付，支付时间为第2年年末。市场上类似商店目前正常的月租金为200元每平方米，支付方式为每年年末一次性支付，预计类似商店正常月租金每年递增5%，一般租赁经营的运营费用率为租金收入的30%。试求该公司2006年10月1日的承租人权益价值（房地产报酬率取8%）。(8分)

2. 估价对象为一写字楼，土地总面积1 000平方米，于2001年9月底获得50年使用权。写字楼总建筑面积4 500平方米，建成于2004年9月底，为钢筋混凝土结构，建筑层高5米，没有电梯，需评估该写字楼2006年9月30日的价值。搜集有关资料如下。

（1）搜集了三宗出让年限50年的土地交易实例作为可比实例，有关资料如下表所示：

实例	交易价格（元/平方米）	交易情况	交易日期	房地产状况
A	2 200	正常	2006年3月30日	比估价对象劣3%
B	2 050	正常	2005年12月30日	比估价对象劣8%
C	2 380	比正常价格高3%	2006年5月30日	比估价对象优5%

从2005年11月至2006年10月地价逐月上升0.5%。

（2）当地征收农地的费用等资料如下：

在估价时点征收城市边缘土地平均每亩需要57.32万元的征地补偿和安置等费用，向政府交付土地使用权出让金等为150元每平方米，土地开发费用、税金和利润等为120元每平方米，以上合计为城市边缘土地使用权年限50年熟地的价格。该城市土地分为八个级别，城市边缘土地为第八级，而估价对象处于第六级土地上。各级土地之间的价格差异如下表所示：

级别	一	二	三	四	五	六	七	八
地价是次级土地的倍数	1.4	1.4	1.4	1.4	1.4	1.3	1.3	1
地价是最差级土地的倍数	10.54	7.53	5.38	3.84	2.74	2.00	1.50	1

（3）在估价时点不设电梯的层高5米的建筑物重新购建价格为1 800元每平方米，估价对象写字楼门窗等损坏的修复费用为10万元；装修的重新购建价格为140万元，经济寿命为5年；设备的重新购建价格为100万元，经济寿命10年；建筑物的使用寿命长于土地使用年限。假设残值率均为0。另调查，由于该写字楼缺乏电梯，导致其出租率较低，仅为80%，月租金为38元每平方米。而市场上类似的有电梯的写字楼的出租率为85%，正常月租金为40元每平方米。一般租赁经营的正常运营费用率为租金收入的35%。如果在估价时点重置具有电梯的类似写字楼。则需电梯购置费用60万元，安装费用40万元。同时，由于该写字楼的层高比正常层高要高，使其能耗增加。经测算正常情况下每年需要多消耗1万元能源费。同时由于周边环境的变化，该写字楼的经济折旧为20万元。试用成本法评估该写字楼2006年9月30日的价值。土地重新购建价格要才用市场法和成本法综合求取。土地报酬率为5%，房地产报酬率为7%（如需计算平均值，请采用简单算术平均法，小数点后保留两位）。（12分）

2005年全国房地产估价师执业资格考试试卷之三
《房地产估价理论与方法》

一、单项选择题（共35题，每题1分。每题的备选答案中只有一个最符合题意，请在答题卡上涂黑其相应的编号。）

1. 房地产需要专业估价的基本条件是房地产具有（　　）的特性。

A. 独一无二和供给有限　　B. 独一无二和价值量大

C. 流动性差和价值量大　　D. 不可移动和用途多样

2. 在英国和其他英联邦国家，法院一般（　　）来判断房地产评估价值的误差范围。

A. 使用估价对象房地产的实际成交价格

B. 使用政府公布的房地产交易指导价格

C. 使用近一年内房地产的平均成交价格

D. 依赖于专家证人测算的估价对象房地产的价值

3. 某市于2005年对市中心一平房区进行拆迁改造，该市2000年出台的城市房屋拆迁补偿指导价格在该区为4 000元每平方米，并且一直没有变动；2005年该区同类建筑物的重置成本达到2 000元每平方米，房地产市场交易价格为6 000元每平方米；重新规划后，开发商开发的该区商品房售价预计为9 000每平方米；则最合理的拆迁补偿价格应以（　　）元每平方米为基础进行修正。

A. 4 000　　B. 5 000　　C. 6 000　　D. 9 000

4. 假设某类住宅的价格从3 000元每平方米下降到2 800元每平方米，其需求量从900套上升到1 000套，则用中点法计算的该类住宅需求的价格弹性为（　　）。

A. -1.33　　B. -0.66　　C. 0.66　　D. 1.53

5. 在估价中选取4个可比实例，甲成交价格4 800元每平方米，建筑面积100平方米，首次付清24万元，其余半年后支付16万元，一年后支付8万元；乙成交价格5 000元每平方米，建筑面积120平方米，首次支付24万元，半年后付清余款36万元；丙成交价格4 700元每平方米，建筑面积90平方米，成交时一次付清；丁成交价格4 760元每平方米，建筑面积110平方米，成交时支付20万元，一年后付清余款32.36万元。已知折现率为10%，那么这4个可比实例实际单价的高低排序为（　　）。

A. 甲>乙>丙>丁　　B. 乙>丁>甲>丙

C. 乙>丙>甲>丁　　D. 丙>乙>丁>甲

6. 某宗地面积为5 000平方米，现状容积率为0.8，土地市场价值为4 000元每平方米，拟进行改造。批准的规划容积率为5.0，楼面地价为1 500元每平方米，则理论上应补交地价（　　）万元。

A. 1 250　　B. 1 750　　C. 2 050　　D. 2 150

7. 房地产估价中，遵循独立、客观、公正原则的核心是估价机构和估价人员应当站在（　　）的立场上，评估出一个对各方当事人来说都是公平合理的价值。

A. 委托人　　B. 估价报告预期使用者

C. 管理部门　　D. 中立

8. 回顾性房地产估价，其估价对象状况和房地产市场状况常见的关系是（　　）。

A. 估价对象状况为过去，房地产市场状况为现在

B. 估价对象状况为现在，房地产市场状况为现在

C. 估价对象状况为过去，房地产市场状况为过去

D. 估价对象状况为现在，房地产市场状况为过去

9. 在市场法选择可比实例的过程中，可比实例的规模应与估价对象的规模相当，选取的可比实例规模一般应在估价对象规模的（　　）范围之内。

A. 0.5 ~ 2.0　　B. 1.5 ~ 2.0　　C. 0.5 ~ 1.5　　D. 1.0 ~ 1.5

10. 承租人甲与出租人乙于 5 年前签订了一套住宅的租赁合同，该套住宅面积为 200 平方米，租赁期限为 8 年，年租金固定不变为 480 元每平方米。现市场上类似住宅的年租金为 600 元每平方米。若折现率为 8%，则承租人甲目前的权益价值为（　　）万元。

A. 6.19　　B. 6.42　　C. 7.20　　D. 9.58

11. 某地区房地产买卖中应由卖方缴纳的税费为正常成交价格的 7%，应由买方缴纳的税费为正常成交价格的 5%。在某宗房地产交易中，买卖双方约定买方付给卖方 2 500 元每平方米，买卖中涉及的税费均由卖方负担。但之后双方又重新约定买卖中涉及的全部税费改由买方支付，并在原价格基础上相应调整买方付给卖方的价格，则调整后买方应付给卖方（　　）元每平方米。

A. 2 020.80　　B. 2 214.29　　C. 2 336.45　　D. 2 447.37

12. 某套住宅建筑面积为 100 平方米，套内建筑面积为 92 平方米，使用面积为 80 平方米，每平方米使用面积的价格为 3 000 元，则该住宅每平方米建筑面积的价格为（　　）元。

A. 2 400　　B. 2 580　　C. 2 607　　D. 2 760

13. 评估某宗房地产 2005 年 9 月末的价格，选取的可比实例成交价格为 3 000 元每平方米，成交日期为 2005 年 1 月末，该类房地产自 2005 年 1 月末至 2005 年 9 月末的价格每月与上月的变动幅度为 1.5%，2.5%，0.5%，-1.5%，-2.5%，-1.0%，1.5%，-1.5%，0%。则该可比实例在 2005 年 9 月末的价格为（　　）元每平方米。

A. 2 938　　B. 2 982　　C. 3 329　　D. 3 379

14. 在某宗房地产估价中，三个可比实例房地产对应的比准单价分别是6 800元每平方米、6 700每平方米和6 300元每平方米，根据可比性综合评估得到的三个可比实例对应的比准单价的权重分别是0.3，0.5和0.2。如果分别采用加权算术平均法和中位数法测算最终的比准单价，则前者与后者的差值是（ ）元每平方米。

A. -100　　B. -50　　C. 50　　D. 100

15. 下列不属于导致建筑物经济折旧的因素是（ ）。

A. 交通拥挤　　B. 建筑技术进步

C. 城市规划改变　　D. 自然环境恶化

16. 某8年前建成交付使用的建筑物，建筑面积120平方米，单位建筑面积的重置价格为800元每平方米，建筑物残值率6%，年折旧率2.2%，计算该建筑物的现值是（ ）元。

A. 76 800　　B. 79 104　　C. 77 952　　D. 81 562

17. 某建筑物实际经过年数为10年，估价人员现场查勘后认为该建筑物建筑设计过时和维护保养差造成功能折旧和物质折旧高于正常建筑物，判断其有效经过年数为18年，剩余经济寿命为22年，残值率为4%，用直线法计算该建筑物的成新率为（ ）。

A. 43.2%　　B. 50%　　C. 56.8%　　D. 70%

18. 某写字楼由于市场不景气和周边新增居住房地产较多，造成不便于商务办公和需求减少，估计未来期限内每年平均空置率由现在的15%上升为25%，每月可出租面积租金为70元每平方米，又知该写字楼可出租面积为10 000平方米，运营费用率为40%。假若该写字楼可出租剩余年限为30年，投资报酬率为8%，其他条件保持不变，则该写字楼将发生（ ）万元的贬值。

A. 548.19　　B. 558.15　　C. 567.39　　D. 675.40

19. 某商场建成3年后补办了土地使用权出让手续，土地使用权出让年限为的自然寿命为50年，在这种情况下，建筑物的经济寿命应为（ ）年。

A. 40　　B. 43　　C. 47　　D. 50

20. 下列关于农地征收费用的表述中，不正确的是（ ）。

A. 青苗补偿费的标准由省、自治区、直辖市规定

B. 征地管理费的标准由省、自治区、直辖市规定

C. 新菜地开发建设基金的缴纳标准由省、自治区、直辖市规定

D. 地上附着物补偿费的标准由省、自治区、直辖市规定

21. 某房地产的报酬率为8%，收益期限为30年时的价格为4 000元每平方米。若报酬率为6%、收益期限为50年时，则该房地产的价格为（ ）元每平方米。

A. 3 800　　B. 4 500　　C. 5 200　　D. 5 600

22. 某宗房地产的收益期限为40年，通过预测未来3年的年净收益分别为15万元、18万元、23万元，以后稳定在每年25万元直到收益期限结束，该类房地产的报酬率为8%，则该宗房地产的收益价格最接近于（　　）万元。

A. 280　　B. 285　　C. 290　　D. 295

23. 某写字楼年出租净收益为300万元，预计未来三年内仍然维持该水平，三年后该写字楼价格为现在写字楼价格的1.2倍，该类房地产的报酬率为10%，则该宗写字楼现在的价格为（　　）万元。

A. 4 580　　B. 5 580　　C. 6 580　　D. 7 580

24. 某商场建成于2000年10月，收益期限从2000年10月到2040年10月，预计未来正常运行年潜在毛收入为120万元，年平均空置率20%，年运营费用50万元。目前该类物业无风险报酬率为5%，风险报酬率为安全利率的60%，则该商场在2005年10月的价值最接近于（、　）万元。

A. 536　　B. 549　　C. 557　　D. 816

25. 某在建工程土地使用权年限40年，自取得土地使用权之日起开工，预计建成后的建筑面积为15 000平方米，年净收益为480万元，自开工到建成的开发期为3年，估计该项目至建成还需1.5年，已知报酬率为8%，折现率为12%，该项目开发完成后的房地产现值为（　　）万元。

A. 4 023.04　　B. 407.410　　C. 4 768.50　　D. 5 652.09

26. 实际估价中设定未来净收益每年不变条件下，求取净收益最合理的方法是（　　）。

A. 过去数据简单算术平均法　　B. 过去数据加权算术平均法

C. 未来数据简单算术平均法　　D. 未来数据资本化公式法

27. 在采用假设开发法中的传统方法进行房地产估价时，一般不计息的项目是（　　）。

A. 未知、需要求取的待开发房地产的价值

B. 投资者购买待开发房地产应负担的税费

C. 销售费用和销售税费

D. 开发成本和管理费用

28. 某类房地产2001年初至2005年初的价格分别为2 300元每平方米、2 450元每平方米、2 650元每平方米、2 830元每平方米和3 000元每平方米，其增减量的权重分别为0.1、0.3、0.2和0.4，按平均增减量趋势法估计，以2001年初为预测基期，则该类房地产于2006年初的价格最接近于（　　）元每平方米。

A. 3 100　　B. 3 195　　C. 3 285　　D. 3 300

29. 当房地产价格的变动过程持续上升或者下降，并且各期上升或者下降的数额大致接近时，宜采用（　　）预测房地产的未来价格。

A. 数学曲线拟合法　　B. 平均增减量法

C. 平均发展速度法　　D. 移动平均法

30. 某城市2000年和2005年普通商品房的平均价格分别是3 500万每平方米和4 800元每平方米，采用平均发展速度法预测2008年的价格最接近于（　　）元每平方米。

A. 4 800　　B. 5 124　　C. 5 800　　D. 7 124

31. 下列关于路线价法的表述中，不正确的是（　　）。

A. 路线价法实质是一种市场法，其理论依据与市场法相同，是房地产价格形成的替代原理

B. 路线价法适用于城镇街道两侧商业用地的估价

C. 运用路线价法的前提条件是街道较规整，两侧临街土地的排列较整齐

D. 路线价法是在特定的街道上设定标准临街宽度，从中选取若干标准临街宗地求其平均价格

32. 已知临街矩形地块甲的总价为36万元，临街宽度为20英尺，临街深度为75英尺。现有一相邻矩形地块乙，临街宽度为30英尺，临街深度为125英尺。运用"四三二一"法则，地块乙的总地价为（　　）万元。

A. 65.4　　B. 81.8　　C. 87.2　　D. 109.0

33. 某大厦总建筑面积10 000平方米，房地总价值6 000万元，其中，土地总价值2 500万元。某人拥有该大厦的某一部分，该部分的房地价值为180万元，建筑面积为240平方米。如果按照土地价值进行分摊，则该人占有的土地份额为（　　）。

A. 2.4%　　B. 3.0%　　C. 3.8%　　D. 7.2%

34. 影响房地产价格的环境因素不包括（　　）。

A. 大气环境　　B. 听觉环境　　C. 卫生环境　　D. 治安环境

35. 在影响房地产价格的各种因素中，"城市化"属于（　　）。

A. 社会因素　　B. 环境因素　　C. 人口因素　　D. 行政因素

二、多项选择题（共15题，每题2分。每题的备选答案中有两个或两个以上符合题意，请在答题卡上涂黑其相应的编号。全部选对的，得2分；错选或多选的，不得分；少选且选择正确的，每个选项得0.5分。）

1. 房地产具有保值增值特性，真正的房地产自然增值是由于（　　）引起的。

A. 装饰装修改造　　B. 通货膨胀　　C. 需求增加导致稀缺性增加

D. 改进物业管理　　E. 围环境改善

2. 从权益的角度来看，现实中的房地产估价对象包括（　　）等。

A. 有建筑物的土地，包括建筑物尚未建成的土地

B. "干净"的房屋所有权和划拨土地使用权的房地产

C. 有租约限制的房地产

D. 未来状况下的房地产

E. 共有的房地产

3. 如果某类房地产需求富有价格弹性，则该类房地产的需求价格弹性系数有可能为（　　）。

A. 0.5　　B. 1.0　　C. 1.5

D. 2.0　　E. 3.0

4. 房地产的供给量是由许多因素决定的，除了随机因素，经常起作用的因素主要有（　　）。

A. 该种房地产的价格水平　　B. 消费者的预期

C. 该种房地产的开发成本　　D. 该种房地产的开发技术水平

E. 房地产开发商对未来的预期

5. 根据房地产估价的合法原则，目前我国有关法律、法规规定不得抵押因而不应作为以抵押为目的的估价对象的房地产有（　　）。

A. 土地所有权　　B. 国有工业用地土地使用权

C. 宅基地土地使用权　　D. 大型游乐场

E. 乡镇企业用房

6. 运用市场法时，估价人员根据基本要求选取可比实例后，需要建立价格可比基础，主要包括（　　）等。

A. 统一采用总价　　B. 统一采用单价　　C. 统一币种和货币单位

D. 统一面积内涵和大小　　E. 统一付款方式

7. 影响房地产价格的区位因素有（　　）等。

A. 建筑规模　　B. 临路状况　　C. 楼层

D. 建筑容积率　　E. 繁华程度

8. 成本法特别适用于那些既无收益又很少发生交易的房地产估价，这类房地产主要包括（　　）等。

A. 图书馆　　B. 钢铁厂　　C. 空置的写字楼

D. 单纯的建筑物　　E. 加油站

9. 功能折旧是指建筑物在功能上的相对缺乏、落后或过剩所造成的建筑物价值的损失。造成建筑物功能折旧的主要原因有（　　）等。

A. 意外破坏的损毁　　B. 市场供给的过量　　C. 建筑设计的缺陷

D. 人们消费观念的改变　　E. 周围环境条件恶化

10. 收益性房地产的价值高低主要取决于（　　）。

A. 已经获得净收益的大小　　B. 未来获得净收益的风险

C. 未来获得净收益的大小　　D. 目前总收益的大小

E. 未来获得净收益期限的长短

11. 在实际估价中，运用假设开发法估价结果的可靠性，关键取决于（　　）。
    A. 房地产具有开发或再开发潜力
    B. 将预期原理作为理论依据
    C. 正确判断了房地产的最佳开发方式
    D. 正确量化了已经获得的收益和风险
    E. 正确预测了未来开发完成后的房地产价值
12. 长期趋势法除了用于推测、判断房地产的未来价格外，还可用于（　　）等。
    A. 收益法中预测未来的租金
    B. 市场法中对可比实例成交价格进行交易情况调整
    C. 填补某些房地产历史价格资料的缺乏
    D. 比较、分析两宗（或两类）以上房地产价格的潜力
    E. 成本法中确定房地产的重新购建价格
13. 某建筑物共3层，总建筑面积为600平方米，每层建筑面积相等，房地总价值为600万元，土地价值480万元。其中一层价值是二层的1.5倍，二层价值是三层的1.2倍，则关于土地份额的计算，以下正确的有（　　）。
    A. 按建筑面积分摊，二层占有的土地份额为33.3%
    B. 按房地价值分摊，二层占有的土地份额为30.0%
    C. 按土地价值分摊，二层占有的土地份额为35.0%
    D. 按房地价值分摊，一层占有的土地份额为45.0%
    E. 按土地价值分摊，一层占有的土地份额为47.9%
14. 下列关于房地产价格影响因素的表述中，正确的有（　　）。
    A. 不同的房地产价格影响因素，引起房地产价格变动的方向和程度是不尽相同的
    B. 房地产价格影响因素对房地产价格的影响与时间无关
    C. 理论上，房地产价格与利率因素呈负相关
    D. 房地产价格影响因素对房地产价格的影响均可用数学公式或数学模型来量化
    E. 汇率因素对房地产价格影响的表现是：本币汇率上升，会导致房地产价格上涨；相反，则导致房地产价格下降
15. 房地产估价中，估价方法的选择，是由（　　）综合决定的。
    A. 估价对象的房地产类型
    B. 估价方法适用的对象和条件
    C. 估价人员的技术水平
    D. 委托人的特殊要求
    E. 所收集到的资料的数量和质量

三、判断题（共15题，每题1分。请根据判断结果，在答题卡上涂黑其相应的符号，用“√”表示正确，用“×”表示错误。不答不得分，判断错误扣1分，本题总分最多扣至零分。）

1. 房地产所有权可分为独有、共有和建筑物区分所有。其中，建筑物区分所有权人

对建筑物内的住宅、商业用房等专有部分享有所有权，对走廊、楼梯、外墙等共有部分享有共有的权利。(　　)

2. 某市 2004 年经济适用住房的平均价格上涨了 5%，其需求量下降了 4%，则该类经济适用住房的需求富有价格弹性。(　　)
3. 当用成本法求得的价值大大高于用市场法或收益法求得的价值时，说明房地产市场不景气。(　　)
4. 在城市房屋拆迁估价中，当拆迁补偿实行房屋产权调换方式且所调换的房屋为期房时，由于估价对象状况为未来某个时点的状况，因此估价时点应为未来。(　　)
5. 市场法中的房地产状况调整可以分为区位状况调整、交易情况调整和权益状况调整。(　　)
6. 成本法是先分别求取估价对象在估价作业日期的重新购建价格和折旧，然后将重新购建价格减去折旧来求取估价对象价值的方法。(　　)
7. 就建筑物的重新购建价格而言，一般情况下，重建价格高于重置价格。(　　)
8. 在求取整体房地产的价值时，期末转售收益是指在房地产持有期末转售房地产并扣减抵押贷款余额之后的收益。(　　)
9. 资本化率和报酬率都是将房地产的未来预期收益转换为价值的比率，前者是某种年收益与其价格的比率，后者是用来除一连串的未来各期净收益，以求得未来各期净收益现值的比率。(　　)
10. 在现金流量折现法中，对开发完成后的房地产价值、开发成本、管理费用、销售费用、销售税费等的测算，主要是根据估价时的房地产市场状况来预测的。(　　)
11. 假设开发法估价必须考虑资金的时间价值，一般采用计算利息的传统方法和现金流量折现法，由于存在众多未知因素和偶然因素易使预测偏离实际，因此，在实际估价中应尽量采用计算利息的传统方法。(　　)
12. 在基准地价修正法中进行交易日期调整，是将基准地价在估价时点时的值调整为其基准日期时的值。(　　)
13. 某城市路线价标准深度为 18 米，划分为三个等份，从街道方向算起，各等份单独深度价格修正率分别为 50%、30%、20%。则临街 12 米的矩形土地的平均深度价格修正率为 120%。(　　)
14. 低价格房地产政策，并不意味着造成房地产价格的绝对水平降低。(　　)
15. 一份完整的估价报告通常由以下几部分组成：封面、目录、致委托人函、估价结果报告、估价技术报告和附件。(　　)

四、计算题（共 2 题，每题 10 分。要求列出算式，计算过程；需按公式计算的，要写出公式；仅有计算结果而无计算过程的，不得分。计算结果保留小数点后两位。请在答题纸上作答。）

1. 某企业有一在建工程，于 2005 年 10 月 1 日带抵押债务转让。已知该在建工程占地面积10 000平方米，土地使用权年限为2003年10月1日～2043年9月30日，规划容积率为5。1～4层规划为商业，建筑面积为2万平方米；5～20层规划为写字楼，建筑面积为3万平方米。项目总开发成本为3 000元每平方米，管理费用为开发成本的5%，项目建成后，商业用于经营，写字楼全部出售。经调查，有关数据如下：

（1）项目2004年6月动工，2005年10月1日已完成了30%的工程量，实际资金投入为总开发成本及管理费用的30%，预计再经过24个月即可完成全部工程。假定费用均匀投入。

（2）该项目所在区域同类型、同档次写字楼的售价为8 000元每平方米，销售税费为售价的6%。写字楼在建成后1年末时售出。

（3）商业主体建成后，还需投入2 000元每平方米的装修费，装修期为一年，装修费均匀投入，预计年经营收入为3亿元，包括税、经营成本等在内的支出为营业收入的75%，合理商业利润为年经营收入的10%。

（4）2004年10月1日该企业办理了在建工程抵押贷款手续，获得了5 000万元、年利率为6%、每半年还款一次、5年内等额还款的贷款。在建工程转让时要求受让方承担2005年10月1日以后的剩余债务。

（5）项目折现率为10%，商业物业报酬率为12%。

（6）转让在建工程时，受让方需按受让价格的3%缴纳有关税费。

试计算该在建工程于2005年10月1日带抵押债务转让的合理交易价格。

2. 某幢写字楼，土地面积4 000平方米，总建筑面积为9 000平方米，建成于1990年10月1日，土地使用权年限为1995年10月1日～2035年10月1日。现在获得类似的40年土地使用权价格为2 000元每平方米，建筑物重置成本为1 300元每平方米。建筑物自然寿命为60年，有效经过年数为10年。

其他的相关资料如下：

（1）门窗等损坏的修复费用为3万元；装修的重置价格为82.5万元，平均寿命为5年，有效经过年数为4年；空调系统功能落后，必须更换，旧系统已提折旧80万元，拆除该空调的费用为10万元，可回收残值30万元，重新购建价格（不含安装费）为130万元，安装新的空调系统的费用为8万元；除空调以外的设备的重置价格为250万元，平均寿命为15年，经过年数为9年。

（2）该幢写字楼由于层高过高和墙体隔热保温性差，导致与同类写字楼相比，每月增加能耗800元。

（3）由于写字楼所在区域刚有一化工厂建成投产，区域环境将受到一定的污染，租金将长期受到负面影响，预计每年租金损失为7万元。

（4）该类写字楼的报酬率为10%，银行贷款年利率为5%，土地报酬率为8%。

（5）假设除空调以外，残值率均为零。

试求该写字楼于2005年10月1日的折旧总额和现值。

附录 D

参 考 答 案

模拟试题参考答案

第 1 章　房地产

一、单项选择题

1. B　2. C　3. D　4. C　5. A

6. B　7. A　8. C　9. C　10. C

二、多项选择题

1. ACE　2. ADE　3. ABCDE　4. ABC　5. BCD

6. ABD　7. AC　8. ABCD　9. CE　10. ABCDE

三、判断题

1. √　2. ×　3. ×　4. √　5. √

6. √　7. √　8. √　9. ×　10. √

四、计算题

1. 4，60%

2. 10 层，1 200 平方米

3. 3 295 元/平方米

第 2 章　房地产价格

一、单项选择题

1. A　2. A　3. A　4. D　5. D

6. D　7. A　8. C　9. B　10. C

二、多项选择题

1. CD　2. BCD　3. BCE　4. ACDE　5. BCD

6. AC　7. ABCDE　8. ABCDE　9. ACDE　10. DE

三、判断题

1. √	2. ×	3. ×	4. √	5. √
6. √	7. ×	8. ×	9. √	10. √

四、计算题

1. 1 750 万元

2. 3 335 元/平方米

第3章 房地产估价概述

一、单项选择题

1. D	2. D	3. C	4. B	5. B
6. B	7. C	8. B	9. A	10. C

二、多项选择题

1. BDE	2. BCDE	3. ABE	4. ABCDE	5. ABC
6. ABCDE	7. ABCD	8. ABCDE	9. AB	10. ABE

三、判断题

1. √	2. ×	3. ×	4. √	5. ×
6. √	7. √	8. ×	9. √	10. √

第4章 市场法

一、单项选择题

1. B	2. B	3. D	4. C	5. D
6. D	7. C	8. C	9. D	10. A

二、多项选择题

1. BC	2. ABD	3. ABE	4. ABE	5. ABCD
6. BCD	7. BCE	8. BCDE	9. ACD	10. BDE

三、判断题

1. ×	2. ×	3. ×	4. ×	5. √
6. ×	7. ×	8. √	9. ×	10. √

四、计算题

1. 48.26 万元

2. 4 650 元/平方米，5 250 元/平方米

3. 4 663 元/平方米

4. 4 404.63 元/平方米

第5章 收益法

一、单项选择题

1. B	2. A	3. C	4. D	5. C

6. A　　7. A　　8. D　　9. D　　10. A

二、多项选择题

1. ABCDE　　2. ABCD　　3. CD　　4. AB　　5. ABCD

6. AE　　7. BCE　　8. AE　　9. ABDE　　10. ABCD

三、判断题

1. ×　　2. ×　　3. √　　4. ×　　5. ×

6. √　　7. √　　8. √　　9. √　　10. ×

四、计算题

1. 2 442.81 元/平方米　　2. 310.22 万元　　3. 6.19 万元

4. 460 万元　　5. 1 042.87 万元　　6. 521 万元

第6章　成本法

一、单项选择题

1. A　　2. C　　3. A　　4. A　　5. A

6. C　　7. A　　8. B　　9. B　　10. C

二、多项选择题

1. ABCD　　2. ABC　　3. ABCDE　　4. AB　　5. BC

6. AB　　7. ABD　　8. BCD　　9. ADE　　10. CD

三、判断题

1. ×　　2. √　　3. ×　　4. ×　　5. ×

6. √　　7. ×　　8. ×　　9. √　　10. ×

四、计算题

1. 3.42 万元，34.2 万元，109.8 万元

2. 60 年

3. 1 556 万元，2 593.33 元/平方米

4. 628 万元

5. 4 182 万元

第7章　假设开发法

一、单项选择题

1. C　　2. C　　3. D　　4. C　　5. C

6. D　　7. C　　8. C　　9. D　　10. C

二、多项选择题

1. AD　　2. ABCDE　　3. ACE　　4. ABC　　5. ABCD

6. DE　　7. BCD　　8. ADE　　9. ABE　　10. ABCDE

三、判断题

1. √ 2. × 3. × 4. × 5. √

6. × 7. √ 8. √ 9. × 10. √

四、计算题

1. 3 798.30 万元

2. 1 078 万元，1 078 元/平方米，215.6 元/平方米

第8章 其他估价方法

一、单项选择题

1. D 2. D 3. D 4. D 5. A

6. D 7. D 8. B 9. B 10. A

二、多项选择题

1. BD 2. BD 3. BD 4. ABCDE 5. BE

6. ABCD 7. ABCDE 8. ACDE 9. ABE 10. BDE

三、判断题

1. × 2. × 3. × 4. × 5. √

6. × 7. × 8. √ 9. √ 10. √

四、计算题

1. 4 242.5 元/平方米

2. 65.4 万元

3. 28 米

4. 1.67%

2007年房地产估价师考试真题参考答案

一、单项选择题（35题）

1. B 2. A 3. C 4. B 5. D 6. C 7. B 8. D 9. B

10. A 11. D 12. B 13. B 14. B 15. C 16. D 17. C 18. C

19. A 20. D 21. B 22. B 23. C 24. D 25. D 26. B 27. C

28. D 29. B 30. A 31. B 32. D 33. D 34. B 35. D

二、多项选择题（15题）

1. ACD 2. ABCD 3. ADE 4. BC 5. BCE 6. AC 7. ACDE 8. ADE

9. ABCE 10. CDE 11. ABE 12. ABE 13. BC 14. ABD 15. CD

三、判断题（15题）

1. × 2. √ 3. √ 4. × 5. × 6. √ 7. × 8. √

9. ×　　10. ×　　11. ×　　12. √　　13. √　　14. ×　　15. √

四、计算题（2 题）

第 1 题解：

（1）测算续建完成后房地产价值的折现值

1）开发完成后收益现值：

$$V_1 = \frac{A}{Y-g}\left[1-\left(\frac{1+g}{1+Y}\right)^n\right]$$

$$= \frac{60}{15\% - 1.5\%}\left[1-\left(\frac{1+1.5\%}{1+15\%}\right)^{36}\right]$$

$$= 439.48\ (万元)$$

2）装修及大修费用现值之和：

方法一：

$$四年的实际报酬率\ r = (1+15\%)^4 - 1 = 74.9\%$$

$$V_2 = 40 + \frac{40}{74.9\%}\left[1-\frac{1}{(1+74.9\%)^8}\right] = 92.79\ (万元)$$

方法二：

$$V_2 = 40 + \frac{40}{(1+15)^4} + \frac{40}{(1+15)^8} + \frac{40}{(1+15)^{12}} + \frac{40}{(1+15)^{16}} + \frac{40}{(1+15)^{20}} + \frac{40}{(1+15)^{24}} + \frac{40}{(1+15)^{28}} + \frac{40}{(1+15)^{32}}$$

$$= 92.79\ (万元)$$

$$续建完成后房地产现值 = \frac{V_1 - V_2}{(1+13\%)^{1.5}} = \frac{439.48 - 92.79}{(1+13\%)^{1.5}} = 288.62\ (万元)$$

（2）测算续建总费用的折现值

$$续建总费用 = \frac{2\ 300 \times 700 \times 15 \times (1-55\%) \times (1+3\%)}{(1+13\%)^{0.25}} = 108.57\ (万元)$$

（3）测算销售费用和销售税费的折现值

销售费用和销售税费之和 = 288.62 ×（6% + 2%）= 23.09（万元）

（4）设在建工程价值为 P。则购买该在建工程的税费总额 $= P \times 3\%$

将以上各项带入公式，得出：

$$P = 288.62 - 108.57 - 23.09 - P \times 3\%$$

$$P = 152.388\ (万元)$$

第 2 题解：

依据公式：旧房地产价格 = 房地的重新购建价格 − 建筑物的折旧

（1）测算房地的重新购建价格，设房地的重新购建价格为 V。

方法一：

① 土地取得费用 $=1\ 000\times10\ 000\div10\ 000=1\ 000$（万元）

② 开发成本＋管理费用＋销售费用 $=2\ 500\times20\ 000\div10\ 000\times(1+3\%)+200$
$=5\ 350$（万元）

③ 投资利息 $=1\ 000\times[(1+7.02\%)^{2.5}-1]+5\ 350\times\{30\%\times[(1+7.02\%)^{2}-1]+50\%\times[(1+7.02\%)^{1}-1)]+20\%[(1+7.02\%)^{0.25}-1]\}$
$=624.185$(万元)

方法二：直接计算投资的本利和④＝①＋②＋③

$1\ 000\times(1+7.02\%)^{2.5}+5350\times[(1+7.02\%)^{2}\times30\%+(1+7.02\%)^{1}\times50\%+(1+7.02\%)^{0.25}\times20\%]=6\ 974.185$(万元)

⑤ 销售税费 $=5.53\%V$

⑥ 开发利润 $=(1\ 000+5\ 350)\times12\%=762$（万元）

⑦ 重新构建价格

方法一：①＋②＋③＋⑤＋⑥：

$$V=1\ 000+5\ 350+624.185+5.53\%V+762$$

方法二：④＋⑤＋⑥：

$$V=6\ 974.19+5.53\%V+762$$

重新构建价格 $V=8\ 189.04$（万元）

（2）测算建筑物的折旧：

1）经济折旧 $=\left[\dfrac{500}{1+8\%}+\dfrac{100}{(1+8\%)^{2}}\right]\div(1+8\%)^{\frac{1}{3}}=534.80$（万元）

2）功能折旧 $=400+60-(90-30)=400$（万元）

建筑物折旧总额 $=534.80+400=934.80$（万元）

（3）估价对象估价结果：

估价对象总价：$8\ 189.04-934.80=7\ 254.24$（万元）

估价对象单价：$7\ 254.24\times10\ 000\div20\ 000=3\ 627.12$（元/平方米）

2006年房地产估价师考试真题参考答案

一、单项选择题（35题）

1. B	2. D	3. C	4. C	5. C	6. C	7. D	8. C	9. B	10. C
11. D	12. A	13. D	14. A	15. B	16. D	17. B	18. B	19. C	20. D
21. D	22. A	23. A	24. C	25. C	26. B	27. B	28. A	29. B	30. C
31. D	32. A	33. B	34. B	35. B					

二、多项选择题（15题）

1. ACE　2. DE　3. ABD　4. AC　5. BDE　6. ACD

7. BCD　8. BC　9. CD　10. AE　11. ACD　12. ABCD
13. BCD　14. ACD　15. AB

三、判断题（15 题）

1. ×　2. √　3. ×　4. ×　5. √　6. ×
7. ×　8. √　9. √　10. √　11. ×　12. √
13. √　14. ×　15. ×

四、计算题（2 题）

第 1 题解：

（1）计算无租约限制下的房地产价值 V_1：

$$V_1 = \frac{A_1}{Y-g}\left[1-\left(\frac{1+g}{1+Y}\right)^{n_1}\right]$$

其中 $A_1 = 200 \times 12 \times 1\,000 \times (1-30\%) = 168$（万元）

$n_1 = 16$ 年

$$V_1 = \frac{168}{8\% - 5\%}\left[1-\left(\frac{1+5\%}{1+8\%}\right)^{16}\right] = 2\,031.909\text{（万元）}$$

（2）计算有租约限制下的房地产价值 V_2：

$$V_2 = \frac{A_2}{Y}\left[1-\frac{1}{(1+Y)^{n_2}}\right]$$

其中 $A_2 = 150 \times 12 \times 1\,000 \times (1-30\%) \times 2 = 252$（万元）

$n_2 = 8$ 年

$$Y = [(1+8\%)^2 - 1] = 16.64\%$$

$$V_2 = \frac{252}{16.64\%}\left[1-\frac{1}{(1+16.64\%)^8}\right] = 1\,072.38\text{（万元）}$$

（3）计算承租人权益的价值 V：

$$V = V_1 - V_2 = 2\,031.90 - 1\,072.38 = 959.52\text{（万元）}$$

第 2 题解：

公式：旧房价值 = 土地重新购建价格 + 建筑物重新购建价格 − 建筑物折旧

（1）测算土地的重新购建价格

1）运用市场法求取

$$V_A = 2\,200 \times \frac{100}{100} \times (1+0.5\%)^6 \times \frac{100}{97} = 2\,336.94\text{（元/平方米）}$$

$$V_A = 2\ 050 \times \frac{100}{100} \times (1 + 0.5\%)^9 \times \frac{100}{92} = 2\ 330.56\ (\text{元/平方米})$$

$$V_A = 2\ 380 \times \frac{100}{103} \times (1 + 0.5\%)^4 \times \frac{100}{105} = 2\ 244.99\ (\text{元/平方米})$$

估价对象的比准价格(单价) = (2 336.94 + 2 330.56 + 2 244.99) ÷ 3
= 2 304.16(元/平方米)

估价对象的比准价格(总价) = 2 304.16 × 1 000 ≈ 230.416(万元)

2）运用成本法求取

第 6 级土地重新构建价格 = （57.32 × 10 000/666.67 + 120.00 + 150.00） × 2
= 2 259.59（元/平方米）

土地重新购建价格(单价) = (2 304.16 + 2 259.59) ÷ 2 = 2 281.87(元/平方米)

土地重新购建价格(总价) = 2 281.87 × 1 000 = 228.18（万元）

（2）测算建筑物的重新购建价格

建筑物重新购建价格 = 1 800 × 4 500 = 810（万元）

（3）测算建筑物的折旧额

1）物质折旧

A：门窗损坏折旧 = 10（万元）

B：装修折旧 = 140 × 2/5 = 56（万元）

C：设备折旧 = 100 × 2/10 = 20（万元）

D：长寿命物质折旧 = [810 − 10 − 140 − 100] × 2/47 = 23.83（万元）

物质折旧总额 = 10 + 56 + 20 + 23.83 = 109.83（万元）

2）功能折旧

A：计算功能缺乏折旧额

①年租金损失为：

(40 × 4 500 × 12 × 85% − 38 × 4 500 × 12 × 80%) × (1 − 35%) = 12.64（万元）

②功能缺乏折旧额：

$$V_1 = \frac{12.64}{7\%}\left[1 - \frac{1}{(1 + 7\%)^{45}}\right] = 171.97\ (\text{万元})$$

B：计算功能过剩折旧额：

$$V_2 = \frac{1}{7\%}\left[1 - \frac{1}{(1 + 7\%)^{45}}\right] = 13.61\ (\text{万元})$$

功能折旧总额 = 171.97 + 13.61 = 185.58（万元）

3）经济折旧为 20 万元

4）该写字楼的折旧总额为：109.83 + 185.58 + 20 = 315.41（万元）

该写字楼 2006 年 9 月 30 日的价值为：228.18 + 810 − 315.41 = 722.77（万元）

2005年房地产估价师考试真题参考答案

一、单项选择题（35题）

1. B	2. D	3. C	4. D	5. C	6. B	7. D
8. C	9. A	10. A	11. B	12. A	13. A	14. B
15. B	16. B	17. C	18. C	19. B	20. C	21. D
22. A	23. D	24. A	25. C	26. D	27. C	28. B
29. B	30. C	31. D	32. A	33. C	34. D	35. A

二、多项选择题（15题）

1. CE	2. BCE	3. CDE	4. ACDE	5. AC
6. BODE	7. BCE	8. ABD	9. CD	10. BCE
11. CE	12. ABCD	13. ABDE	14. ACE	15. ABE

三、判断题（15题）

1. √	2. ×	3. ×	4. ×	5. ×
6. ×	7. √	8. ×	9. √	10. ×
11. ×	12. ×	13. √	14. √	15. ×

四、计算题（2题）

第1题解：

设在建工程价值为V，则：

（1）续建完成后价值

该在建工程续建完成后可取得两部分收入：即商业经营收入和写字楼销售收入，二者价值分别为：

① 商场价值

运用公式 $V=\frac{A}{Y}\left[1-\frac{1}{(1+Y)^n}\right]$，其中：$A=3$ 亿元×（1－75%）＝7 500万元/年，$n=35$ 年，$Y=12\%$，则商场价值为 $\frac{7\ 500}{12\%}\times\left[1-\frac{1}{(1+12\%)^{35}}\right]=61\ 316.28$（万元）

② 写字楼价值

写字楼净销售收入为 8 000×3 万×（1－6%）＝22 560 万元

③ 在建工程续建完成后的现值

将商场和写字楼价值折现，折现值为 $\frac{(22\ 560+61\ 316.28)}{(1+10\%)^3}=63\ 017.49$（万元）

（2）续建成本及费用

① 续建成本及管理费

未来 2 年内将追加续建成本及管理费 3 000 ×（1 +5%）×5 万 ×70% =11 025 万元。

② 装修费用为 2 万 ×2 000 =4 000 万元

③ 续建成本及费用的现值

续建成本及管理费折现值为$\frac{11\ 025}{(1+10\%)}$，装修费折现值为$\frac{4\ 000}{(1+10\%)^{2.5}}$，折现总值为$\frac{11\ 025}{(1+10\%)}+\frac{4\ 000}{(1+10\%)^{2.5}}=13\ 174.67$（万元）

（3）偿还抵押贷款

该企业办理了在建工程抵押贷款 5 000 万元、年利率为 6%、每半年还款一次、5 年内等额还款，从贷款后半年开始第 1 次还款，每隔半年还款 1 次，共需还款 10 次；在此工程转让前已还贷两次，还需还款 8 次。

计算还款数额：

利用公式 $P=\frac{A}{i}\left[1-\frac{1}{(1+i)^n}\right]$，已知：$n=10$ 时 $P_{10}=5\ 000$，求出当 $n=8$ 时 P_8：

由于 $P_{10}=\frac{A}{i}\left[1-\frac{1}{(1+i)^{10}}\right]=5\ 000$，$P_8=\frac{A}{i}\left[1-\frac{1}{(1+i)^8}\right]$，则

$$\frac{P_{10}}{P_8}=\frac{1-\frac{1}{(1+3\%)^{10}}}{1-\frac{1}{(1+3\%)^8}}$$

得出 $P_8=4\ 114.61$ 万元

（4）购买在建工程应负担的税费

买方购买在建工程应负担的税费为受让价格的 3%，则税费为 3% V。

（5）销售费、税已在销售收入、租金收入中扣除。

将上述数据代入公式：

$$V=63\ 017.49-13\ 174.67-4\ 114.61-0.03V$$

得出 $V=44\ 396.32$ 万元

所以，此宗带抵押债务转让的在建工程合理交易价格为 44 396.32 万元。

第 2 题解：

成本法公式：旧房地价格 = 房地的重新购建价格 − 建筑物的折旧

= 土地的重新购建价格 + 建筑物的重新购建价格

− 建筑物的折旧

（1）计算房地的重新购建价格

土地的重新购建价格 =2 000 元/平方米 ×4 000 平方米 =800（万元）

建筑物的重置价格 =1 300 元/平方米 ×9 000 平方米 =1 170（万元）

（2）计算建筑物的折旧

用分解法求取建筑物的折旧（物质折旧、功能折旧、经济折旧）：

① 物质折旧

A：可修复项目：门窗等损坏修复费用为 3 万元

B：不可修复项目中短寿命项目：

$$装修的折旧额为 = 82.5 \times \frac{1}{5} \times 4 = 66（万元）$$

$$设备的折旧额为 = 250 \times \frac{1}{15} \times 9 = 150（万元）$$

C：不可修复项目中长寿命项目：

$$长寿命项目的折旧额 = (1170 - 3 - 82.5 - 250) \times \frac{1}{45} \times 10 = 185.44（万元）$$

$$该建筑物的物质折旧总额 = 3 + 66 + 150 + 185.44 = 404.44（万元）$$

② 功能折旧（有 2 项）

A：可修复的功能落后（空调）的折旧额为 130 - (80 - 10 + 30) + 8 = 38（万元）

B：不可修复的功能缺乏（增加能耗）的折旧额为

$$800 \times 12 \times \frac{1}{10\%} \times \left[1 - \frac{1}{(1 + 10\%)^{30}}\right] = 9.05（万元）$$

③ 经济折旧

环境污染引起每年租金损失为 7 万元，则永久性不可修复折旧额为

$$\frac{7}{10\%}\left[1 - \frac{1}{(1 + 10\%)^{30}}\right] = 65.99（万元）$$

$$建筑物折旧总额 = 404.44 + 38 + 9.05 + 65.99 = 517.48（万元）$$

（3）该写字楼的现值 = 800 + 1 170 - 517.48 = 1 452.52（万元）

所以，该写字楼的折旧总额为 517.48 万元，写字楼现值为 1 452.52 万元。

参考文献

[1] 柴强. 房地产估价 [M]. 北京：首都经济贸易大学出版社，2005.
[2] 曹军建. 现代房地产估价理论与方法 [M]. 广州：中山大学出版社，1997.
[3] 中国房地产估价师与房地产经纪人学会. 房地产估价理论与方法 [M]. 北京：中国建筑工业出版社，2009.
[4] 中国房地产估价师与房地产经纪人学会. 房地产估价案例与分析 [M]. 北京：中国建筑工业出版社，2009.
[5] 美国估价师学会. 不动产估价 [M]. 北京：地质出版社，2001.
[6] 毕宝德. 土地经济学 [M]. 北京：中国人民大学出版社，2001.
[7] 建设部房地产司. 房地产评估实例精粹 [M]. 北京：中国矿业大学出版社，1994.
[8] 沈振闻. 最新全国房地产估价师执业资格考试模拟试题解 [M]. 北京：中国市场出版社，2004.
[9] 沈振闻. 全国房地产估价师执业资格考试预测试卷及历年真题答案与解析 [M]. 北京：中国建材工业出版社，2006.
[10] 国土资源部. 城镇土地估价规程 [S]. 北京：国土资源部，2001.
[11] 廖俊平. 房地产估价规范研究与阐释 [M]. 广州：广东经济出版社，2000.
[12] 李铃. 中国地产价格与评估 [M]. 北京：中国人民大学出版社，1999.

高职高专房地产类专业实用教材系列
高职高专精品课系列

课程名称	书号	书名、作者及出版时间	定价
居住区规划	978-7-111-42613-4	居住区规划（第 2 版）（“十二五”国家级规划教材）（苏德利）（2013年）	35
房地产投资分析	978-7-111-39877-6	房地产投资分析（第2版）（高群）（2012年）	30
房地产市场营销	978-7-111-46876-9	房地产开发与经营实务（第3版）（陈林杰）（2014年）	35
房地产市场营销	978-7-111-29455-9	房地产市场营销实务（第2版）（栾淑梅）（2010年）	35
房地产市场营销	即将出版	房地产市场营销实务（第 3 版）（栾淑梅）（2014年）	35
房地产市场营销	978-7-111-39068-8	房地产营销与策划实务（陈林杰）（2012年）	36
房地产开发	978-7-111-24092-1	房地产开发（张国栋）（2008年）	28
房地产经营与管理	978-7-111-31070-9	房地产开发与经营实务（第2版）（陈林杰）（2010年）	32
房地产经济学	978-7-111-43526-6	房地产经济学（第2版）（高群）（2013年）	29
房地产经纪	978-7-111-35080-4	房地产经纪实务（陈林杰）（2011年）	36
房地产估价	978-7-111-32793-6	房地产估价（第2版）（左静）（2011年）	31
房地产法规	978-7-111-43942-4	房地产法规（第 3 版）（“十二五”国家级规划教材）（王照雯）（2013年）	25
建筑工程造价	978-7-111-46883-7	建筑工程造价（第2版）（孙久艳）（2014年）	35
建筑工程概论	978-7-111-40497-2	房屋建筑学（第2版）（徐春波）（2013年）	35
建筑材料	978-7-111-42753-7	建筑材料（丁以喜）（2013年）	39
建设工程招投标与合同管理	978-7-111-30875-1	建设工程招投标与合同管理实务（第2版）（高群）（2010年）	29
工程经济学	即将出版	工程经济学（樊群）（2014年）	35
工程监理	978-7-111-38643-8	建设工程监理（王照雯）（2012年）	35
工商管理类专业综合实训	978-7-111-21236-2	工商管理类专业综合实训教程：工商模拟市场实训（精品课）（阚雅玲）（2007年）	22
职业规划	978-7-111-26991-5	职业规划与成功素质训练（精品课）（阚雅玲）（2009年）	34
网络金融	978-7-111-46435-8	网络金融（第3版）（张劲松）（2014年）	35
统计学学习指导	978-7-111-22168-5	应用统计学学习指导（精品课）（孙炎）（2007年）	19
统计学	978-7-111-47018-2	应用统计（第2版）（精品课）（“十二五”国家级规划教材）（孙炎）（2014年）	35
统计学	978-7-111-21920-0	应用统计学（“十一五”国家级规划教材）（精品课）（孙炎）（2007年）	30
市场营销学（营销管理）	978-7-111-37474-9	市场营销基础与实务（精品课）（肖红）（2012年）	36
管理信息系统	978-7-111-23032-8	管理信息系统（精品课）（郑春瑛）（2008年）	28

走向职业化高职高专规划教材系列

HZ BOOKS 华章教育

课程名称	书号	书名、作者及出版时间	定价
税务筹划	978-7-111-25764-6	企业纳税实务（曹利）（2009年）	28
财务会计	978-7-111-33443-9	财务会计实务（赵红）（2011年）	29
财务管理（公司理财）	978-7-111-23417-3	财务管理（刘云丽）（2008年）	30
财务法规	978-7-111-46121-0	财经法规与会计职业道德（第3版）（李立新）（2014年）	39
网络营销	978-7-111-27337-0	网络营销实务（高凤荣）（2009年）	32
电子商务网站规划	978-7-111-21907-1	电子商务网站规划与建设（王宇川）（2007年）	28
电子商务其他专业课	978-7-111-28750-6	电子商务综合实训（肖红）（2009年）	28
电子商务其他专业课	978-7-111-27212-0	计算机网络技术（余棉水）（2009年）	30
电子商务案例	978-7-111-29768-0	电子商务应用案例（邹德军）（2010年）	26
电子商务	978-7-111-39004-6	电子商务实用教程（谢金生）（2012年）	32
管理学	978-7-111-23215-5	管理基础与实务（朱权）（2008年）	30
管理学	978-7-111-38887-6	管理学基础（李立新）（2012年）	35
审计学	978-7-111-35218-1	审计基础与实务（琚兆成）（2011年）	29
审计学	978-7-111-35453-6	审计实务（傅秉潇）（2011年）	32
会计专业英语	978-7-111-25001-2	会计英语（仇颖）（2008年）	24
会计学	978-7-111-35292-1	会计基础（李立新）（2011年）	34
会计学	978-7-111-33292-3	会计基础（刘志娟）（2011年）	29
高级财务会计	978-7-111-44076-5	高级会计实务（傅秉潇）（2013年）	35
成本会计	978-7-111-20491-6	成本会计（刘志娟）（2007年）	28
西方经济学	978-7-111-39029-9	经济学基础（第2版）（李海东）（2012年）	30
统计学	978-7-111-29041-4	应用统计基础（精品课）（曾艳英）（2009年）	38
经济法	978-7-111-13974-4	经济法基础与实务（黄瑞）（2008年）	32
旅游客源国概况	978-7-111-24207-9	旅游客源国概况（舒惠芳）（2008年）	30
旅游概论	978-7-111-27381-3	旅游概论（石强）（2009年）	28
旅游服务礼仪	978-7-111-24442-4	现代旅游服务礼仪（李丽）（2008年）	29
旅游法规	978-7-111-31434-9	旅游法规与职业素养（蒲阳）（2010年）	28
旅游地理	978-7-111-29023-0	中国旅游地理（余琳）（2009年）	32
饭店市场营销	978-7-111-27282-3	饭店市场营销（陈云川）（2009年）	26
饭店实用英语	978-7-111-24980-1	饭店实用英语（陈的非）（2008年）	38
饭店管理	978-7-111-23953-6	饭店前厅客房服务与管理（陈云川）（2008年）	28
导游业务	978-7-111-27084-3	导游业务（蒲阳）（2009年）	28
市场营销学（营销管理）	978-7-111-36268-5	市场营销基础与实务（第2版）（高凤荣）（2011年）	35
市场营销学（营销管理）	978-7-111-32795-0	市场营销实务（李海琼）（2011年）	34
市场调研与预测	978-7-111-33916-8	市场调研基础与实训（杨静）（2011年）	38
市场调研与预测	978-7-111-38774-9	市场调研与预测（第2版）（邱小平）（2012年）	29
公共关系学	978-7-111-39846-2	公共关系基础与实务（第2版）（朱权）（2012年）	30
公共关系学	978-7-111-36288-3	公共关系理论与实务（杨再春）（2011年）	36
供应链（物流）管理	978-7-111-26454-5	供应链管理（付平德）（2009年）	28
信息管理学	978-7-111-28208-2	企业信息化应用（欧阳文霞）（2009年）	28
数据库原理及应用	978-7-111-29203-6	网络数据库应用（李先）（2010年）	28

教师服务登记表

尊敬的老师：

您好！感谢您购买我们出版的____教材。

机械工业出版社华章公司为了进一步加强与高校教师的联系与沟通，更好地为高校教师服务，特制此表，请您填妥后发回给我们，我们将定期向您寄送华章公司最新的图书出版信息！感谢合作！

个人资料（请用正楷完整填写）

教师姓名		□先生 □女士	出生年月		职务		职称：□教授 □副教授 □讲师 □助教 □其他
学校			学院			系别	

联系电话	办公： 宅电： 移动：	联系地址及邮编	
		E-mail	

学历		毕业院校		国外进修及讲学经历	
研究领域					

主讲课程	现用教材名	作者及出版社	共同授课教师	教材满意度
课程： □专 □本 □研 □MBA 人数： 学期：□春□秋				□满意 □一般 □不满意 □希望更换
课程： □专 □本 □研 □MBA 人数： 学期：□春□秋				□满意 □一般 □不满意 □希望更换

样书申请			
已出版著作		已出版译作	
是否愿意从事翻译/著作工作 □是 □否		方向	
意见和建议			

填妥后请选择以下任何一种方式将此表返回：（如方便请赐名片）

地 址：北京市西城区百万庄南街1号 华章公司营销中心 邮编：100037

电 话：(010) 68353079 88378995 传真：(010)68995260

E-mail:hzedu@hzbook.com markerting@hzbook.com 图书详情可登录http://www.hzbook.com网站查询